KB104191

인생에 한 번은 읽어야 할

주역

옛글의 향기 19

인생에 한 번은 읽어야 할

주역

周易

대자연의 변화를 알아내고 윤택한 삶을 여는 지침서

최상용 엮음

역경易經
상경·하경·십익
완역본

일상이상

차례

상경 上經

하경 下經

십익 十翼

부록

대자연의 변화를 알아내고 윤택한 삶을 여는 『주역』을 읽기 위해

『주역(周易)』의 원전인 『역경(易經)』은 수천 년에 걸쳐 복희씨(伏羲氏)·문왕(文王)·주공(周公)·공자(孔子)라는 성인과 현인에 의해 완성된 동북아 최고의 점서(占書)이자 철학서라 할 수 있습니다. 기원전 3000년경 복희씨가 황하에 출현한 용마(龍馬)에 그려진 하도(河圖)를 보고서 8괘를 바탕으로 64(8×8=64)괘로 확장된 이후, 하나라 때는 64괘 중 중산간괘가 첫머리에 자리해 연산역(連山易)이라 하였고, 은나라 때는 중지곤괘를 앞세워 귀장역(歸藏易)이라 하였습니다. 그러다 기원전 1000년경에 주나라의 문왕이 64괘에 대한 설명서인 괘사(卦辭), 그의 아들인 주공이 각 괘의 효에 대한 해설인 효사(爻辭)를 붙임으로써 『역경』이 완성되었습니다. 춘추전국시대에 이르러서는 공자가 『역경』이 기록된 죽간(竹簡)을 묶은 가죽 끈이 세 번이나 끊어지는 위편삼절(韋編三絶)이 될 만큼 매진한 끝에 『역경』의 해설서인 십익(十翼)을 덧붙였죠. 오늘날의 『주역』은 주나라의 문왕과 주공 그리고 주나라를 흠모한 공자에 의해 완성되었다고 하여 『주역』이라 일컫는답니다.

이런 과정을 거친 『주역』이 국가공인 고시과목이 된 것은 기원전 136년 한무제(漢武帝)가 동중서(董仲舒)의 건의를 받아들이면서부터랍니다. 이때부터 유학자들의 필독서이자 과거시험의 주요과목으로 등장하면서 많은 사람들이 배워 활용코자 했습니다. 바로 동양사회에서 선망하는 사서삼경(四書三經) 중에서도 사람들이 읽고 섭렵하고 싶은 것이 『주역』으로 불리고 있는 『역경』이랍니다. 그러나 열망과는 달리 쉽사리 섭렵할 수 없는 것이 사실인 만큼 『역경』은 천지인삼재(天地人三才)라는 대자연의 변화법칙을 담고 있는 심오한 분야라 할 수 있습니다.

『주역』을 공부하고자 한다면 『역경(易經)』에 앞서 해설서인 계사전(繫辭傳)으로 시작되는 십익(十翼)을 먼저 읽어 전체적인 맥락을 파악한 다음, 64괘의 괘효사를 접하는 게 보다 다가가기 쉬울 겁니다.

중요한 것은 무엇보다도 실용적인 학문으로서 가치를 지니려면 일상에서 활용할 수 있어야 합니다. 예나 지금이나 역학(易學)을 깊이 있게 공부한 사람들은 매일 혹은 중요한 목표실행에 앞서 주역점을 활용하였답니다. 요즘과 같이 다변화하는 세상에서는 예지력을 갖춘 선지자와 같은 혜안이 필요합니다. 주역점을 쳐 똑같은 괘체(卦體)를 뽑았다 해도 어느 때에 누가 접했느냐에 따라 그 해석이 달라질 수 있기 때문이랍니다. 이와 더불어 점치려는 사람의 환경과 신상을 고려하지 않을 수 없으며, 관상이나 사주풀이도 또한 도움이 될 수 있기에 인생 상담사들도 반드시 참고해야 할 분야로 다가오고 있습니다.

필자는 이러한 점을 감안하여 누구나 쉽게 접할 수 있도록 『역경』의 주요부분인 상경과 하경은 물론 해설서인 십익(十翼)을 쉬운 우리말로 풀어 썼으며, 일상에서 쉽게 활용할 수 있도록 산가지와 동전으로 치는 점법은 물론 보다 간단하고 쉽게 점을 칠 수 있는 방법들을 소개하였답니다.

옛 성인과 현인들의 지혜가 담긴 『역경』을 보다 쉽게 읽을 수 있도록 앞서 출간한 '옛글의 향기' 시리즈인 『노자노덕경하상공장구(老子道德經河上公章句)』 『장자(莊子)-내편(內篇)·외편(外篇)·잡편(雜篇)』, 『대학(大學)·중용(中庸)』, 『논어(論語)』, 『맹자(孟子)』, 『시경(詩經)』 등과 마찬가지로 쉬운 우리말로 원전을 완역하였기에, 번역문만 읽어도 그 의미를 이해하는 데 어려움이 없을 겁니다. 이 책 역시 각주나 해설 등을 과감히 생략했습니다. 각주와 해설을 읽느라 정작 중요한 원전의 핵심내용을 놓칠 수도 있기 때문이랍니다. 그 대신 원전을 그대로 읽고자 하는 독자를 위해 한자원문을 병기했고, 원문을 소리 내어 읽는 음독(音讀)을 선호하는 독자를 위해 한자원문 옆에 한글표기를 병행했으며 각 괘명(卦名)의 한자풀이도 덧붙여 이해를 도왔답니다.

『역경』을 곁에 두고 옛 성인(聖人)과 현인(賢人)의 지혜를 통해 일상생활이나 중요한 결정을 앞두고서 판단의 근거로 삼아 보다 유익한 삶이 되시길 기원합니다.

2022년 7월

휴심재(休心齋)에서 죽곡(竹谷) 최상용(崔桑溶)

『주역(周易)』의 원전인 『역경(易經)』을 읽는 데 꼭 필요한 핵심용어 및 괘 구성에 따른 해석법을 다음과 같이 간단히 정리해 놓았습니다.

●양효와 음효

효(爻)는 괘를 이루는 음양의 최소 단위랍니다. 양효(陽爻)는 '⚊'로 표시하고 음효(陰爻)는 '⚋'로 표시한답니다. 이를 숫자로 표시할 때는 양효는 '9'를 앞세워 '구오' 등으로 읽고, 음효는 '6'을 머리에 두고서 '육이' 등으로 읽는답니다. ䷌천화동인괘(天火同人卦)를 예로 들면, 밑에서부터 초구(初九), 육이(六二), 구삼(九三), 구사(九四), 구육(九六), 구오(九五), 상구(上九)로 읽습니다.

●8괘와 64괘

건괘(乾卦)☰ : 1건천(一乾天), 하늘, 강건, 아버지(父)

태괘(兌卦)☱ : 2태택(二兌澤), 연못, 기쁨, 소녀(小女)

이괘(離卦)☲ : 3리화(三離火), 불, 이별, 중녀(中女)

진괘(震卦)☳ : 4진뢰(四震雷), 우레, 변동, 장남(長男)

손괘(巽卦)☴ : 5손풍(五巽風), 바람, 순종, 장녀(長女)

감괘(坎卦)☵ : 6감수(六坎水), 물, 험난, 중남(中男)

간괘(艮卦)☶ : 7간산(七艮山), 산, 멈춤, 소남(小男)

곤괘(坤卦)☷ : 8곤지(八坤地), 땅, 유순, 어머니(母)

64괘는 이 팔괘가 서로 조합(8×8=64)되어 이루어진답니다.

● 상괘와 하괘

䷌천화동인괘(天火同人卦)를 예로 들면, 건괘☰가 상괘(上卦)이고 이괘☲가 하괘(下卦)가 된답니다.

● 내괘와 외괘

䷌천화동인괘(天火同人卦)를 예로 들면, 이괘☲가 내괘(內卦)이고 건괘☰가 외괘(外卦)가 됩니다.

● 중(中)과 부중(不中)

䷀重天乾卦(중천건괘)를 예로 들면, 하괘의 가운데에 자리한 구이(九二)와 상괘의 가운데에 자리한 구오(九五)가 중(中)이며, 나머지 효는 모두가 부중(不中)이랍니다.

● 정(正)과 부정(不正)

양효(陽爻)의 바른 자리인 정위(正位)는 1, 3, 5이며, 음효(陰爻)의 바른 자리는 2, 4, 6이랍니다. 양효가 바른 자리에 있으면 정(正)이고, 그렇지 않으면 부정(不正)이랍니다.

䷀重天乾卦(중천건괘)를 예로 들면, 1, 3, 5에 해당하는 초구(初九)와 구삼(九三)과 구오(九五)는 정(正)이며, 나머지 구이(九二)와 구사

(九四)와 상구(上九)는 원래 음효의 바른 자리이므로 부정(不正)이랍니다. 이 중에서 구오(九五)는 중(中)이면서 정(正)이므로 '중정(中正)하다'고 파악한답니다.

상경
上經

제 1 편

중천건괘(重天乾卦)

크고 굳건한 하늘의 덕을 갖춰라

건은 으뜸이면서 형통하고 이로우면서도 올곧습니다.

乾(건), 元亨利貞(원형이정).

초구는 물에 잠긴 잠룡이니 활용하지 말아야 합니다.

初九(초구), 潛龍勿用(잠룡물용).

구이는 용이 나타나 밭이나 사냥터에 있으니 능력을 갖춘 대인을 찾아뵙는 것이 이롭답니다.

九二(구이), 見龍在田(현룡재전), 利見大人(이견대인).

구삼은 군자가 종일토록 굳세고 굳세어도 저녁에 두려운 듯하면 위태롭긴 하나 허물은 없답니다.

九三(구삼), 君子終日乾乾(군자종일건건), 夕惕若厲(석척약려), 无咎(무구).

구사는 혹 뛰어올라도 연못에 있으면 허물은 없습니다.

九四(구사), 或躍在淵(혹약재연), 无咎(무구).

구오는 날아오른 용이 하늘에 있으니 뛰어난 대인을 만나보는 게 이로울 겁니다.

九五(구오), 飛龍在天(비룡재천), 利見大人(이견대인).

상구는 높이 올라간 용이니 후회함이 있답니다.

上九(상구), 亢龍有悔(항룡유회).

용구는 여러 용을 보되 우두머리가 되지 않으면 길하답니다.

用九(용구), 見群龍无首(견군룡무수), 吉(길).

「단전(彖傳)」에 이르길 "크구나! 건원이여! 만물이 이에 의지하여 시작하니, 곧 하늘을 통솔하는 겁니다. 구름이 흐르고 비를 내리니 온갖 사물이 유행하며 형체를 갖춘답니다. 처음과 끝을 훤히 밝히면 괘의 여섯 자리가 때에 맞게 이루어지니, 그때 여섯 용을 타고서 하늘을 통솔한답니다.

하늘의 도가 변하고 화합에 따라 각각 성과 명을 바르게 하여, 크게 화기로움을 보존하면서 합하니, 이롭고 곧게 된답니다. 여러 사물들의 우두머리로 나오니 만국이 모두 평안해진답니다"라고 하였습니다.

彖曰(단왈): 大哉(대재)! 乾元(건원)! 萬物資始(만물자시), 乃統天(내통천). 雲行雨施(운행우시), 品物流形(품물류형), 大明終始(대명종시), 六位時成(육위시성), 時乘六龍以御天(시승육룡이어천).

乾道變化(건도변화), 各正性命(각정성명), 保合大和(보합대화), 乃利貞(내리정). 首出庶物(수출서물), 萬國咸寧(만국함녕).

「상전(象傳)」에 이르길 "하늘의 운행은 굳건하니 군자가 이를 본받아 스스로 굳세게 다지며 쉬지도 않는답니다. '물에 잠긴 잠용이니 활용하지 말라(潛龍勿用)'고 한 것은 양이 아래에 있기 때문이며, '용이 나타나 밭이나 사냥터에 있다(見龍在田)'고 한 것은 덕을 널리 베풀기 위함이고, '종일토록 그침 없이 힘쓴다(終日乾乾)'고 한 것은 거듭하여 도(道)에 실천하는 것이랍니다.

象曰(상왈): 天行健(천행건), 君子以自強不息(군자이자강불식). 潛龍勿用(잠룡물용), 陽在下也(양재하야). 見龍在田(현룡재전), 德施普也(덕시보야). 終日乾乾(종일건건), 反復道也(반복도야).

'혹 뛰어올라도 연못에 있다(或躍在淵)'고 한 것은 나아감에 허물이 없다는 것이며, '날아오른 용이 하늘에 있다(飛龍在天)'는 것은 대인이 만들어낸 것이랍니다. '높이 올라간 용이니 후회함이 있다(亢龍有悔)'는 것은 가득 차서 오래갈 수 없다는 것이며, '양(陽)을 쓰는 것(用九)'은 하늘의 덕이라 할지라도 우두머리가 될 수는 없다"는 겁니다.

或躍在淵(혹약재연), 進无咎也(진무구야), 飛龍在天(비룡재천), 大人造也(대인조야). 亢龍有悔(항룡유회), 盈不可久也(영불가구야). 用九(용구), 天德不可為首也(천덕불가위수야).

「문언전(文言傳)」에 이르길, "원(元)은 모든 선의 어른이며, 형(亨)은 아름다움이 모인 것이고, 이(利)는 의로움이 조화를 이룬 것이며, 정(貞)은 모든 일의 줄기입니다.

文言曰(문언왈): 元者善之長也(원자선지장야), 亨者嘉之會也(형자가지회야), 利者義之和也(이자의지화야), 貞者事之幹也(정자사지간야).

군자가 인(仁)을 체득해서 사람들을 이끌고, 사람들을 아름답게 모이게 하는 것이 예에 합당하고, 사물을 이롭게 함이 의리에 따라 조화시키며, 바르고 굳셈이 족히 모든 일을 주관하기에 충분합니다. 군자가 이 네 가지 덕을 실행하기 때문에 "건(乾)은 으뜸이면서 형통하고 이로우면서도 올곧다(元亨利貞)"고 한 겁니다.

君子(군자), 體仁足以長人(체인족이장인), 嘉會足以合禮(가회족이합례), 利物足以和義(이물족이화의), 貞固足以幹事(정고족이간사), 君子行此四德者(군자행차사덕자), 故曰(고왈): 乾(건), 元亨利貞(원형이정).

초구에서 "물에 잠긴 잠룡이니 활용하지 말아야 한다(潛龍勿用)"고 했는데, 무엇을 말한 겁니까? 이에 공자께서 말씀하시길 "용의 덕을 갖췄으나 그것을 감추는 자이니 세상에 맞춰 자신을 바꾸지 않으며, 명성을 이루려 하지 않고, 세상을 피해 살아도 근심하지도 않으며, 옳은 것을 보지 못해도 고민하지 않고, 즐거우면 실행하고, 근심스러우면 어겨서라도 확고하게 하니, 빼앗을 수 없는 것이 잠룡(潛龍)"이라고 하였습니다.

初九曰(초구왈): 潛龍勿用(잠룡물용), 何謂也(하위야)? 子曰(자왈): 龍德而隱者也(용덕이은자야), 不易乎世(불역호세), 不成乎名(불성호명), 遯世無悶(둔세무민), 不見是而無悶(불견시이무민), 樂則行之(낙즉행지), 憂則違之(우즉위지), 確乎其不可拔(확호기불가발), 潛龍也(잠룡야).

구이에서 "용이 나타나 밭이나 사냥터에 있으니 능력을 갖춘 대인을 찾아뵙는 것이 이롭다(見龍在田, 利見大人)"고 한 것은 무엇을 말한 겁니까? 공자께서 이르시길 "용의 덕을 갖추며 바르고 중도를 지키는 사람이니, 평소에 하는 말이 믿음직스러우며, 평소의 행동은 신중하고, 간사한 마음은 막고 성실함을 간직한 채 세상을 선하게 하면서도 자랑하지 않으며, 덕을 널리 펼쳐 교화케 하니, 역(易)에 이르길 '현룡재전(見龍在田), 이견대인(利見大人)"이라고 하였으니, 이는 임금의 덕이랍니다.

九二曰(구이왈): 見龍在田(현룡재전), 利見大人(이견대인), 何謂也(하위야)? 子曰(자왈): 龍德而正中者也(용덕이정중자야). 庸言之信(용언지신), 庸行之謹(용행지근), 閑邪存其誠(한사존기성), 善世而不伐(선세이불벌), 德博而化(덕박이화). 易曰(역왈): 見龍在田(현룡재전), 利見大人(이견대인), 君德也(군덕야).

구삼에서 "군자가 종일토록 굳세고 굳세어도 저녁에 두려운 듯 하면 위태롭긴 하나 허물은 없다(君子終日乾乾, 夕惕若厲, 无咎)"라고 한 것은 무엇을 말한 겁니까? 이에 대해 공자께서 말씀하시길 "군자는 덕으로 나아가 공업(功業)을 닦는답니다. 충실하고 믿음직스럽게 하는 것이 덕으로 나아가는 것이며, 말을 가다듬고 정성을 들이는 것이 공업을 이루는 겁니다. 이르러야 할 것을 알아서 그곳에 이르면 미세한 기미를 파악하며, 끝을 알아서 끝내기 때문에 더불어서 의리를 보존할 수 있습니다"라고 하였답니다.

九三曰(구삼왈): 君子終日乾乾(군자종일건건), 夕惕若厲(석척약려), 無咎(무구), 何謂也(하위야)? 子曰(자왈): 君子進德修業(군자진덕수업). 忠信(충신), 所以進德也(소이진덕야), 修辭立其誠(수사입기성), 所以居業也(소이거업야), 知至至之可與幾也(지지지지가여기야), 知終終之可與存義也(지종종지가여존의야).

이러한 까닭에 높은 자리에 있어도 교만하지 않으며, 낮은 자리에 있어도 걱정하지 않는답니다. 그러므로 굳세고도 굳세게 해서 때에 따라 두려워하면 비록 위태롭긴 하나 허물이 없게 된답니다.

是故居上位而不驕(시고거상위이불교), 在下位而不憂(재하위이불우). 故乾乾因其時而惕(고건건인기시이척), 雖危無咎矣(수위무구의).

구사에서 "혹 뛰어올라도 연못에 있으면 허물은 없다(或躍在淵 无咎)"고 했는데, 무엇을 말한 겁니까? 이에 대해 공자께서 말씀하시길 "오르고 내림에 일정함이 없어도 간사하게 행하려는 건 아니랍니다. 나아가고 물러남에 일정함이 없는 것 또한 무리를 떠나려 함은 아니랍니다. 군자가 덕으로 나아가 공업을 닦으려는 '군자진덕수업(君子進德修業)'은 때에 맞게 하고자 하는 것이기 때문에 허물이 없는 거랍니다"라고 하였습니다.

九四曰(구사왈): 或躍在淵(혹약재연), 无咎(무구), 何謂也(하위야)? 子曰(자왈): 上下无常(상하무상), 非為邪也(비위사야). 進退无恒(진퇴무항), 非離群羣也(비리군군야). 君子進德修業(군자진덕수업), 欲及時也(욕급시야), 故无咎(고무구).

구오에서 "날아오른 용이 하늘에 있으니 뛰어난 대인을 만나보는 게 이롭다(飛龍在天, 利見大人)"고 했는데, 무엇을 말한 겁니까? 이에 대해 공자께서 말씀하시길 "같은 소리는 서로 호응하고 같은 기운끼리는 서로 추구한답니다. 물은 습한 곳으로 흐르며, 불은 건조한 곳으로 타오르고, 구름은 용을 따르며, 바람은 호랑이를 따른답니다. 성인이 일어나서 만물을 바라보니, 하늘에 근본을 둔 것은 위로 친하고, 땅에 근본을 둔 것은 아래로 친한 것은, 곧 각각 같은 무리인 동류(同類)를 따르기 때문이랍니다"라고 하였습니다.

九五曰(구오왈): 飛龍在天(비룡재천), 利見大人(이견대인), 何謂也(하위야)? 子曰(자왈): 同聲相應(동성상응), 同氣相求(동기상구). 水流濕(수류습), 火就燥(화취조), 雲從龍(운종룡), 風從虎(풍종호). 聖人作而萬物覩(성인작이만물도), 本乎天者親上(본호천자친상), 本乎地者親下(본호지자친하), 則各從其類也(즉각종기류야).

상구에서 "높이 올라간 용이니 후회함이 있다(亢龍有悔)"라고 한 것은 무엇을 말한 겁니까? 이에 대해 공자께서 말씀하시길 "존귀해도 지위가 없고, 지위가 높아도 백성이 없고, 어진 사람인 현인이 아랫자리에 있어도 돕지 않습니다"라고 했죠. 이 때문에 활동을 하게 되면 후회가 있게 된답니다.

上九曰(상구왈): 亢龍有悔(항룡유회), 何謂也(하위야)? 子曰(자왈): 貴而无位(귀이무위), 高而无民(고이무민), 賢人在下位而无輔(현인재하위이무보), 是以動而有悔也(시이동이유회야).

'잠룡물용(潛龍勿用)'은 아래로 낮춤이며, '현룡재전(見龍在田)'은 때로는 그침이고, '종일건건(終日乾乾)'은 일을 실행함이며, '혹약재연(或躍在淵)'은 스스로를 시험함이고, '비룡재천(飛龍在天)'은 위에서 다스림이며, '항룡유회(亢龍有悔)'는 곤궁해진 재앙이고, '건원용구(乾元用九)'는 천하를 다스리는 것이랍니다.

潛龍勿用(잠룡물용), 下也(하야), 見龍在田(현룡재전), 時舍也(시사야), 終日乾乾(종일건건), 行事也(행사야), 或躍在淵(혹약재연), 自試也(자시야), 飛龍在天(비룡재천), 上治也(상치야), 亢龍有悔(항룡유회), 窮之災也(궁지재야), 乾元用九(건원용구), 天下治也(천하치야).

'잠룡물용(潛龍勿用)'은 양기가 물에 잠겨 감추어진 것이며, '현룡재전(見龍在田)'은 천하가 문명세계에 진입한 것이고, '종일건건(終日乾乾)'은 때에 맞춰 함께 실행하는 것이며, '혹약재연(或躍在淵)'은 건의 도가 바뀌는 것이고, '비룡재천(飛龍在天)'은 하늘의 덕에 자리하는 것이며, '항룡유회(亢龍有悔)'는 때로는 더불어서 함께 다하는 것이고, '건원용구(乾元用九)'는 하늘의 법칙을 보는 것이랍니다.

潛龍勿用(잠룡물용), 陽氣潛藏(양기잠장), 見龍在田(현룡재전), 天下文明(천하문명), 終日乾乾(종일건건), 與時偕行(여시해행), 或躍在淵(혹약재연), 乾道乃革(건도내혁), 飛龍在天(비룡재천), 乃位乎天德(내위호천덕), 亢龍有悔(항룡유회), 與時偕極(여시해극), 乾元用九(건원용구), 乃見天則(내견천칙).

건의 원(元)은 비로소 형통해지는 것이며, 이(利)와 정(貞)은 후천의 정(情)을 선천의 성(性)으로 되돌리는 것이고, 건이 비로소 아름다운 이로서 천하를 이롭게 하는 것이며, 이로운 바를 말로는 다할 수 없으니 참으로 크십니다! 크십니다, 하늘이시여! 강건하고 굳건하며 중도를 지키고 올바르며 순수함이 지극합니다. 여섯 효를 드러내 발휘하는 것은 두루 실정에 통하고, 때에 맞춰 여섯 용을 타고서 하늘을 제어하며, 구름이 운행되면서 비를 내리게 하니 천하가 화평하답니다.

乾元者(건원자), 始而亨者也(시이형자야). 利貞者(이정자), 性情也(성정야). 乾始能以美利利天下(건시능이미리리천하), 不言所利(불언소리), 大矣哉(대의재)! 大哉乾乎(대재건호)! 剛健中正(강건중정), 純粹精也(순수정야). 六爻發揮(육효발휘), 旁通情也(방통정야). 時乘六龍(시승육룡), 以御天也(이어천야). 雲行雨施(운행우시), 天下平也(천하평야).

군자는 덕을 이루는 것으로써 행위로 삼으며, 날마다 보이는 것이 행실이라 할 수 있습니다. 잠겨 있다고 말하는 것은 숨어서 나타나지 않기에 행실이 아직은 이루어지지 않은 것입니다. 그러므로 군자가 자신의 능력을 쓰지 않은 겁니다. 군자는 배워서 지식을 쌓고, 물어서 분별하며, 너그러움으로써 처신하고, 어짊으로써 실행한답니다. 역(易)에 이르길 "현룡재전(見龍在田), 이견대인(利見大人)"이라 한 것은 군자의 덕이랍니다.

君子以成德為行(군자이성덕위행), 日可見之行也(일가견지행야). 潛之為言也(잠지위언야), 隱而未見(은이미견), 行而未成(행이미성), 是以君子弗用也(시이군자불용야). 君子學以聚之(군자학이취지), 問以辨之(문이변지), 寬以居之(관이거지), 仁以行之(인이행지). 易曰(역왈): 見龍在田(현룡재전), 利見大人(이견대인), 君德也(군덕야).

구삼은 강건한 양(陽)이 거듭된 것이며, 중도를 지키지 않아서 위로는 하늘에 있지 아니하고, 아래로는 밭에도 있지 못하기 때문에, 굳세고 굳세게 해서 때에 따라 조심하면서 두려워하면 비록 위태하나 허물은 없답니다.

九三(구삼), 重剛而不中(중강이부중), 上不在天(상부재천), 下不在田(하부재전), 故乾乾因其時而惕(고건건인기시이척), 雖危无咎矣(수위무구의).

구사는 강건한 양(陽)이 거듭된 것이며, 중도를 지키지 않아서 위로는 하늘에 있지 아니하고, 아래로는 밭에도 있지 못하며, 가운데로는 사람에게도 있지 않기 때문에 혹(或)이라 했습니다. 혹이란 의심하는 것이기 때문에 허물은 없답니다.

九四(구사), 重剛而不中(중강이부중), 上不在天(상부재천), 下不在田(하부재전), 中不在人(중부재인), 故或之(고혹지). 或之者疑之也(혹지자의지야), 故无咎(고무구).

저 대인은 천지와 더불어 그 덕을 합하고, 해와 달과 더불어 그 밝음을 합하며, 사계절과 더불어 그 차례를 합하고, 귀신과 더불어 그 길흉을 합한답니다. 하늘보다 앞서 하더라도 하늘이 어기지 아니하며, 하늘보다 뒤에 하더라도 하늘의 때를 받들고, 하늘도 또한 어기지 아니하는데, 하물며 사람은 어떻겠습니까? 귀신은 어떻겠습니까?

夫大人者(부대인자), 與天地合其德(여천지합기덕), 與日月合其明(여일월합기명), 與四時合其序(여사시합기서), 與鬼神合其吉凶(여귀신합기길흉). 先天而天弗違(선천이천불위), 後天而奉天時(후천이봉천시), 天且弗違(천차불위), 而況於人乎(이황어인호)? 況於鬼神乎(황어귀신호)?

너무 지나치다고 말한 것은 나아갈 줄만 알고 물러날 줄은 모른다는 것이며, 간직할 줄만 알고 없어지게 될 줄은 알지 못하고, 얻을 줄만 알고 잃게 될 줄은 알지 못하니, 오직 성인뿐인가! 진퇴존망(進退存亡)을 알아서 그 올바름을 잃지 않는 이는 오직 성인뿐입니다!

亢之為言也(항지위언야), 知進而不知退(지진이부지퇴), 知存而不知亡(지존이부지망), 知得而不知喪(지득이부지상), 其唯聖人乎(기유성인호)! 知進退存亡而不失其正者(지진퇴존망이불실기정자), 其唯聖人乎(기유성인호)!

| 괘명(卦名) 한자어원풀이 |

하늘 乾(건) 은 해가 뜰 때 햇빛이 빛나는 모양 간(倝)과 새 을(乙)로 이루어졌습니다. 倝(간)에서 해 일(日)의 상하에 놓인 '十' 모양은 풀 초(艹)의 간략형이며, '人' 모양은 햇살이 퍼져 비추는 것을 뜻합니다. 즉 지평선 위로 막 떠오르는 해(日)가 아직은 풀숲(艹+艹) 속에 있지만 찬란한 햇빛이 하늘가에 비치(人)는 모습을 그려내고 있답니다. 乙(을)은 초목의 싹이 터 어느 정도 자라난 모양을 나타냈죠. 따라서 乾(건)의 전체적인 의미는 초목의 싹이 움터 자랄(乙) 때는 찬란하게 빛나는 태양(倝)을 향해 커간다는 데서 '하늘'을 뜻하게 되었습니다. 天(천)이 하늘의 구조를 말하였다면 乾(건)은 기능적인 측면에서 그려낸 것이죠.

제 2 편

중지곤괘(重地坤卦)

만물을 길러내는 땅처럼 포용의 미덕을 갖춰라

䷁

곤(坤)은 크게 형통하고 암말의 곧음이 이롭답니다. 군자는 갈 곳이 있을 때, 앞서면 길을 잃고 뒤에 서면 주로 이득을 얻는답니다. 서남쪽에서는 벗을 얻고, 동북쪽에서는 벗을 잃으니 편안하면서도 올곧아야 길하답니다.

坤(곤), 元亨(원형), 利牝馬之貞(이빈마지정). 君子有攸往(군자유유왕), 先迷(선미), 後得主利(후득주리). 西南得朋(서남득붕), 東北喪朋(동북상붕), 安貞吉(안정길).

「단전(彖傳)」에 이르길 "지극합니다! 곤(坤)의 으뜸이여! 만물이 이를 의지하여 생겨나니, 곧 하늘을 좇아 계승한 거랍니다. 곤은 두텁게 만물을 실으니 그 덕이 끝없이 합일하고, 머금고 넓으며 빛나고 위대해서 모든 사물을 형통하게 한답니다"라고 했습니다.

彖曰(단왈): 至哉坤元(지재곤원)! 萬物資生(만물자생), 乃順承天(내순승천). 坤厚載物(곤후재물), 德合无疆(덕합무강), 含弘光大(함홍광대), 品物咸亨(품물함형).

암말은 땅의 부류이니 땅을 다님에 한계가 없답니다. 부드럽고 순리를 따르며, 이롭고 곧으니, 이는 군자가 행해야 할 바입니다. 먼저 하면 아득해져 도를 잃고, 뒤에 하면 순리를 따라 떳떳함을 얻습니다. 서남쪽에서 벗을 얻어서 곧 그 무리들과 더불어 실행하고, 동북쪽에서 벗을 잃지만 끝내는 경사로움이 있게 되며, 편안하고 곧음의 길함이 땅의 끝없는 덕에 호응하게 된답니다.

牝馬地類(빈마지류), 行地无疆(행지무강). 柔順利貞(유순리정), 君子攸行(군자유행), 先迷失道(선미실도), 後順得常(후순득상). 西南得朋(서남득붕), 乃與類行(내여류행), 東北喪朋(동북상붕), 乃終有慶(내종유경), 安貞之吉(안정지길), 應地无疆(응지무강).

「상전(象傳)」에 이르길 "땅의 형세가 곤(坤)이니, 군자가 이를 본받아서 땅의 두터운 덕으로써 사물을 실어줍니다"라고 했습니다.

象曰(상왈): 地勢坤(지세곤), 君子以厚德載物(군자이후덕재물).

초육은 서리를 밟으면 단단한 얼음이 이르게 된다고 하였습니다.

「상전(象傳)」에 이르길 "서리를 밟으면 단단한 얼음이 이르게 된다"고 하는 것은 음이 비로소 응결되는 것이니, 그 도를 따라 이루어서 굳은 얼음에 이르게 한다는 겁니다.

初六(초육), 履霜(이상), 堅冰至(견빙지).

象曰(상왈): 履霜堅冰(이상견빙), 陰始凝也(음시응야). 馴致其道(순치기도), 至堅冰也(지견빙야).

육이는 곧고 반듯하면서 크므로 애써 익히지 않더라도 이롭지 아니함이 없답니다.

「상전(象傳)」에 이르길 "육이의 움직임은 곧음으로써 반듯하답니다. 그러니 익히지 않더라도 이롭지 않음이 없다"는 것은 땅의 도가 빛나는 것입니다.

六二(육이), 直方大(직방대), 不習无不利(불습무불리).

象曰(상왈): 六二之動(육이지동), 直以方也(직이방야). 不習无不利(불습무불리), 地道光也(지도광야).

육삼은 빛나는 것을 머금어 곧게 함이니, 혹 나랏일에 종사하더라도 성공을 자기 것으로 하지 말고 끝마침은 있어야 합니다.

「상전(象傳)」에 이르길 "빛나는 것을 머금어 올바름을 지킬 수 있다"고 했으니, 때에 따라서 능력을 발휘해야 합니다. 혹 나랏일에 종사하더라도 지혜가 빛나고 크다는 겁니다.

六三(육삼), 含章可貞(함장가정), 或從王事(혹종왕사), 无成有終(무성유종).

象曰(상왈): 含章可貞(함장가정), 以時發也(이시발야). 或從王事(혹종

왕사), 知光大也(지광대야).

육사는 주머니를 매면 허물은 없으나 명예로움도 없다는 겁니다.

「상전(象傳)」에 이르길 "주머니를 매면 허물이 없다"는 것은 조심해서 삼가니 해롭지 않다는 겁니다.

六四(육사), 括囊(괄낭), 无咎无譽(무구무예).

象曰(상왈): 括囊无咎(괄낭무구), 愼不害也(신불해야).

육오는 누런 치마를 입으면 크게 길합니다.

「상전(象傳)」에 이르길 "누런 치마를 입으면 크게 길하다"는 것은 문채가 가운데 있다는 겁니다.

六五(육오), 黃裳(황상), 元吉(원길).

象曰(상왈): 黃裳元吉(황상원길), 文在中也(문재중야).

상육은 용이 들판에서 싸우니 그 피가 검고 누렇습니다.

「상전(象傳)」에 이르길 "용이 들판에서 싸운다"는 것은 그 도가 곤궁해졌다는 겁니다.

上六(상육), 龍戰于野(용전우야), 其血玄黃(기혈현황).

象曰(상왈): 龍戰于野(용전우야), 其道窮也(기도궁야).

용육은 오래도록 곧게 하는 것이 이롭답니다.

「상전(象傳)」에 이르길 "용육은 오래도록 곧게 하는 것"은 성대하게 마친다는 겁니다.

用六(용육), 利永貞(이영정).

象曰(상왈): 用六永貞(용육영정), 以大終也(이대종야).

「문언전(文言傳)」에 이르길 "곤은 지극히 부드러우나 움직임이 강인하고, 지극히 고요하나 덕이 반듯합니다. 후에 얻어서 이로움을 주장하여 떳떳함이 있으며, 만물을 머금어 화육함이 빛나니, 곤의 도는 그 순리를 따르며 하늘을 계승하여 때에 맞춰 실행한답니다.

文言曰(문언왈): 坤至柔而動也剛(곤지유이동야강), 至靜而德方(지정이덕방), 後得主而有常(후득주이유상), 含萬物而化光(함만물이화광). 坤道其順乎(곤도기순호), 承天而時行(승천이시행).

선을 쌓은 집은 반드시 경사로움이 넘치고, 선하지 않은 불선을 쌓은 집은 반드시 재앙이 넘쳐날 겁니다. 신하가 자기 임금을 죽이거나 자식이 자기 아비를 죽이는 일은 하루아침이나 하루저녁의 연고 때문은 아니며, 그 연유한 바가 점진적으로 이루어진 겁니다. 분별해야 할 것을 일찍 분별하지 못했기 때문에 말미암은 거죠. 그래서 역(易)에 이르길 '서리를 밟으면 굳은 얼음이 곧 이르게 된다'고 한 것은 재앙이 순차적으로 커지는 것을 말한 겁니다.

積善之家(적선지가), 必有餘慶(필유여경), 積不善之家(적불선지가), 必有餘殃(필유여앙). 臣弑其君(신시기군), 子弑其父(자시기부), 非一朝一夕之故(비일조일석지고), 其所由來者漸矣(기소유래자점의), 由辯之不早辯也(유변지부조변야). 易曰(역왈): 履霜堅冰至(이상견빙지), 蓋言順

也(개언순야).

직은 그 올바름이며, 방은 그 의로움입니다. 군자는 경건함으로써 안을 곧게 하고 의로움으로써 밖을 반듯하게 하며, 경건함과 의로움을 세우면 덕 있는 사람은 외롭지 않게 됩니다. '곧으면서 반듯하고 위대하니, 애써 익히지 않아도 이롭지 아니함이 없다'고 한 것은 곧 실행하려는 것에 의심하지 않는다는 것이랍니다.

直(직), 其正也(기정야). 方(방), 其義也(기의야). 君子敬以直內(군자경이직내), 義以方外(의이방외), 敬義立而德不孤(경의립이덕불고). 直方大(직방대), 不習无不利(불습무불리), 則不疑其所行也(즉불의기소행야).

음은 비록 아름다우나 그것을 머금어서 왕의 일에 종사해도 감히 이루지는 못한답니다. 이는 땅의 도이고, 아내의 도이며, 신하의 도이기에 땅의 도는 이루어짐이 없는 대신 끝마침이 있을 뿐이랍니다. 천지가 변화하면 초목이 번성하고, 천지가 닫히면 어진 사람이 은거해 버린답니다. 이에 역(易)에서 이르길 '주머니를 매면 허물은 없으나 명예도 없다'는 것은 신중하게 삼가야 함을 말한 겁니다.

陰雖有美(음수유미), 含之以從王事(함지이종왕사), 弗敢成也(불감성야). 地道也(지도야), 妻道也(처도야), 臣道也(신도야). 地道无成(지도무성), 而代有終也(이대유종야), 天地變化(천지변화), 草木蕃(초목번), 天地閉(천지폐), 賢人隱(현인은). 易曰(역왈): 括囊(괄낭), 无咎无譽(무구무예), 蓋言謹也(개언근야).

군자는 중도를 지켜 이치에 통달해 바른 자리에 몸을 머무니 아름다움이 그 가운데 있어서 팔다리까지 퍼져 빛나고 그가 하는 모든 일에서 발휘되니 아름다움이 지극하답니다.

君子黃中通理(군자황중통리), 正位居體(정위거체), 美在其中(미재기중), 而暢於四支(이창어사지), 發於事業(발어사업), 美之至也(미지지야).

음이 양을 의심하면 반드시 싸우게 되는데, 양이 없다고 여길까 꺼리기 때문에 용이라 일컬으면서도 오히려 그 무리를 떠나지 못한답니다. 그러므로 혈맹이라 칭한답니다. 저 검고 누런 것은 천지가 섞인 것이어서 하늘은 검고 땅은 누렇답니다"라고 하였습니다.

陰疑於陽必戰(음의어양필전), 為其嫌於无陽也(위기혐어무양야), 故稱龍焉(고칭룡언), 猶未離其類也(유미리기류야), 故稱血焉(고칭혈언). 夫玄黃者(부현황자), 天地之雜也(천지지잡야), 天玄而地黃(천현이지황).

| 괘명(卦名) 한자어원풀이 |

땅 坤(곤)은 흙무더기를 쌓은 모양을 상형한 흙 토(土)와 펼 신(申)으로 이루어져 있답니다. 申(신)은 갑골문에도 보이는 자형으로 양전자와 음전자가 충돌하여 빚어낸 '번갯불'이 땅을 향해 펴져나가는 모양을 상형한 것으로 '펴다', '늘이다'는 뜻을 지녔습니다. 번갯불은 하늘에서 땅으로 유입되며 강력한 자기장(磁氣場)을 형성하는데, 이때 빗방울은 물론 하늘까지도 깨끗하게 정화시키는 역할을 한답니다. 따라서 坤(곤)의 의미는 만물을 길러 자라(申)게 하는 것이 곧 땅(土)이라는 데서 '땅'이라는 뜻을 지니게 되었답니다. 地

(지)가 땅의 구조를 본뜬 것이라면 坤(곤)은 기능적인 측면을 나타내고 있습니다.

제 3 편

수뢰둔괘(水雷屯卦)

끊임없이 혁신을 통해 나아가라

䷂

둔(屯)은 크게 형통하고 바르고 곧게 함이 이롭답니다. 가는 곳을 두지 말고 제후를 내세움이 이롭습니다.

屯(둔), 元亨(원형), 利貞(이정). 勿用有攸往(물용유유왕), 利建侯(이건후).

공자께서 「단전(彖傳)」에서 말씀하시길 "둔은 강건함인 강과 부드러움인 유가 처음 사귀어 어렵게 나오며, 험난한 가운데서 움직여 크게 형통하고 곧고 바르게 합니다. 우레와 비의 움직임이 가득 찼습니다. 천지가 처음 개벽하던 거칠고 어두운 초매일 때는 마땅히 제후를 세워야 했는데, 편안하게 안정되지 않았기 때문이랍니다"라고 하였습니다.

彖曰(단왈): 屯(둔), 剛柔始交而難生(강유시교이난생), 動乎險中(동호험중), 大亨(대형), 貞(정). 雷雨之動(뇌우지동), 滿盈(만영). 天造草昧(천조초매), 宜建侯而不寧(의건후이불녕).

「상전(象傳)」에 이르길 "구름과 우레가 둔괘이니, 군자가 이를 본받아서 천하를 경영해야 합니다"라고 하였습니다.

象曰(상왈): 雲雷(운뢰), 屯(둔). 君子以經綸(군자이경륜).

초구는 갈 곳을 모르고 제자리에서 맴돌고 있는 반환이니, 곧고 바른 곳에 거처함이 이롭고 제후를 내세움이 이롭답니다.

「상전(象傳)」에 이르길 "비록 제자리에서 맴도는 반환이지만 뜻은 바른 것을 행하는 데에 있어야 합니다. 신분이야 존귀하지만 아랫사람들에게 자신을 낮추니, 크게 백성들을 얻게 됩니다"라고 하였습니다.

初九(초구), 磐桓(반환), 利居貞(이거정), 利建侯(이건후).

象曰(상왈): 雖磐桓(수반환), 志行正也(지행정야). 以貴下賤(이귀하천), 大得民也(대득민야).

육이는 어려움에 머뭇거리며 말을 타고 맴도니, 도적이 아니면 혼인할 짝이 오게 됩니다. 여자가 바르고 곧아서 시집가지 않다가 십 년만에야 시집을 갑니다.

「상전(象傳)」에 이르길 "육이가 어려운 것은 강건함인 강을 올라탔기 때문입니다. 십 년만에야 시집간다는 것은 정상적인 삶으로 돌아옴을 말한 것"이라고 하였습니다.

六二(육이), 屯如邅如(둔여전여), 乘馬班如(승마반여), 匪寇婚媾(비구혼구), 女子貞不字(여자정부자), 十年乃字(십년내자).

象曰(상왈): 六二之難(육이지난), 乘剛也(승강야). 十年乃字(십년내자), 反常也(반상야).

육삼은 사슴 사냥에 나갔으나 몰이꾼도 없이 오직 숲속으로 들어가기만 하니, 군자라면 기미를 보아 그만두는 것만 못하기에 가면 궁색해지게 된답니다.

「상전(象傳)」에 이르길 "사슴 사냥에 나갔으나 몰이꾼도 없이 짐승을 좇는 것은 짐승을 탐내어 좇았기 때문이고, 군자가 그만두어야 하는 이유는 가면 인색하고 곤궁해지기 때문"이라고 하였습니다.

六三(육삼), 卽鹿无虞(즉록무우), 惟入于林中(유입우림중). 君子幾不如舍(군자기불여사), 往吝(왕린).

象曰(상왈): 卽鹿无虞(즉록무우), 以從禽也(이종금야). 君子舍之(군자사지), 往吝窮也(왕린궁야).

육사는 말을 탔다가 맴돌고만 있으니, 차라리 혼인할 짝인 초구를 구하여 구오인 군주에게 간다면 길하여 이롭지 않음이 없답니다.

「상전(象傳)」에 이르길 "짝을 구하기 위해 간다는 것은 명석한 일입니다"라고 하였습니다.

六四(육사), 乘馬班如(승마반여), 求婚媾(구혼구), 往(왕), 吉无不利(길무불리).

象曰(상왈): 求而往(구이왕), 明也(명야).

구오는 군주로서 그 은택을 펼치기가 어려우니 조금씩 바로잡으면 길하나 크게 단번에 바로잡으면 흉해집니다.

「상전(象傳)」에 이르길 "은택을 펼치기 어렵다는 것은 베풂이 아직은 빛나지 않는다"는 거죠.

九五(구오), 屯其膏(둔기고), 小貞吉(소정길), 大貞凶(대정흉).

象曰(상왈): 屯其膏(둔기고), 施未光也(시미광야).

상육은 말을 탔다가 맴돌고만 있으니, 피눈물을 흘리는 듯하답니다.

「상전(象傳)」에 이르길 "피눈물을 흘리는 듯하니 어찌 오래가겠습니까"라고 하였습니다.

上六(상육), 乘馬班如(승마반여), 泣血漣如(읍혈연여).

象曰(상왈): 泣血漣如(읍혈연여), 何可長也(하가장야).

| 괘명(卦名) 한자어원풀이 |

진칠 屯(둔) 은 풀 철(屮)과 삐침 별(丿)로 이루어져 있답니다. 그 뜻은 초목(屮)이 싹을 틔워 가지나 잎이 어느 정도 자라고 있는데 칼이나 낫으로 베어(丿)버려 더 이상 자라지 않음을 그려내고 있죠. 또한 군사들이 진을 치기 위해 풀을 베어내거나 임시 막사를 치면 그 밑에 있는 풀은 더 이상 자라지 못하기 때문에 진칠 屯(둔)이라고도 하였답니다. 그래서 '진을 치다', '언덕', '어렵다'는 뜻도 내포하고 있지만, 한편으론 만물이 자라기 시작한다는 '시작'의 의미도 있답니다.

제 4 편

산수몽괘(山水蒙卦)

앞서 나간 이를 본받아 몽매함을 타파하라

䷃

몽(蒙)괘는 형통하니, 구이인 내가 몽매한 어린아이인 동몽(육오)을 구하는 것이 아니라 동몽이 나를 구하려 하는 겁니다. 처음 점을 쳐서 물으면 알려주고, 두 번 세 번 물으면 모독하는 것이니, 모독하면 알려주지 않아야 합니다. 자신을 바르고 곧게 함이 이롭답니다.

蒙(몽), 亨(형). 匪我求童蒙(비아구동몽), 童蒙求我(동몽구아). 初筮告(초서고), 再三瀆(재삼독), 瀆則不告(독즉불고). 利貞(이정).

「단전(彖傳)」에 이르길 "산 아래에 험함이 있고, 험해서 그치는 것이 몽(蒙)괘랍니다. 몽(蒙)과 형(亨)인 몽형은 형통하도록 행하는 것이 때에 맞게 하는 겁니다. 내가 몽매한 어린아이인 동몽을 구하는 게 아니라 동몽이 나를 구한다는 것은 뜻에 호응하는 겁니다.

처음 점을 쳐서 알려주는 것은 강으로써 중도를 이루었기 때문이랍니다. 두 번 세 번 물으면 모독하는 것이니, 모독하면 알려주지 않아야 한다는 것은 몽을 어지럽히기 때문이니, 몽매함을 바로잡는 것이 성인의 공"이라고 했습니다.

彖曰(단왈): 蒙(몽), 山下有險(산하유험), 險而止(험이지), 蒙(몽). 蒙(몽), 亨(형), 以亨行(이형행), 時中也(시중야). 匪我求童蒙(비아구동몽), 童蒙求我(동몽구아), 志應也(지응야). 初筮告(초서고), 以剛中也(이강중야). 再三瀆(재삼독), 瀆則不告(독즉불고), 瀆蒙也(독몽야). 蒙以養正(몽이양정), 聖功也(성공야).

「상전(象傳)」에 이르길 "산 아래에 샘물이 솟는 것을 몽괘라 합니다. 군자가 이를 본받아 과감히 행하면서 덕을 길러야 합니다"라고 하였답니다.

象曰(상왈): 山下出泉(산하출천), 蒙(몽). 君子以果行育德(군자이과행육덕).

초육은 무지몽매함을 깨우쳐줄 때는 사람을 형벌로써 다스리듯 엄격히 하는 것이 이로우나, 그러고 나면 족쇄와 수갑인 질곡을 벗겨주어야 하니, 그대로 해나가면 인색해질 겁니다.

「상전(象傳)」에 이르길 "사람을 형벌로써 다스림이 이롭다고 한 것은 이로써 법을 바르게 해야 합니다"라고 했습니다.

初六(초육), 發蒙(발몽). 利用刑人(이용형인), 用說桎梏(용탈질곡), 以往吝(이왕린).

象曰(상왈): 利用刑人(이용형인), 以正法也(이정법야).

구이는 몽매한 이를 포용하면 길합니다. 아내의 말을 받아들이면 길하고, 자식이 집안일을 잘할 겁니다.

「상전(象傳)」에 이르길 "자식이 집안일을 잘하는 것은 강과 유가 호응하기 때문입니다"라고 하였습니다.

九二(구이), 包蒙(포몽), 吉(길). 納婦吉(납부길), 子克家(자극가).

象曰(상왈): 子克家(자극가), 剛柔接也(강유접야).

육삼은 이런 여자를 취하지 말아야 하는데, 돈 많은 사내를 보고서는 몸 둘 바를 모르는 여자는 이로울 바가 없습니다.

「상전(象傳)」에 이르길 "이런 여자를 취하지 말아야 한다는 것은 행실이 불순하기 때문"이라고 하였답니다.

六三(육삼), 勿用取女(물용취녀), 見金夫(견금부), 不有躬(불유궁), 无攸利(무유리).

象曰(상왈): 勿用取女(물용취녀), 行不順也(행불순야).

육사는 곤궁한 몽이니 인색하답니다.

「상전(象傳)」에 이르길 "곤궁한 몽이니 인색하다는 것은 홀로 실상에서 멀리 있기 때문"이라고 했습니다.

六四(육사), 困蒙(곤몽), 吝(린).

象曰(상왈): 困蒙之吝(곤몽지린), 獨遠實也(독원실야).

육오는 어려서 잘 알지 못하는 어린 몽이니 길하답니다.

「상전(象傳)」에 이르길 "어린 몽이니 길하다는 것은 유순하고 공손하기 때문"이라고 했답니다.

六五(육오), 童蒙(동몽), 吉(길).

象曰(상왈): 童蒙之吉(동몽지길), 順以巽也(순이손야).

상구는 어리석음을 일깨워 주는 것이니, 도적이 되는 것은 이롭지 않고 도적을 막는 것이 이롭답니다.

「상전(象傳)」에 이르길 "도적을 막는 것이 이롭다 한 것은 위아래가 유순하기 때문"이라고 했습니다.

上九(상구), 擊蒙(격몽), 不利為寇(불리위구), 利禦寇(이어구).

象曰(상왈): 利用禦寇(이용어구), 上下順也(상하순야).

| 괘명(卦名) 한자어원풀이 |

어두울 蒙(몽) 은 풀 초(艹)와 덮어쓸 몽(冡)으로 구성되었습니다. 艹(초)는 풀 艸(초)의 간략형으로 무성하게 돋아난 풀을 뜻하는데, 두 개의 싹날 屮(철)로 구성되었습니다. 艹(초)가 다른 자형에 더해지면 초목과 관련한 뜻을 지니게 된답니다. 여기서 冡(몽)은 수의(壽衣)를 뜻하기도 하는 무릅쓸 모(冃)의 생략형과 돼지 시(豕)로 구성되었는데, 그 의미는 돼지와 같은 동물(豕)이 죽자 흙으로 덮어(冃)어 무덤을 만들어 주었다는 뜻이 담겨 있답니다. 그래서 冡(몽)은 '무덤 총'으로 쓰이기도 한답니다. 따라서 전체적인 의미는 어떠한 사물이 흙으로 덮였을(冡) 뿐만 아니라 풀(艹)로 덮여버렸으니 어두울 수밖에 없다는 뜻이 담겨 있어 '어둡다'를 뜻합니다.

제 5 편

수천수괘(水天需卦)

때로는 자기 성장을 위해 기다려라

수(需)는 믿음이 있으니, 빛나고 형통하며, 곧고 길하니, 큰 내를 건너는 것이 이롭답니다.

需(수), 有孚(유부), 光亨(광형), 貞吉(정길), 利涉大川(이섭대천).

「단전(彖傳)」에 이르길 "수(需)괘는 기다림입니다. 험난한 것이 앞에 있으나 강건해서 유혹에 빠지지 않으니 그 의로움이 곤궁함에 빠지지는 않는답니다. 수괘는 믿음이 있으니, 빛나고 형통하며, 곧고 길하다고 한 것은 하늘자리인 천위(天位)에 자리해서 바름으로써 중도에 있기 때문이랍니다. 큰 내를 건너는 것이 이롭다고 한 것은 나아가면 공을 세우기 때문"이라고 했습니다.

彖曰(단왈): 需(수), 須也(수야), 險在前也(험재전야). 剛健而不陷(강

건이불함), 其義不困窮矣(기의불곤궁의). 需(수), 有孚(유부), 光亨(광형), 貞吉(정길), 位乎天位(위호천위), 以正中也(이정중야). 利涉大川(이섭대천), 往有功也(왕유공야).

「상전(象傳)」에 이르길 "구름이 하늘로 오르는 것이 수괘이니, 군자가 이를 본받아 마시며 먹고 잔치하며 즐깁니다"라고 했습니다.

象曰(상왈): 雲上於天(운상어천), 需(수), 君子以飮食宴樂(군자이음식연락).

초구는 성 밖 들판에서 기다리는 것입니다. 일정하게 하는 것이 이로우며 허물은 없습니다.

「상전(象傳)」에 이르길 "성 밖 들판에서 기다리는 것은 험난함에 빠지지 않는다는 것이며, 일정하게 하는 것이 이로우며 허물이 없다는 것은 아직은 항상됨을 잃지 않은 겁니다"라고 했습니다.

初九(초구), 需于郊(수우교), 利用恒(이용항), 无咎(무구).

象曰(상왈): 需于郊(수우교), 不犯難行也(불범난행야). 利用恒(이용항), 无咎(무구), 未失常也(미실상야).

구이는 모래톱에서 기다리는 것이며, 구설수가 조금 있으나 끝내는 길하게 됩니다.

「상전(象傳)」에 이르길 "모래톱에서 기다리는 것은 너그러움으로 중도를 지키는 것이니, 비록 구설수가 조금 있으나 길함으로써 마칠 겁니다"라고 했습니다.

九二(구이), 需于沙(수우사), 小有言(소유언), 終吉(종길).

象曰(상왈): 需于沙(수우사), 衍在中也(연재중야), 雖小有言(수소유언), 以吉終也(이길종야).

구삼은 진흙탕에서 기다리는 것이니, 도적들이 몰려오도록 자초한 겁니다.

「상전(象傳)」에 이르길 "진흙탕에서 기다리는 것은 재앙이 외부에 있다는 겁니다. 나로 말미암아 도적을 이르게 하는 것이니, 공경하고 조심하면 실패하지는 않을 겁니다"라고 하였습니다.

九三(구삼), 需于泥(수우니), 致寇至(치구지).

象曰(상왈): 需于泥(수우니), 災在外也(재재외야). 自我致寇(자아치구), 敬愼不敗也(경신불패야).

육사는 피를 보는 자리에서 기다리는 것이니, 안전한 동굴에서 나간 겁니다.

「상전(象傳)」에 이르길 "피를 보는 자리에서 기다리는 것은 이치에 순종하여 말을 듣는다는 것"이라고 하였습니다.

六四(육사), 需于血(수우혈), 出自穴(출자혈).

象曰(상왈), 需于血(수우혈), 順以聽也(순이청야).

구오는 술과 음식을 놓고 기다리는 것이니, 곧고 길하답니다.

「상전(象傳)」에 이르길 "술과 음식은 곧고 길하다는 것은 중도로써 바름을 실천한다는 의미의 중정하기 때문"이라고 했습니다.

九五(구오), 需于酒食(수우주식), 貞吉(정길).

象曰(상왈): 酒食貞吉(주식정길), 以中正也(이중정야).

상육은 편안한 곳인 동굴로 들어가는 것이니, 기다리지도 않은 손님이 세 사람(하괘의 세 양효)이나 오더라도 공경하며 받아들이면 끝내는 길하답니다.

「상전(象傳)」에 이르길 "기다리지도 않은 손님이 세 사람이나 오더라도 공경하며 받아들이면 마침내 길하다는 것은 비록 지위는 마땅치 않으나 크게 잃지는 않습니다"라고 했습니다.

上六(상육), 入于穴(입우혈), 有不速之客三人來(유불속지객삼인래), 敬之(경지), 終吉(종길).

象曰(상왈): 不速之客來(불속지객래), 敬之終吉(경지종길), 雖不當位(수부당위), 未大失也(미대실야).

| 괘명(卦名) 한자어원풀이 |

쓰일 需(수)는 비 우(雨)와 말 이을 이(而)로 구성되었습니다. 雨(우)는 하늘에서 방울져 내리는 비의 모양을 본뜬 상형글자랍니다. 허신은 雨(우)에 대해 "雨는 물이 구름으로부터 떨어진다는 뜻이다. 一(일)은 하늘을 본떴고 冂(경)은 구름을 상형하였는데, 물방울이 그 사이에서 떨어진다"고 하였습니다. 달리 해석한다면, 하늘(一) 아래 한정된(冂) 지역에 국한하여 빗방울이 떨어지는 상황을 글자화한 것이죠. 而(이)는 갑골문이나 금문에도 보이는 자형으로 사람의 옆얼굴에 난 구레나룻을 의미하기도 하였지만 코밑과 턱에 난

수염을 뜻하게 되었답니다. 그러나 본뜻인 '수염'보다는 말을 이어주는 어조사로써 널리 쓰이고 있죠. 즉 위아래의 수염처럼 말을 '머뭇거리다'가도 다음 문장으로 '이어줌'을 뜻해 '말 이을 이'로 확장되었답니다. 이에 따라 需(수)는 하늘에서 내린 비로 인해 수염까지 축축하게 젖은 모양에서 '비를 내리게 하는 제사장과 같은 사람'임을 알 수 있는데, '하늘에서 비를 구하다', '기다리다', '구하다'는 뜻으로 쓰인답니다.

제 6 편

천수송괘(天水訟卦)

다툼과 송사에는 냉정한 성찰이 필요하다

송(訟)괘는 믿음은 있으나 막혀서 두려우니, 중도를 지키면 길하고 끝까지 가면 흉합니다. 대인을 찾으면 이로우나 큰 내를 건너는 것은 이롭지 못하답니다.

訟(송), 有孚(유부), 窒惕(질척), 中吉(중길), 終凶(종흉). 利見大人(이견대인), 不利涉大川(불리섭대천).

「단전(彖傳)」에 이르길 "송괘는 위는 강건하고 아래는 험난하니, 험난하면서도 강건한 것이 송괘랍니다. 송괘는 믿음은 있으나 막혀서 두려우니, 중도를 지키면 길하다고 한 것은 강이 와서 가운데를 차지했기(得中) 때문이랍니다. 끝내는 흉하다는 것은 송사가 이루어질 수 없다는 겁니다. 대인을 찾으면 이롭다는 것은 가운데를 바르게 하는 중정을 숭상하기 때문이며, 큰 내를 건너는 것이 이롭지 않다는 것은 연못 속에 빠지기 때문"이라고 했습니다.

彖曰(단왈): 訟(송), 上剛下險(상강하험), 險而健(험이건), 訟(송). 訟有孚(송유부), 窒惕(질척), 中吉(중길), 剛來而得中也(강래이득중야). 終凶(종흉), 訟不可成也(송불가성야). 利見大人(이견대인), 尙中正也(상중정야). 不利涉大川(불리섭대천), 入于淵也(입우연야).

「상전(象傳)」에 이르길 "하늘과 물이 어긋나게 행하는 것이 송괘이니, 군자는 이를 본받아서 일을 하되 맨 처음처럼 도모해야 합니다"라고 했습니다.

象曰(상왈): 天與水違行(천여수위행), 訟(송). 君子以作事謀始(군자이작사모시).

초육은 송사하는 것을 길게 끌지 아니하면 약간의 구설수가 있으나 끝내는 길하답니다.

「상전(象傳)」에 이르길 "송사를 길게 끌지 아니하는 것은, 송사라는 게 오래 끌 수만은 없는 것이기에 약간의 구설수가 있지만 그 분별함은 명쾌해야 함"을 말하고 있답니다.

初六(초육), 不永所事(불영소사), 小有言(소유언), 終吉(종길).

象曰(상왈): 不永所事(불영소사), 訟不可長也(송불가장야), 雖小有言(수소유언), 其辯明也(기변명야).

구이는 송사를 이기지 못하여 되돌아 도망치니, 그 마을 사람들이 삼백 호 정도이면 뒤탈은 없답니다.

「상전(象傳)」에 이르길 "송사를 이기지 못해 되돌아 도망쳐 숨으니, 아랫사람이 윗사람과 송사하면 환난이 따르긴 하나 결국엔 그칩니다"라고 했습니다.

九二(구이), 不克訟(불극송), 歸而逋(귀이포), 其邑人三百戶(기읍인삼백호), 无眚(무생).

象曰(상왈): 不克訟(불극송), 歸逋(귀포), 竄也(찬야). 自下訟上(자하송상), 患至掇也(환지철야).

육삼은 예전부터 해오던 일을 하며 녹봉이나 지위와 같은 덕을 누리니, 곧게 하면 위태롭긴 하나 마침내는 길하고, 혹 나랏일에 종사하더라도 공을 자신의 것으로 이룰 수는 없답니다.

「상전(象傳)」에 이르길 "예전부터 해오던 일로 덕을 누리더라도 윗사람을 따르면 길합니다"라고 했습니다.

六三(육삼), 食舊德(식구덕), 貞厲(정려), 終吉(종길), 或從王事(혹종왕사), 无成(무성).

象曰(상왈): 食舊德(식구덕), 從上吉也(종상길야).

구사는 송사를 이기지 못하니 되돌아와 명을 받들고 자신을 편안하고 곧게 하면 길하답니다. 「상전(象傳)」에 이르길 "되돌아와 명을 받들고 자신을 편안하고 곧게 하면 잃지는 않습니다"라고 하였습니다.

九四(구사), 不克訟(불극송), 復卽命渝(복즉명투), 安貞吉(안정길).

象曰(상왈): 復卽命渝(복즉명투), 安貞(안정), 不失也(불실야).

구오는 막강한 자리이기에 송사에서는 크게 길하답니다.

「상전(象傳)」에 이르길 "송사에서 크게 길하다는 것은 중정하기 때문"이라고 하였습니다.

九五(구오), 訟(송), 元吉(원길).

象曰(상왈): 訟元吉(송원길), 以中正也(이중정야).

상구는 혹 허리띠를 하사받더라도 아침 조회가 끝나기 전에 세 번이나 빼앗긴답니다.

「상전(象傳)」에 이르길 "송사를 해서 관복을 받아내는 것 또한 공경을 받기에는 부족합니다"라고 하였습니다.

上九(상구), 或錫之鞶帶(혹석지반대), 終朝三褫之(종조삼치지).

象曰(상왈): 以訟受服(이송수복), 亦不足敬也(역부족경야).

| 괘명(卦名) 한자어원풀이 |

송사할 訟(송)은 말씀 언(言)과 공변될 公(공)으로 이루어져 있습니다. 言(언)은 입(口)에 나팔모양의 악기(辛)를 대고서 소리를 낸다는 뜻을 담았는데, 言(언)이 들어가는 글자는 입을 통해 소리로 묘사하는 다양한 행동적 양식을 나타내게 된답니다. 公(공)은 '나누다', '가르다'가 본뜻인 八(팔)과 사사로울 사(厶)로 되어 있지만 갑골문에는 사람의 입을 상형한 입 구(口)로 새겨져 있어 본뜻은 '입가에 진 주름살'을 그려낸 것이었답니다. 그러다 후대로 오면서 인문적인 해석이 더해져 사람의 수(口)대로 뭔가를 나누니(八) '공변되다'는 뜻을 지니게 되었답니다. 따라서 訟(송)의 전체적인 의는 공공(公)의 안녕과 이익을 위해 말(言)로써 토론하고 송사를 벌인다는 뜻이 담겨 있답니다.

제 7 편

지수사괘(地水師卦)

군대를 이끌고 군중을 통솔할 때는 신뢰가 우선이다

䷆

사(師)괘는 올바름을 지켜야 하니, 다른 사람을 이끌어야 길하고 허물이 없게 됩니다.

師(사), 貞(정), 丈人吉(장인길), 无咎(무구).

「단전(彖傳)」에 이르길 "사괘는 무리란 뜻이며, 정(貞)은 올바름이니, 무리를 바르게 할 수 있으면 왕이 될 수 있습니다. 강건함이 가운데서 호응하고 험한 곳에서 실행하는 데도 순응합니다. 이것으로써 천하를 혹독하게 다스려도 백성들이 따르니 길하고, 또 무슨 허물이 있겠습니까!"라고 했습니다.

彖曰(단왈): 師(사), 衆也(중야), 貞(정), 正也(정야), 能以衆正(능이중정), 可以王矣(가이왕의). 剛中而應(강중이응), 行險而順(행험이순), 以

此毒天下(이차독천하), 而民從之(이민종지), 吉又何咎矣(길우하구의)!

「상전(象傳)」에 이르길 "땅속에 물이 있는 것이 사괘이니, 군자가 이를 본받아 백성을 포용하고 무리를 기릅니다"라고 했습니다.

象曰(상왈): 地中有水(지중유수), 師(사), 君子以容民畜衆(군자이용민축중).

초육은 군사가 출정하는 데는 법률로써 해야 하는데, 그렇게 하지 않으면 착하더라도 흉하답니다.

「상전(象傳)」에 이르길 "군사가 출정할 때는 법률로써 해야 하는데, 법률을 잃으면 흉합니다"라고 했습니다.

初六(초육), 師出以律(사출이률), 否臧(부장), 凶(흉).

象曰(상왈): 師出以律(사출이률), 失律(실률), 凶也(흉야).

구이는 군사가 중도를 지켜 길하고 허물이 없으니, 왕이 신임하여 세 번 명령을 내립니다.

「상전(象傳)」에 이르길 "군사가 중도를 지켜 길하다는 것은 천자의 총애를 받기 때문이며, 왕이 신임하여 세 번 명령을 내린다는 것은 온 나라를 내 품으로 포용하려 하는 것"이라고 했습니다.

九二(구이), 在師中吉(재사중길), 无咎(무구), 王三錫命(왕삼석명).

象曰(상왈): 在師中吉(재사중길), 承天寵也(승천총야), 王三錫命(왕삼석명), 懷萬邦也(회만방야).

육삼은 군사가 혹 시체를 수레에 싣게 되니 흉합니다.

「상전(象傳)」에 이르길 "군사가 혹 시체를 수레에 싣는다는 것은 큰 공이 없기 때문"이라고 했습니다.

六三(육삼), 師或輿尸(사혹여시), 凶(흉).

象曰(상왈): 師或輿尸(사혹여시), 大无功也(대무공야).

육사는 군사가 좌측으로 진을 치니 허물이 없답니다.

「상전(象傳)」에 이르길 "좌측으로 진을 치니 허물이 없다는 것은 아직은 평상심을 잃지 않았기 때문"이라고 했습니다.

六四(육사), 師左次(사좌차), 无咎(무구).

象曰(상왈): 左次无咎(좌차무구), 未失常也(미실상야).

육오는 밭에 오랑캐와 같은 짐승이 있으면 잡는 것이 이로우니 허물은 없습니다. 큰아들이 군사를 거느리고, 작은아들이 시체를 싣게 되니, 바르더라도 흉하답니다.

「상전(象傳)」에 이르길 "큰아들이 군사를 거느린다는 것은 중도로써 실행하는 것이며, 작은아들이 시체를 싣는 것은 군대를 부리는 일에 마땅하지는 않습니다"라고 했습니다.

六五(육오), 田有禽(전유금), 利執言(이집언), 无咎(무구). 長子帥師(장자수사), 弟子輿尸(제자여시), 貞凶(정흉).

象曰(상왈): 長子帥師(장자수사), 以中行也(이중행야), 弟子輿尸(제자여시), 使不當也(사부당야).

상육은 위대한 군주가 명을 내리는 것이니, 나라를 열고 가업을 계승하는 데 소인배를 등용치 말아야 합니다.

「상전(象傳)」에 이르길 "위대한 군주가 명을 내리는 것은 공을 올바르게 가리려는 것이며, 소인배를 등용치 말라는 것은 반드시 나라를 혼란에 빠뜨리기 때문"이라고 했습니다.

上六(상육), 大君有命(대군유명), 開國承家(개국승가), 小人勿用(소인물용).

象曰(상왈): 大君有命(대군유명), 以正功也(이정공야), 小人勿用(소인물용), 必亂邦也(필란방야).

| 괘명(卦名) 한자어원풀이 |

군사 師(사)는 쌓일 堆(퇴)의 본래 글자인 𠂤(퇴, 자형상부에 丶이 추가)와 두를 잡(帀)으로 이루어져 있습니다. 퇴(丶+𠂤)는 높은 언덕 위에 토대를 쌓아 올린 인위적인 공간을 말한답니다. 즉 군사의 주둔지나 백성을 다스리는 관청 등은 토대를 높이거나 높다란 언덕 위에 설치하였죠. 적의 움직임을 정찰하기 용이하기 때문이랍니다. 帀(잡)은 높이 내건 깃발을 뜻하는 자형상부의 一(일)과 수건 건(巾)으로 구성되었습니다. 巾(건)은 허리춤에 차고 있는 수건을 본뜬 것이지만, 여기서는 임시로 친 천막을 뜻한답니다. 따라서 帀(잡)의 의미는 임시로 천막(巾)을 친 군영 중에서도 우두머리가 머무는 곳에는 장수의 앞 글자를 쓴 깃발(자형상부의 一)을 내거는데, 그 주변에 수많은 군사들이 에워싸며 주둔하고 있는 모양을 그려냈답니다. 그래서 '빙 두르다'는 뜻을 지니고 있죠. 따라서 師(사)의 전체적인 의미는 적의 동태를 살피기 유리한 언덕(丶+𠂤)에 우두머리를 중심으로 수많은 군사들이 에워싸고(帀) 주둔하는 '군사'가 본뜻이지만, 또한 언덕(丶+𠂤) 위에 지은 학교에서 수많은 제자들에 둘러싸인(帀) 채 가르침을 펼치는 '스승'을 뜻하기도 하였답니다.

제 8 편

수지비괘(水地比卦)

수직적 사고보다 친밀한 수평적 관계가 필요하다

䷇

비(比)괘는 길하며, 점을 살펴보면 으뜸이 되는 사람이 계속해서 곧아야 허물이 없습니다. 편안하지 않아야 바야흐로 찾아올 것이기 때문에 뒤처지면 대장부라도 흉하답니다.

比(비), 吉(길). 原筮元永貞(원서원영정), 无咎(무구). 不寧方來(불녕방래), 後夫凶(후부흉).

「단전(彖傳)」에 이르길 "비괘는 길한 것이면서 돕는 것이니, 아랫사람들이 순종한답니다. 점을 살펴보면 으뜸이 되는 사람이 계속해서 곧아야 허물이 없다는 것은 강건함으로써 중도를 이루었기 때문이랍니다. 편안하지 않아서 바야흐로 찾아오는 것은 위와 아래가 서로 호응하기 때문이며, 뒤처지면 대장부라도 흉하다고 한 것은 그 도가 궁벽해졌기 때문"이라고 했습니다.

彖曰(단왈): 比(비), 吉也(길야). 比(비), 輔也(보야), 下順從也(하순종야). 原筮元永貞(원서원영정), 无咎(무구), 以剛中也(이강중야). 不寧方來(불녕방래), 上下應也(상하응야). 後夫凶(후부흉), 其道窮也(기도궁야).

「상전(象傳)」에 이르길 "땅 위에 물이 있는 것이 비괘이니, 선왕이 이를 본받아 여러 나라인 만국을 건설하고 제후들과 화친하는 것"이라고 했습니다.

象曰(상왈): 地上有水(지상유수), 比(비). 先王以建萬國(선왕이건만국), 親諸侯(친제후).

초육은 믿음을 갖고서 도와주어야 허물이 없답니다. 믿음이 질그릇에 가득 차면 마침내 다른 곳에 있어도 길합니다.

「상전(象傳)」에 이르길 "비의 초육은 다른 곳에 있어도 길함이 있습니다"라고 했습니다.

初六(초육), 有孚(유부), 比之无咎(비지무구). 有孚盈缶(유부영부), 終來(종래), 有它吉(유타길).

象曰(상왈): 比之初六(비지초륙), 有它吉也(유타길야).

육이는 돕는 것을 안으로부터 하니, 바르게 해서 길하답니다.

「상전(象傳)」에 이르길 "돕는 것을 안으로부터 한다는 것은 스스로를 잃지 않으려 하는 겁니다"라고 했습니다.

六二(육이), 比之自內(비지자내), 貞吉(정길).

象曰(상왈): 比之自內(비지자내), 不自失也(부자실야).

육삼은 돕는데도 사람 노릇을 하지 못하게 됩니다.

「상전(象傳)」에 이르길 "돕는데도 사람 노릇도 못하니 또한 상처 받지 않겠습니까"라고 하였습니다.

六三(육삼), 比之匪人(비지비인).

象曰(상왈): 比之匪人(비지비인), 不亦傷乎(불역상호).

육사는 밖으로 도우며 바르기 때문에 길하답니다.

「상전(象傳)」에 이르길 "밖으로 어진 현인을 돕는 것은 위를 따르는 것"이라고 했습니다.

六四(육사), 外比之(외비지), 貞吉(정길).

象曰(상왈): 外比於賢(외비어현), 以從上也(이종상야).

구오는 돕는 것을 드러내는 것이니, 왕이 세 군데로 몰면서도 눈앞의 짐승을 놓아주고, 마을 사람들이 경계하지 않으니 길하답니다.

「상전(象傳)」에 이르길 "돕는 것을 드러내는 것이 길하다는 것은 자리가 바름으로써 중도를 이루었기 때문이고, 거스름을 놓아주고 순종하는 것을 취하는 것은 눈앞의 짐승을 놓아주는 것이며, 마을 사람들이 경계하지 않는 것은 윗사람이 아랫사람을 중용으로 부리기 때문"이라고 했습니다.

九五(구오), 顯比(현비), 王用三驅(왕용삼구), 失前禽(실전금), 邑人不

誡(읍인불계), 吉(길).

象曰(상왈): 顯比之吉(현비지길), 位正中也(위정중야), 舍逆取順(사역취순), 失前禽也(실전금야), 邑人不誡(읍인불계), 上使中也(상사중야).

상육은 사람들과 가까이 지내며 돕는데 우두머리인 처음이 없기 때문에 흉하답니다.

「상전(象傳)」에 이르길 "사람들과 가까이 지내며 돕는데 우두머리인 처음이 없으면 끝이 좋을 수 없습니다"라고 했습니다.

上六(상육), 比之无首(비지무수), 凶(흉).

象曰(상왈): 比之无首(비지무수), 无所終也(무소종야).

| 괘명(卦名) 한자어원풀이 |

견줄 比(비) 는 두 사람이 어깨를 나란히 한 모양으로 구성되었습니다. 갑골문의 자형들을 살펴보면 같은 뜻의 글자라 하더라도 그 구성부수의 순서나 위치가 바뀌는 경우가 많은 점을 고려할 때, 从(종)이나 比(비)는 같은 의미를 지닌 글자로 보입니다. 그러나 후대로 오면서 从(종)은 두 사람이 서로 따라간다는 뜻으로 정해지면서 현재 쓰이는 從(종)의 옛글자의 의미뿐만 아니라 요즘에는 이의 간체자(簡體字)로도 쓰이고 있답니다. 또한 比(비)는 두 사람이 어깨를 나란히 하고서 앉아(匕) 있다는 데서 '견주다', '나란히 하다'의 뜻이 발생했습니다.

제 9 편

풍천소축괘(風天小畜卦)

마음을 비우고 작은 것부터 차근차근 쌓아야 한다.

소축(小畜)괘는 형통합니다. 빽빽하게 구름은 꼈으나 비가 내리지 않는 것은 내가 있는 서쪽 교외에서 왔기 때문이랍니다.

小畜(소축), 亨(형). 密雲不雨(밀운불우), 自我西郊(자아서교).

「단전(彖傳)」에 이르길 "소축괘는 부드러움인 유가 제자리를 얻어 위아래가 호응하기 때문에 소축(小畜)이라고 말합니다. 강건하면서도 겸손하며, 강이 중도에 맞게 뜻을 실행하므로 마침내 형통합니다. 빽빽하게 구름은 꼈으나 비가 내리지 않는 것은 나아가려 함이며, 내가 있는 서쪽 교외에서 왔기 때문이라는 것은 베풂이 아직은 행해지지 않았다는 겁니다"라고 했습니다.

彖曰(단왈): 小畜(소축), 柔得位而上下應之(유득위이상하응지), 曰小

畜(왈소축). 健而巽(건이손), 剛中而志行(강중이지행), 乃亨(내형). 密雲不雨(밀운불우), 尙往也(상왕야), 自我西郊(자아서교), 施未行也(시미행야).

「상전(象傳)」에 이르길 "바람이 하늘 위에서 행하는 것이 소축괘이니, 군자가 이를 본받아서 문채 나는 덕을 아름답게 해야 합니다"라고 했습니다.

象曰(상왈): 風行天上(풍행천상), 小畜(소축), 君子以懿文德(군자이의문덕).

초구는 회복하는 것을 도로부터 하니, 무엇이 허물이겠습니까! 길하답니다.

「상전(象傳)」에 이르길 "회복하는 것을 도로부터 한다는 것"은 그 의로움이 길하다는 겁니다.

初九(초구), 復自道(복자도), 何其咎(하기구), 吉(길).

象曰(상왈): 復自道(복자도), 其義吉也(기의길야).

구이는 이끌어서 회복함이니 길하답니다.

「상전(象傳)」에 이르길 "이끌어서 회복함이 중도를 이루니, 또한 스스로를 잃지 않았습니다"라고 했습니다.

九二(구이), 牽復(견복), 吉(길).

象曰(상왈): 牽復在中(견복재중), 亦不自失也(역불자실야).

구삼은 수레의 바퀴살이 벗겨지는 것과 같으니 남편과 아내가 서로 미워하며 반목한답니다.

「상전(象傳)」에 이르길 "부부가 반목하면 집안을 바르게 할 수 없습니다"라고 했습니다.

九三(구삼), 輿說輻(여탈복-벗을 탈), 夫妻反目(부처반목).

象曰(상왈): 夫妻反目(부처반목), 不能正室也(불능정실야).

육사는 믿음을 가지면 피를 흘리지 않고서도 두려운 곳에서 벗어나니 허물이 없답니다.

「상전(象傳)」에 이르길 "믿음을 가지면 두려운 곳에서 벗어난다는 것"은 윗사람과 뜻을 합일했다는 겁니다.

六四(육사), 有孚(유부), 血去惕出(혈거척출), 无咎(무구).

象曰(상왈): 有孚惕出(유부척출), 上合志也(상합지야).

구오는 믿음을 갖고 이끌어서 부유함으로써 그 이웃과 함께하는 겁니다.

「상전(象傳)」에 이르길 "믿음을 갖고 이끈다는 것"은 혼자서만 부유하진 않겠다는 겁니다.

九五(구오), 有孚攣如(유부련여), 富以其鄰(부이기린).

象曰(상왈): 有孚攣如(유부련여), 不獨富也(부독부야).

상구는 비가 오고 나서 그치는 것은 덕을 숭상하는 것이 가득한 것이니, 지어미가 곧게만 하면 위태롭답니다. 달이 거의 보름에 가까우니 군자가 정벌에 나서면 흉하답니다.

「상전(象傳)」에 이르길 "비가 오고 나서 그치는 것은 덕을 숭상하는 것이 가득한 것이며, 군자가 정벌에 나서면 흉하다는 것은 의심하는 바가 있기 때문입니다"라고 했습니다.

上九(상구), 旣雨旣處(기우기처), 尙德載(상덕재), 婦貞厲(부정려). 月幾望(월기망), 君子征凶(군자정흉).

象曰(상왈): 旣雨旣處(기우기처), 德積載也(덕적재야), 君子征凶(군자정흉), 有所疑也(유소의야).

| 괘명(卦名) 한자어원풀이 |

작을 小(소) 의 초기글자인 갑골문을 살펴보면, '작다'는 뜻을 지닌 '小(소)'는 세 개의 점으로 그리고 少(소)는 네 개의 점으로 표시되었답니다. 두 글자 모두 작은 무언가를 표시한 것으로 새겨져 있죠. 이러한 小(소)에 대해 허신은 『설문(說文)』에서 "小는 사물이 아주 작다는 뜻이며 八로 구성되었다"고 하였습니다. 즉 어떤 사물(丨)을 반으로 나누었기(八) 때문에 작아졌다는 의미로 해석하고 있답니다. 또한 少(소)에 대해서는 小(소)를 의미요소로, '丿' 모양을 소리요소로 파악하였답니다. 일반적으로 小(소)는 어떠한 사물이 '작다'는 뜻으로 그리고 少(소)는 '적다'는 의미로 구분하여 활용하고 있으나 고대에는 거의 동일한 의미로 쓰였답니다.

쌓을 축(畜) 의 갑골문을 살펴보면, 자형상부의 玄(현)은 단단하게 묶은 줄을 표현한 것이랍니다. 아래의 田(전)은 동물의 위(胃)를 나타내려 한 것이었죠. 즉 물이나 술과 같은 음식물을 담아둘 주머니로써 소와 같은 초식동물의 밥통(胃)만 한 것이 없었답니다. 동물의 위(田)를 잘 손질하고 말린 다음 줄로 묶어(玄) 용기로 활용하였던 것이죠. 특히 초식동물의 위는 많은 양의 풀을 저장할 수 있다는 데서 '쌓다'가 본뜻이었으나 '가축'이라는 의미로도 쓰이자, 초식동물의 주식인 풀 초(艹)를 더해 '쌓다'라는 뜻을 지닌 蓄(축) 자를 별도로 만들기도 하였답니다.

제 10 편

천택리괘(天澤履卦)

차분하고 소박한 마음으로 실행에 옮겨라

리(履)괘는 호랑이 꼬리를 밟더라도 사람을 물지는 않으니, 형통하답니다.

履虎尾(리호미), 不咥人(부질인), 亨(형).

「단전(彖傳)」에 이르길 "리괘는 부드러움인 유(柔)가 강건함인 강(剛)을 밟는 것이니, 기쁨으로 건괘에 호응하기 때문에 호랑이 꼬리를 밟아도 사람을 물지 않으니 형통하답니다. 강건하고 중정함으로 임금의 자리를 밟아도 병폐가 없으니, 빛나고 밝아집니다"라고 하였답니다.

彖曰(단왈): 履(리), 柔履剛也(유리강야). 說而應乎乾(열이응호건), 是以履虎尾(시이리호미), 不咥人(부질인), 亨(형). 剛中正(강중정), 履帝位

而不疚(이제위이불구), 光明也(광명야).

「상전(象傳)」에 이르길 "위는 하늘이고 아래는 연못이 리괘이니, 군자가 이를 본받아 위아래를 분별하여 백성의 뜻을 안정시킵니다"라고 하였습니다.

象曰(상왈): 上天下澤(상천하택), 履(리), 君子以辯上下(군자이변상하), 定民志(정민지).

초구는 소박하게 행하여 나아가면 허물은 없답니다.

「상전(象傳)」에 이르길 "소박하게 행하여 나아간다는 것은 오직 홀로 원하는 것을 행하기 때문"이라고 했습니다.

初九(초구), 素履(소리), 往(왕), 无咎(무구).

象曰(상왈): 素履之往(소리지왕), 獨行願也(독행원야).

구이는 행하는 도가 탄탄하니, 숨어 지내는 은자가 곧게 하여 길하답니다.

「상전(象傳)」에 이르길 "숨어 지내는 은자가 곧게 하여 길하다는 것"은 중도를 지키며 스스로 혼란에 빠지지 않는다는 것을 의미합니다.

九二(구이), 履道坦坦(이도탄탄), 幽人貞吉(유인정길).

象曰(상왈): 幽人貞吉(유인정길), 中不自亂也(중불자란야).

육삼은 애꾸눈이 보려 하고 절름발이가 걸으려 하는 겁니다. 호랑이 꼬리를 밟아 사람을 무니 흉하답니다. 폭력을 쓰는 무인이 대군이 되려 합니다.

「상전(象傳)」에 이르길 "애꾸눈이 보려 하나 눈이 밝지 못하고, 절름발이가 걸으려 하지만 가기에는 부족하다는 겁니다. 사람을 무니 흉하다는 것은 자리가 마땅치 않기 때문이며, 무인이 대군이 된다는 것은 뜻이 강직합니다"라고 했습니다.

六三(육삼), 眇能視(묘능시), 跛能履(파능리), 履虎尾(이호미), 咥人(질인), 凶(흉). 武人為于大君(무인위우대군).

象曰(상왈): 眇能視(묘능시), 不足以有明也(부족이유명야), 跛能履(파능리), 不足以與行也(부족이여행야), 咥人之凶(질인지흉), 位不當也(위부당야), 武人為于大君(무인위우대군), 志剛也(지강야).

구사는 호랑이 꼬리를 밟았으나, 조심하고 조심하면 끝내는 길하답니다.

「상전(象傳)」에 이르길 "조심하고 조심하면 끝내는 길하다는 것"은 자기 의지대로 행한다는 것을 뜻합니다.

九四(구사), 履虎尾(이호미), 愬愬(색색), 終吉(종길).

象曰(상왈): 愬愬(색색), 終吉(종길), 志行也(지행야).

구오는 결단 끝에 행하는 것이니 곧더라도 위태롭답니다.

「상전(象傳)」에 이르길 "결단 끝에 행하는 것이니 곧더라도 위태롭다는 것"은 정당한 자리에 있기 때문이라는 겁니다.

九五(구오), 夬履(쾌리), 貞厲(정려).

象曰(상왈): 夬履(쾌리), 貞厲(정려), 位正當也(위정당야).

상구는 행해 온 것을 보아서 그 조짐을 살펴보되 두루 잘했으면 크게 길하답니다.

「상전(象傳)」에 이르길 "위에서 크게 길하다고 하는 것은 큰 경사가 있습니다"라고 하였습니다.

上九(상구), 視履(시리), 考祥其旋(고상기선), 元吉(원길).

象曰(상왈): 元吉在上(원길재상), 大有慶也(대유경야).

| 괘명(卦名) 한자어원풀이 |

밟을 履(리)는 주검 시(尸)와 다시 부(復, 되돌아올 복)로 이루어졌습니다. 尸(시)에 대해 허신은 『설문(說文)』에서 "尸는 늘어져 있다는 뜻이다. 엎드려 있는 모양을 본떴다"라고 하였습니다. 갑골문에 표현된 자형은 사람의 옆 모양을 그려 놓았지만 다리 부분이 구부러져 있어, 무릎을 굽히고 웅크리고 있는 모양이죠. 죽은 사람을 뜻해 '주검'이라는 의미를 부여했답니다. 여기서는 허리를 굽히고 신발을 신으려는 사람을 나타냅니다. 復(복, 다시 부)은 조금 걸을 척(彳)과 돌아올 복(夏=复)으로 이루어져 있습니다. 彳(척)은 여기서는 사람들이 분주히 오가는 '네 거리'를 본뜬 行(행)의 생략형으로 보아야 그 의미가 살아난답니다. 复(복)은 갑골문에 나타난 자형을 참조할 때 대장간에서 불을 지피는 도구인 '풀무'와 발을 뜻하는 止(지)가 더해진 모양이었으나 현재자형에서는 알아볼 수 없을 만큼 변해버렸습니다. 여기서 말한 풀무는 발을 사용하여 바람을 일으키는 것으로, 발로 밟을 때마다 통 속의 칸막이가 왕복으로 오가며 바람을 일으켰죠. 따라서 復(복)은 풀무(复)와 같이 오가다(行)가 본뜻이었으나 '돌아오다'는 의미로도 쓰였고, 또한 '회복하다', '다시'라는 뜻으로도 확장되었습니다. 따라서 履(리)의 전체적인 의미는 사람이 허리를 굽히고(尸) 길을 오가기(復) 위해 신발을 신는 모습을 그려내 '신', '신다', '밟다'라는 뜻을 지니게 되었답니다.

제 11 편

지천태괘(地天泰卦)

하늘과 땅이 교류하듯 자연의 이치에 따르라

태(泰)괘는 작은 것이 가고 큰 것이 오니, 길하여 형통하답니다.

泰(태), 小往大來(소왕대래), 吉亨(길형).

「단전(彖傳)」에 이르길 "태괘는 작은 것이 가고 큰 것이 오니 길하여 형통하다는 것은 하늘과 땅이 교류하여 만물이 소통하며, 위와 아래가 교류하여 만물이 소통하여 그 뜻이 같아진답니다. 안은 양이고 밖은 음이며, 안으로는 강건하고 밖으로는 유순하며, 안으로는 군자가 있고 밖으로는 소인이 있습니다. 군자의 도는 자라나고 소인의 도는 사라집니다"라고 했습니다.

彖曰(단왈): 泰(태), 小往大來(소왕대래), 吉亨(길형), 則是天地交而萬物通也(즉시천지교이만물통야), 上下交而其志同也(상하교이기지동야).

內陽而外陰(내양이외음), 內健而外順(내건이외순), 內君子而外小人(내군자이외소인). 君子道長(군자도장), 小人道消也(소인도소야).

「상전(象傳)」에 이르길 "하늘과 땅이 교류하는 것이 태괘랍니다. 지상의 통치자인 후왕이 이를 본받아 천지의 도를 짜서 이루며, 천지의 마땅함을 보충하고 도움으로써 백성을 좌보우필(左輔右弼)하듯 도와줍니다"라고 하였습니다.

象曰(상왈): 天地交(천지교), 泰(태). 后以財成天地之道(후이재성천지지도), 輔相天地之宜(보상천지지의), 以左右民(이좌우민).

초구는 띠 뿌리를 뽑음이니, 그 동류와 무리를 지어서 나아가면 길하답니다.

「상전(象傳)」에 이르길 "띠 뿌리를 뽑듯 무리 지어 나아감이 길하다는 것"은 뜻이 밖에 있기 때문입니다.

初九(초구), 拔茅茹(발모여), 以其彙(이기휘), 征吉(정길).

象曰(상왈): 拔茅征吉(발모정길), 志在外也(지재외야).

구이는 거친 것을 포용하고, 황하를 맨발로써 건너며 인재를 멀리하거나 버리지 아니하고 사사로운 붕당을 없애면 중도를 행하는 것에 맞게 된답니다.

「상전(象傳)」에 이르길 "거친 것을 포용하고 중도를 행하는 것에 맞게 된다는 것"은 그 도가 빛남으로써 크게 되는 것을 말한 겁니다.

九二(구이), 包荒(포황), 用馮河(용풍하), 不遐遺(불하유), 朋亡(붕망),

得尙于中行(득상우중행).

象曰(상왈): 包荒(포황), 得尙于中行(득상우중행), 以光大也(이광대야).

구삼은 평평하기만 하고 기울어지지 않는 것은 없으며, 가기만 하고 되돌아오지 않는 것은 없답니다. 어려워도 곧게 하면 허물이 없고, 근심하지 않더라도 믿음이 있으면 먹는 데 복이 있답니다.

「상전(象傳)」에 이르길 "가기만 하고 되돌아오지 않는 것은 없다"는 것은 천지가 교류한다는 것을 말한 겁니다.

九三(구삼), 无平不陂(무평불피), 无往不復(무왕불복). 艱貞(간정), 无咎(무구). 勿恤其孚(물휼기부), 于食有福(우식유복).

象曰(상왈): 无往不復(무왕불복), 天地際也(천지제야).

육사는 훨훨 나는 듯이 부유해지지 않아도 그 이웃들과 함께함으로써 경계하지 않고 믿는답니다.

「상전(象傳)」에 이르길 "훨훨 나는 듯이 부유해지지 않다는 것은 모두 실질을 잃음이며, 경계하지 않고 믿는다는 것은 마음속 깊이 원하는 것"이라고 했습니다.

六四(육사), 翩翩(편편), 不富以其鄰(부부이기린), 不戒以孚(불계이부).

象曰(상왈): 翩翩不富(편편불부), 皆失實也(개실실야), 不戒以孚(불계이부), 中心願也(중심원야).

육오는 상나라의 왕인 제을이 누이동생을 시집보내는 것이니 복을 얻고 크게 길하답니다.

「상전(象傳)」에 이르길 "복을 얻고 크게 길하다는 것은 중도로써 원하는 것을 실행하기 때문"이라고 했습니다.

六五(육오), 帝乙歸妹(제을귀매), 以祉元吉(이지원길).

象曰(상왈): 以祉元吉(이지원길), 中以行願也(중이행원야).

상육은 성곽이 해자 안에 복구되어 있으나 군사를 쓰지 말아야 합니다. 그런데도 자신의 가읍에 명령을 내리니 바르더라도 부끄럽답니다. 「상전(象傳)」에 이르길 "성곽이 해자 안에 복구되어 있다는 것은 그 명령이 혼란스러움을 뜻합니다"라고 했습니다.

上六(상육), 城復于隍(성복우황), 勿用師(물용사). 自邑告命(자읍고명), 貞吝(정린).

象曰(상왈): 城復于隍(성복우황), 其命亂也(기명란야).

| 괘명(卦名) 한자어원풀이 |

클 泰(태)는 자형상부의 두 개의 손 수(手)와 물 수(氺)로 이루어졌는데, 금문과 소전을 보면 두 팔을 벌리고 서 있는 사람을 상형한 큰 대(大)와 두 개의 손(手) 그리고 물 수(氺)로 이루어져 있음을 볼 수 있답니다. 手(수)는 사람의 다섯 손가락과 손목 부위의 모양을 그대로 본뜬 상형글자랍니다. 이로 미루어볼 때, 泰(태)의 전체적인 의미는 고대의 종교의식에 앞서 대표자(大)를 물(氺)로 목욕재계시키는(手+手) 모습을 그려내 '편안하다'는 뜻을 지니게 되었으며, 이러한 의식은 부족이나 한 나라의 입장에서 볼 때는 큰일이기에 '크다'는 뜻으로도 확장되었답니다.

제 12 편

천지비괘(天地否卦)

불통과 단절은 소통이 막혀 곤란하다

비(否)괘는 정상적인 인간의 길이 아니니, 군자의 올곧음이 이롭지만은 않으며, 큰 것이 가고 작은 것이 온답니다.

否之匪人(비지비인), 不利君子貞(불리군자정), 大往小來(대왕소래).

「단전(彖傳)」에 이르길 "비괘는 정상적인 인간의 길이 아니니, 군자의 올곧음이 이롭지만은 않으며, 큰 것이 가고 작은 것이 온다는 것은 곧 하늘과 땅이 교류하지 못해서 만물이 소통하지 못하며, 위와 아래도 사귀지 못해서 천하에 나라도 없게 됩니다. 안은 음이며 밖은 양이고, 안은 부드러운 유이며 밖은 강건한 강이고, 안은 소인이며 밖은 군자이니, 소인의 도는 자라나고 군자의 도는 사라집니다"라고 했습니다.

彖曰(단왈): 否之匪人(비지비인), 不利君子貞(불리군자정), 大往小來(대왕소래), 則是天地不交而萬物不通也(즉시천지불교이만물불통야), 上下不交而天下无邦也(상하불교이천하무방야). 內陰而外陽(내음이외양), 內柔而外剛(내유이외강), 內小人而外君子(내소인이외군자), 小人道長(소인도장), 君子道消也(군자도소야).

「상전(象傳)」에 이르길 "하늘과 땅이 교류하지 못하는 것이 비괘랍니다. 군자는 이를 보고 덕을 검소하게 하여 어려움을 피해야 하며, 녹봉으로써 영화를 누릴 수는 없습니다"라고 하였죠.

象曰(상왈): 天地不交(천지불교), 否(비). 君子以儉德辟難(군자이검덕벽난), 不可榮以祿(불가영이록).

초육은 띠를 뿌리째 뽑음이니, 그것들이 무리를 지어도 바르면 길해서 형통하답니다.

「상전(象傳)」에 이르길 "띠를 뿌리째 뽑듯이 그것들이 무리를 지어도 바르면 길해서 형통하다는 것은 뜻이 임금에게 있다"는 것을 의미한답니다.

初六(초육), 拔茅茹(발모여), 以其彙(이기휘), 貞吉(정길), 亨(형).

象曰(상왈): 拔茅貞吉(발모정길), 志在君也(지재군야).

육이는 감싸고 받드니, 소인은 길하고 대인은 궁색하나 형통하답니다.

「상전(象傳)」에 이르길 "대인은 궁색하나 형통하다는 것은 소인의 무리와 어지럽게 섞이지 않는다는 것”을 의미한답니다.

六二(육이), 包承(포승), 小人吉(소인길), 大人否亨(대인부형).

象曰(상왈): 大人否亨(대인부형), 不亂群也(불란군야).

육삼은 부끄러움을 품었다는 겁니다.

「상전(象傳)」에 이르길 “부끄러움을 품었다는 것은 자리가 마땅하지 않기 때문”이라고 했습니다.

六三(육삼), 包羞(포수).

象曰(상왈): 包羞(포수), 位不當也(위부당야).

구사는 명을 내려도 허물은 없으니, 함께한 무리들이 복을 받는답니다.

「상전(象傳)」에 이르길 “명을 내려도 허물이 없다는 것은 뜻이 행해지기 때문”이라고 했습니다.

九四(육사), 有命无咎(유명무구), 疇離祉(주리지).

象曰(상왈): 有命无咎(유명무구), 志行也(지행야).

구오는 막힌 것을 멈추게 하니 대인의 길함이니, 망할 듯 망할 듯하여도 무성한 뽕나무에 잡아맬 수는 있답니다.

「상전(象傳)」에 이르길 “대인의 길함은 자리가 정당하기 때문이라”는 겁니다.

九五(구오), 休否(휴비), 大人吉(대인길), 其亡其亡(기망기망), 繫于苞桑(계우포상).

象曰(상왈): 大人之吉(대인지길), 位正當也(위정당야).

상구는 막힌 것이 기울어짐이니, 우선은 막히지만 나중에는 기뻐하게 된답니다.

「상전(象傳)」에 이르길 "비색(否塞, 운수가 꽉 막히는 것)함이 다하면 기울어지는데, 어찌 오래가겠습니까"라고 하였습니다.

上九(상구), 傾否(경비), 先否後喜(선비후희).

象曰(상왈): 否終則傾(비종즉경), 何可長也(하가장야).

| 괘명(卦名) 한자어원풀이 |

막힐 비(否) 는 아닐 불(不)과 입 구(口)로 이루어졌습니다. 아닐 不(불)의 갑골문을 보면 '나무뿌리'와 같은 모양이지만, 허신이 『설문(說文)』에서 "不은 새가 하늘로 날아올라가 땅으로 내려오지 않는다는 뜻이다. 一(일)로 구성되었으며, 一(일)은 하늘을 뜻하며 상형글자다"라고 한 이래 '하늘로 날아가 내려오지 않은 새'로 해석하는 게 일반적이랍니다. 그래서 부정을 뜻하는 '아니다'라는 부사로 가차되어 쓰이고 있죠. 口(구)는 입 모양을 상형한 것으로 다른 자형에 더해지면 '먹고, 말하다'의 뜻으로 쓰일 뿐만 아니라 입을 통해 할 수 있는 행위적 의미를 담게 된답니다. 따라서 막힐 비(否)의 전체적인 의미는 입(口)으로 무언가를 부정(不)하는 뜻을 나타낼 뿐만 아니라 '막히다', '곤란하다'는 뜻을 내포하게 되었답니다.

제 13 편

천화동인괘(天火同人卦)

이웃과 더불어서 함께하는 것이 아름답다

동인(同人)괘는 들판에서 사람들과 함께하면 형통하고 큰 하천을 건너는 것이 이로우며, 군자는 올곧아야 이롭답니다.

同人于野(동인우야), 亨(형), 利涉大川(이섭대천), 利君子貞(이군자정).

「단전(彖傳)」에 이르길 "동인괘는 부드러움인 유(柔)가 자리를 얻고 득중하여 하늘(乾)에 호응하므로 동인(同人)이라고 합니다. 동인에 이르길 들판에서 사람들과 함께하면 형통하고 큰 하천을 건너는 것이 이롭다는 것은 하늘이 도를 행하는 것이랍니다. 문명으로써 굳세게 하고 중도를 지키며 호응하니 군자의 바른 도이며, 오직 군자만이 천하의 뜻을 소통시킬 수 있습니다"라고 하였습니다.

彖曰(단왈): 同人(동인), 柔得位得中而應乎乾(유득위득중이응호건),

曰同人(왈동인). 同人曰(동인왈), 同人于野(동인우야), 亨(형), 利涉大川(이섭대천), 乾行也(건행야). 文明以健(문명이건), 中正而應(중정이응), 君子正也(군자정야), 唯君子為能通天下之志(유군자위능통천하지지).

「상전(象傳)」에 이르길 "하늘과 불로 이루어진 것이 동인괘이니, 군자는 종류와 족속으로써 사물을 분별합니다"라고 하였습니다.

象曰(상왈): 天與火(천여화), 同人(동인). 君子以類族辨物(군자이류족변물).

초구는 문을 나서서 사람들과 함께하니, 허물이 없답니다.

「상전(象傳)」에 이르길 "문을 나서서 사람들과 함께하는 것을 또 누가 허물이라 하겠습니까"라고 하였습니다.

初九(초구), 同人于門(동인우문), 无咎(무구).

象曰(상왈): 出門同人(출문동인), 又誰咎也(우수구야).

육이는 종족들과만 함께하기 때문에 궁색하답니다.

「상전(象傳)」에 이르길 "종족들과만 함께하기 때문에 인색한 도"라고 하였습니다.

六二(육이), 同人于宗(동인우종), 吝(린).

象曰(상왈): 同人于宗(동인우종), 吝道也(린도야).

구삼은 군사를 숲속에 잠복시키고 높은 구릉에 올라서도 삼 년 동안이나 부흥하지 못합니다.

「상전(象傳)」에 이르길 "군사를 숲속에 잠복시키는 것은 적이 강하기 때문이며, 삼 년 동안이나 부흥하지 못했는데 어찌 실행되겠습니까!"라고 했답니다.

九三(구삼), 伏戎于莽(복융우망), 升其高陵(승기고릉), 三歲不興(삼세불흥).

象曰(상왈): 伏戎于莽(복융우망), 敵剛也(적강야), 三歲不興(삼세불흥), 安行也(안행야)!

구사는 담장에 올랐지만 구오를 공격하지 않는 것이 길하답니다.

「상전(象傳)」에 이르길 "담장에 올랐다는 것은 의로움으로 이기지 못했다는 것이며, 길하다는 것은 곤궁해서 원칙으로 되돌아왔다는 겁니다"라고 했습니다.

九四(구사), 乘其墉(승기용), 弗克攻(불극공), 吉(길).

象曰(상왈): 乘其墉(승기용), 義弗克也(의불극야). 其吉(기길), 則困而反則也(즉곤이반칙야).

구오는 사람들과 함께하는데 처음에는 울부짖지만 나중에는 웃으니, 큰 군사로써 이겨야만 육이와 서로 만날 수 있답니다.

「상전(象傳)」에 이르길 "사람들과 함께하는데 처음에는 울부짖는 것은 득중으로써 곧게 했기 때문이며, 큰 군사로써 만난다는 것은 능히 이길 수 있음"을 말하는 겁니다.

九五(구오), 同人(동인), 先號咷而後笑(선호도이후소), 大師克(대사극),

相遇(상우).

象曰(상왈): 同人之先(동인지선), 以中直也(이중직야), 大師相遇(대사상우), 言相克也(언상극야).

상구는 들판에서 사람들과 함께하는 것이니, 후회는 없답니다. 「상전(象傳)」에 이르길 "들판에서 사람들과 함께한다는 것은 아직은 뜻을 이루지 못했다"는 겁니다.

上九(상구), 同人于郊(동인우교), 无悔(무회).

象曰(상왈): 同人于郊(동인우교), 志未得也(지미득야).

| 괘명(卦名) 한자어원풀이 |

한 가지 同(동)은 갑골문에도 보이는 자형이지만 통일된 해석이 없답니다. 인문학적인 접근을 한다면 대나무와 같이 속이 텅 비었음을 나타낼 뿐만 아니라 마디마디를 절단해도 거의 한결같은 크기라는 뜻이 내포되었다고도 볼 수 있으며, 또한 한 무리(冖)의 사람들이 모두 한(一)목소리(口)를 낸다고도 보아 '한가지', '함께', '다같이' 등의 뜻이 발생했다고 볼 수 있답니다.

사람 人(인)은 서서 손을 내민 채 몸을 약간 구부리고 있는 사람의 옆모습을 본뜬 상형글자랍니다. 다른 자형에 더해지며 좌변에 놓일 때는 亻(인) 모양으로 그리고 하변에 놓일 때는 儿(인)으로 변형되기도 합니다. 『설문(說文)』에서는 "人은 하늘과 땅 사이 생명 중에 가장 고귀한 것이다. 이 글자는 주문(籒文)으로 팔과 다리의 모양을 본뜬 것이다"라고 하였답니다. 여기서 주문(籒文)이라 함은 열 가지 서체 중의 하나로 주(周)나라 선왕(宣王) 때에 태사(太史)였던 주(籒)라는 사람이 창작한 한자의 글씨체(字體)죠. 소전(小篆)의 전신으로 대전(大篆)이라고도 한답니다.

제 14 편

화천대유괘(火天大有卦)

크게 소유하는 것은 하늘이 도와야 한다

대유(大有)괘는 크게 형통하답니다.

大有(대유), 元亨(원형).

「단전(彖傳)」에 이르길 "대유괘는 부드러운 유(柔)가 높은 자리에 오르고 득중하여 위아래가 호응하기 때문에 대유라 한답니다. 그 덕이 강건하며 문명을 꽃피웠고 하늘에 응하면서도 때에 맞추어 행하기 때문에 크게 형통합니다"라고 하였습니다.

彖曰(단왈): 大有(대유), 柔得尊位大中(유득존위대중), 而上下應之(이상하응지), 曰大有(왈대유). 其德剛健而文明(기덕강건이문명), 應乎天而時行(응호천이시행), 是以元亨(시이원형).

「상전(象傳)」에 이르길 "불이 하늘 위에 있는 것이 대유괘랍니다. 군자가 이를 본받아 악을 막고 선한 것을 드날려서 하늘을 따라 명을 아름답게 해야 합니다"라고 했습니다.

象曰(상왈): 火在天上(화재천상), 大有(대유). 君子以遏惡揚善(군자이알악양선), 順天休命(순천휴명).

초구는 해로운 것과의 사귐이 없으니 허물은 아니겠으나 어렵게라도 해나간다면 허물은 없답니다.

「상전(象傳)」에 이르길 "대유의 초구는 해로운 것과 사귐이 없습니다"라고 했습니다.

初九(초구), 无交害(무교해), 匪咎(비구), 艱則无咎(간즉무구).

象曰(상왈): 大有初九(대유초구), 无交害也(무교해야).

구이는 큰 수레로써 실은 것이니, 갈 곳이 있으니 허물은 없답니다.

「상전(象傳)」에 이르길 "큰 수레에 실은 것은 가운데에 쌓아서 무너지지 않습니다"라고 했습니다.

九二(구이), 大車以載(대거이재), 有攸往(유유왕), 无咎(무구).

象曰(상왈): 大車以載(대거이재), 積中不敗也(적중불패야).

구삼은 공후(제후)가 천자에게 바침이니, 소인은 감당하지 못한답니다.

「상전(象傳)」에 이르길 "공후가 천자에게 바침이니, 소인에게는 해롭습니다"라고 했습니다.

九三(구삼), 公用亨于天子(공용형우천자), 小人弗克(소인불극).

象曰(상왈): 公用亨于天子(공용형우천자), 小人害也(소인해야).

구사는 살이 찐 듯 팽팽하지 않으면 허물은 없답니다.

「상전(象傳)」에 이르길 "살이 찐 듯 팽팽하지 않으면 허물이 없다는 것은 밝게 분별하는 지혜가 있습니다"라고 했습니다.

九四(구사), 匪其彭(비기팽), 无咎(무구).

象曰(상왈): 匪其彭(비기팽), 无咎(무구), 明辨晳也(명변석야).

육오는 믿음으로 사귀는 것이니, 위엄을 갖추면 길하답니다.

「상전(象傳)」에 이르길 "믿음으로 사귄다는 것은 신뢰로써 뜻을 발휘하는 것이며, 위엄을 갖추면 길하다는 것은 간편하고 쉬워서 준비할 것이 없기 때문"이라고 했습니다.

六五(육오), 厥孚交如(궐부교여), 威如(위여), 吉(길).

象曰(상왈): 厥孚交如(궐부교여), 信以發志也(신이발지야). 威如之吉(위여지길), 易而无備也(이이무비야).

상구는 하늘로부터 도움을 받는지라, 길하여 이롭지 않음이 없답니다.

「상전(象傳)」에 이르길 "대유괘의 상구가 길하다는 것은 하늘로부터 도움을 받기 때문"이라고 했습니다.

上九(상구), 自天祐之(자천우지), 吉(길), 无不利(무불리).

象曰(상왈): 大有上吉(대유상길), 自天祐也(자천우야).

| 괘명(卦名) 한자어원풀이 |

큰 大(대)는 사람이 두 팔다리를 활짝 벌리며 서 있는 모습을 정면에서 바라보아 본뜬 상형글자랍니다. 사람의 다른 모습에 비해 최대한 크게 보이는 형체여서 '크다'는 뜻으로 쓰인답니다.

있을 有(유)는 손(手)의 모양을 뜻하는 자형상부의 屮(좌)와 크게 썬 고기덩이를 뜻하는 상형글자인 고기 육(肉)의 변형인 육달월(月)로 이루어졌습니다. 이에 따라 有(유)는 손(屮)에 고기덩이(肉=月)를 쥐고 있다는 데서 '가지고 있다', '있다'는 뜻을 지니게 되었답니다.

제 15 편

지산겸괘(地山謙卦)

자신을 낮추는 것이 곧 이기는 것이다

䷎

겸(謙)괘는 형통하니 군자는 자기 지위를 끝까지 마친답니다.

謙(겸), 亨(형), 君子有終(군자유종).

「단전(彖傳)」에 이르길 "겸괘는 형통합니다. 하늘의 도는 아래로 내려서 빛나고 밝으며, 땅의 도는 낮은 데서 위로 행합니다. 하늘의 도는 가득 찬 것을 이지러지게 하고 겸손한 데는 더해 주며, 땅의 도는 가득 찬 것을 변화시켜 겸손한 데로 흐르게 하고, 귀신은 가득 찬 것을 해쳐서 겸손한 데에 복을 주며, 사람의 도는 가득 찬 것을 미워하며 겸손한 것을 좋아하니, 겸손은 높아도 빛나고 낮아도 뛰어넘을 수 없으니, 군자의 끝마침입니다"라고 하였답니다.

彖曰(단왈): 謙亨(겸형), 天道下濟而光明(천도하제이광명), 地道卑而

上行(지도비이상행), 天道虧盈而益謙(천도휴영이익겸), 地道變盈而流謙(지도변영이류겸). 鬼神害盈而福謙(귀신해영이복겸), 人道惡盈而好謙(인도오영이호겸). 謙尊而光(겸존이광), 卑而不可踰(비이불가유), 君子之終也(군자지종야).

「상전(象傳)」에 이르길 "땅속에 산이 있는 것이 겸괘이니, 군자가 이를 본받아 많은 데는 덜어내고 적은 곳에는 더하여 사물을 고르게 해주는 베풂입니다"라고 하였답니다.

象曰(상왈): 地中有山(지중유산), 謙(겸), 君子以裒多益寡(군자이부다익과), 稱物平施(칭물평시).

초육은 겸손하고 겸손한 군자이니, 큰 하천을 건너더라도 길하답니다.

「상전(象傳)」에 이르길 "겸손하고 겸손한 군자이니, 자신을 낮춤으로써 스스로를 기릅니다"라고 하였습니다.

初六(초육), 謙謙君子(겸겸군자), 用涉大川(용섭대천), 吉(길).

象曰(상왈): 謙謙君子(겸겸군자), 卑以自牧也(비이자목야).

육이는 겸손함을 드러내니 바르고 길하답니다.

「상전(象傳)」에 이르길 "겸손함을 드러내니 바르고 길하다는 것은 마음속에서 겸손함을 얻었기 때문"이라고 하였습니다.

六二(육이), 鳴謙(명겸), 貞吉(정길).

象曰(상왈): 鳴謙貞吉(명겸정길), 中心得也(중심득야).

구삼은 겸손에 힘쓰니 군자는 끝마침이 있어 길하답니다.

「상전(象傳)」에 이르길 "겸손에 힘쓰는 군자이니 모든 백성이 따릅니다"라고 하였습니다.

九三(구삼), 勞謙(노겸), 君子有終(군자유종), 吉(길).

象曰(상왈): 勞謙君子(노겸군자), 萬民服也(만민복야).

육사는 이르는 곳마다 겸손하여 이롭지 않음이 없답니다.

「상전(象傳)」에 이르길 "이르는 곳마다 이롭지 않음이 없다는 것은 준칙에 어긋나지 않기 때문"이라고 하였습니다.

六四(육사), 无不利(무불리), 撝謙(휘겸).

象曰(상왈): 无不利(무불리), 撝謙(휘겸), 不違則也(불위칙야).

육오는 부유하지 않아도 그 이웃을 활용하여, 침범하고 정벌함으로써 이롭지 않음이 없답니다.

「상전(象傳)」에 이르길 "침범하고 정벌함이 이롭다는 것은 복종하지 않는 자를 정벌해야 하기 때문"이라고 하였습니다.

六五(육오), 不富以其鄰(불부이기린), 利用侵伐(이용침벌), 无不利(무불리).

象曰(상왈): 利用侵伐(이용침벌), 征不服也(정불복야).

상육은 겸손함을 드러내니 군사를 움직여 읍국을 정벌하는 것이 이롭답니다.

「상전(象傳)」에 이르길 "겸손함을 드러낸다는 것은 아직 뜻을 얻지는 못했지만 군사를 움직여 읍국을 정벌할 수는 있기 때문"이라고 하였습니다.

上六(상육), 鳴謙(명겸), 利用行師(이용행사), 征邑國(정읍국).

象曰(상왈): 鳴謙(명겸), 志未得也(지미득야), 可用行師(가용행사), 征邑國也(정읍국야).

| 괘명(卦名) 한자어원풀이 |

겸손할 謙(겸)은 말씀 언(言)과 겸할 兼(겸)으로 이루어져 있습니다. 言(언)은 입(口)에 나팔 모양의 악기(辛)를 대고서 소리를 낸다는 뜻을 담았는데, 言(언)이 들어가는 글자는 입을 통해 소리로 묘사하는 다양한 행동적 양식을 나타낸답니다. 兼(겸)은 두 개의 벼 화(禾)로 이루어진 秝(력)과 손으로 무언가를 움켜쥔 모양을 본뜬 又(우)의 변형인 'ㅋ'로 구성되었습니다. 여기서 禾(화)는 볏단을 뜻하는데 하나의 볏단(禾)을 손으로 잡으면(ㅋ) 잡을 秉(병)이 되고, 두 개의 볏단(秝)을 손으로 아울러 잡으면(ㅋ) 겸할 兼(겸)이 된답니다. 따라서 謙(겸)의 전체적인 의미는 할 말이 많을지라도 한데 아울러(兼) 간단명료하게 그 핵심만을 말(言)하는 것이 곧 '겸손'이라는 뜻이랍니다.

제 16 편

뇌지예괘(雷地豫卦)

즐겁고 기쁨이 지나치지 않아야 길하다

䷏

예(豫)괘는 제후를 내세우고 군사를 움직이는 게 이롭답니다.
豫(예), 利建侯(이건후), 行師(행사).

「단전(彖傳)」에 이르길 "예괘는 강건함이 호응하여 뜻을 실행하고 순리에 따라 움직이기 때문에 예괘라 한답니다. 예괘가 순리에 따라 움직이기 때문에 하늘과 땅인 천지도 이와 같은데, 하물며 제후를 세우고 군사를 움직이는 것은 어떠하겠습니까? 천지가 순리에 따라 움직이기 때문에 해와 달이 지나치지 않으며, 사시도 어긋나지 않는답니다. 성인은 순리에 따라 움직이므로 형벌이 분명해지고 백성들도 복종합니다. 예괘의 때와 의의가 크답니다"라고 하였습니다.

彖曰(단왈): 豫(예), 剛應而志行(강응이지행), 順以動(순이동), 豫(예). 豫順以動(예순이동), 故天地如之(고천지여지), 而況建侯行師乎(이황건후행사호)? 天地以順動(천지이순동), 故日月不過(고일월불과), 而四時不忒(이사시불특). 聖人以順動(성인이순동), 則刑罰淸而民服(즉형벌청이민복). 豫之時義大矣哉(예지시의대의재).

「상전(象傳)」에 이르길 "우뢰가 쳐서 땅이 흔들리는 것이 예괘랍니다. 선왕이 이를 본받아 음악을 짓고 덕을 숭상하면서, 성대하게 상제에게 제사올리고 조상님에게도 술잔을 올려 배향해야 합니다"라고 하였답니다.

象曰(상왈): 雷出地奮(뇌출지분), 豫(예). 先王以作樂崇德(선왕이작악숭덕), 殷薦之上帝(은천지상제), 以配祖考(이배조고).

초육은 즐거움이 지나치니 흉하답니다.

「상전(象傳)」에 이르길 "초육은 즐거움이 지나치니 뜻이 곤궁해져 흉합니다"라고 했습니다.

初六(초육), 鳴豫(명예), 凶(흉).

象曰(상왈): 初六鳴豫(초륙명예), 志窮凶也(지궁흉야).

육이는 절개가 돌과도 같으니, 하루를 마칠 것도 없이 바르고 길하답니다.

「상전(象傳)」에 이르길 "하루를 마칠 것도 없이 바르고 길하다는 것은 중용으로써 바르고 올바른 중정(中正)을 지키기 때문"이라고 하였습니다.

六二(육이), 介于石(개우석), 不終日(부종일), 貞吉(정길).

象曰(상왈): 不終日(부종일), 貞吉(정길), 以中正也(이중정야).

육삼은 위에 있는 구사효를 쳐다보며 즐거워하지만, 뉘우치면서도 더디 하니 후회함이 있답니다.

「상전(象傳)」에 이르길 "쳐다보며 즐거워하지만 후회함이 있다는 것은 자리가 적당하지 않기 때문"이라고 했습니다.

六三(육삼), 盱豫(우예), 悔(회), 遲有悔(지유회).

象曰(상왈): 盱豫有悔(우예유회), 位不當也(위부당야).

구사는 즐거움으로 말미암아 크게 얻음이 있으니, 의심치 않으면 벗들이 빠르게 모여든답니다.

「상전(象傳)」에 이르길 "즐거움으로 말미암아 크게 얻음이 있다는 것은 뜻이 크게 행해진다"는 것을 의미합니다.

九四(구사), 由豫(유예), 大有得(대유득). 勿疑(물의), 朋盍簪(붕합잠).

象曰(상왈): 由豫(유예), 大有得(대유득), 志大行也(지대행야).

육오는 지나치게 올곧아서 오래도록 질병을 얻었으나 죽지는 않는답니다.

「상전(象傳)」에 이르길 "육오는 지나치게 올곧아서 질병을 얻었다는 것은 강건함을 탔기 때문이며, 오래도록 죽지는 않는다는 것은 득중(得中)한 자리가 아직은 사라지지는 않았기 때문"이라고 했습니다.

六五(육오), 貞疾(정질), 恒不死(항불사).

象曰(상왈): 六五(육오), 貞疾(정질), 乘剛也(승강야), 恒不死(항불사), 中未亡也(중미망야).

상육은 즐거움에 눈이 어두워졌으나, 변함을 이루어낸다면 허물은 없답니다.

「상전(象傳)」에 이르길 "즐거움에 눈이 어두워졌으니, 어찌 오래 갈 수 있겠습니까?"라고 하였답니다.

上六(상육), 冥豫(명예), 成有渝(성유투), 无咎(무구).

象曰(상왈): 冥豫在上(명예재상), 何可長也(하가장야).

| 괘명(卦名) 한자어원풀이 |

미리 豫(예)는 줄 여(予)와 코끼리 상(象)으로 이루어져 있습니다. 予(여, 나 여)에 대해 허신은 『설문(說文)』에서 "予는 밀어서 준다는 뜻이며 서로서로 내밀어 주는 모양을 본떴다"라고 하였답니다. 즉 베틀에서 베를 짤 때, 방추로 날줄을 먼저 매고 또 다른 실을 감은 북을 좌우로 오가게 하며 옷감을 직조하는데, 바로 그 북의 모양을 본뜬 것이죠. 북을 좌로 '주고' 우로 '주기' 때문에 '주다'라는 의미를 부여했으며, 후에 '나'라는 의미로 가차되었답니다. 코끼리 象(상)은 코끼리의 특징이기도 한 긴 코와 넓은 귀, 어금니 그리고 네 발과 꼬리의 모양을 그대로 본뜬 상형글자입니다. '코끼리'가 본뜻이지만 '상상하다', '그리다'의 뜻도 지니고 있는데, 이를 『한비자

(韓非子)』 해로(解老)』편에서는 "사람들은 살아 있는 코끼리를 볼 일이 드물어서 죽은 코끼리의 뼈를 줍게 되면, 그것을 근거로 살아 있는 모습을 상상하여 그리게 되었다. 그래서 사람들이 마음속으로 상상하는 것을 모두 象(상)이라 하였다"라고 설명하고 있습니다. 한비자가 살았던 기원전 2~3세기보다 훨씬 이전 시대에는 중원의 대륙에도 코끼리가 살았다는 이야기죠. 즉 코끼리의 긴 코를 잡고서 일을 시켰던 '할 爲(위)' 자에 그 흔적이 남아 있습니다. 아마도 수십만 년 전 살았던 공룡의 뼈를 통해 공룡을 복원하는 것을 빗대어 생각하면 될 것 같습니다. 따라서 미리 豫(예)는 인간이 상상력을 발휘해 어떠한 것에 대해 모습이나 모양(象)을 그려준다(予)데서 '미리', '앞서', '기뻐하다', '즐기다' 등의 뜻을 지니게 되었답니다.

제 17 편

택뢰수괘(澤雷隨卦)

믿음을 갖고 도를 지켜 따라야 한다

䷐

수(隨)괘는 크고 형통하며 이롭고 바르니 허물이 없답니다.

隨(수), 元亨利貞(원형리정), 无咎(무구).

「단전(彖傳)」에 이르길 "수괘는 강건함이 와서 아래에서 부드럽게 되며, 움직이면서 기뻐하는 것이 수괘랍니다. 크게 형통하고 곧아서 허물이 없으며, 천하가 때를 따르니 수괘의 때에 따르는 뜻이 매우 위대합니다!"라고 하였답니다.

彖曰(단왈): 隨(수), 剛來而下柔(강래이하유), 動而說(동이열), 隨(수). 大亨(대형), 貞(정), 无咎(무구), 而天下隨時(이천하수시), 隨時之義大矣哉(수시지의대의재)!

「상전(象傳)」에 이르길 “연못 가운데 우레가 있는 것이 수괘입니다. 그래서 군자가 이를 본받아서 그믐이 되면 집으로 들어가서 편안히 쉽니다”라고 하였습니다.

象曰(상왈): 澤中有雷(택중유뢰), 隨(수). 君子以嚮晦入宴息(군자이향회입연식).

초구는 주관함에 변화가 있으니, 바르게 하면 길하고 문을 나서서 사귀면 공로가 있게 됩니다.

「상전(象傳)」에 이르길 “주관함에 변화가 있다는 것은 바름을 따르면 길하고, 문을 나서서 사귀면 공로가 있다는 것은 잘못이 없음”을 의미합니다.

初九(초구), 官有渝(관유투), 貞吉(정길). 出門交有功(출문교유공).

象曰(상왈): 官有渝(관유투), 從正吉也(종정길야), 出門交有功(출문교유공), 不失也(불실야).

육이는 어린아이인 소자(초구)에게 얽매이다 보면 어른인 장부(구오)를 잃는답니다.

「상전(象傳)」에 이르길 “소자에게 얽매인다는 것은 함께하지 못한다”는 것을 의미합니다.

六二(육이), 係小子(계소자), 失丈夫(실장부).

象曰(상왈): 係小子(계소자), 弗兼與也(불겸여야).

육삼은 어른인 장부에 얽매이다 보면 소자를 잃습니다. 따르는 데서 추구한 것을 얻으나 바른 데 머무는 것이 이롭답니다.

「상전(象傳)」에 이르길 "어른인 장부에 얽매인다는 것은 뜻한 것이 아래에 있는 소자를 버린다"는 것을 의미합니다.

六三(육삼), 係丈夫(계장부), 失小子(실소자). 隨有求得(수유구득), 利居貞(이거정).

象曰(상왈): 係丈夫(계장부), 志舍下也(지사하야).

구사는 따르는 데서 차지하려 하면 곧더라도 흉하답니다. 믿음을 갖고서 도를 지켜서 밝힌다면 무슨 허물이겠습니까?

「상전(象傳)」에 이르길 "따르는 데서 차지하려 한다는 것은 그 의도가 흉한 것이며, 믿음을 갖고서 도를 지킨다는 것은 밝은 공로입니다"라고 하였습니다.

九四(구사), 隨有獲(수유획), 貞凶(정흉). 有孚(유부), 在道以明(재도이명), 何咎(하구)?

象曰(상왈): 隨有獲(수유획), 其義凶也(기의흉야). 有孚在道(유부재도), 明功也(명공야).

구오는 아름다운 곳에서 믿음을 가지니 길하답니다.

「상전(象傳)」에 이르길 "아름다운 곳에서 믿음을 가지니 길하다는 것은 자리가 바르면서도 득중하였기 때문"이라고 하였습니다.

九五(구오), 孚于嘉(부우가), 吉(길).

象曰(상왈): 孚于嘉吉(부우가길), 位正中也(위정중야).

상육은 붙잡아서 얽매고 이에 따르는 백성을 얽어매니, 문왕이 서산에서 천제를 지냄으로써 형통할 수 있었답니다.

「상전(象傳)」에 이르길 "붙잡아서 얽맨다는 것은 윗자리가 곤궁해진다"는 겁니다.

上六(상육), 拘係之(구계지), 乃從維之(내종유지), 王用亨于西山(왕용형우서산).

象曰(상왈): 拘係之(구계지), 上窮也(상궁야).

| 괘명(卦名) 한자어원풀이 |

따를 隨(수)는 언덕 부(阝)와 따를 수(遀)로 이루어져 있습니다. 阝(부)는 인공으로 만든 계단을 본뜻으로 한 阜(부)의 약자(略字)입니다. 갑골문을 보면 인공적으로 만든 계단 모양이죠. 즉 고대 황하유역 사람들의 거주지였던 토굴을 오르내리기 쉽게 통나무를 깎아 계단을 만든 모양이었답니다. 또한 높은 언덕을 오르내리기 쉽도록 흙을 깎아내 계단을 만들었는데 본뜻인 '계단'보다는 '높은 언덕'이라는 의미로 확대되었습니다. 遀(수)는 따를 수(隨)의 옛글자인데, 왼손(左)에 살코기(肉=月)를 들고서 일행을 쉬엄쉬엄 따라간다(辶)는 데서 '따르다', 수행하다'는 뜻을 지니게 되었습니다. 이에 따라 隨(수)의 전체적인 의미는 언덕이나 계단(阝)을 따라 일행과 함께 수행(遀)한다는 데서 '따르다', '수행하다'는 뜻을 지니게 되었답니다.

제 18 편

산풍고괘(山風蠱卦)

부모의 뜻을 이어 문제를 해결해야 한다

䷑

고(蠱)괘는 크게 형통하니, 큰 하천을 건너는 것이 이롭답니다. 일을 시작하기에 앞서 사흘 전에 백성들에게 알리고 일을 시작한 사흘 뒤에도 백성들을 일깨워주어야 한답니다.

蠱(고), 元亨(원형), 利涉大川(이섭대천). 先甲三日(선갑삼일), 後甲三日(후갑삼일).

「단전(彖傳)」에 이르길 "고괘는 강건함인 강(剛)이 위에 있고 부드러움인 유(柔)가 아래에 있으니 자신을 낮추며 그치는 것이 고괘랍니다. 고는 크게 형통해서 천하가 다스려짐이며, 큰 하천을 건너는 것이 이롭다는 것은 나아가서 일을 도모한다는 것이고, '선갑삼일(先甲三日), 후갑삼일(後甲三日)'은 끝마침이 있으면 곧 시작함이 있는 것이 하늘의 운행입니다"라고 했습니다.

彖曰(단왈): 蠱(고), 剛上而柔下(강상이유하), 巽而止(손이지), 蠱(고). 蠱元亨(고원형), 而天下治也(이천하치야). 利涉大川(이섭대천), 往有事也(왕유사야), 先甲三日(선갑삼일), 後甲三日(후갑삼일), 終則有始(종즉유시), 天行也(천행야).

「상전(象傳)」에 이르길 "산 아래에 바람이 있는 것이 고괘이니, 군자가 이를 본받아 백성을 진작시키고 덕을 길러야 합니다"라고 하였습니다.

象曰(상왈): 山下有風(산하유풍), 蠱(고). 君子以振民育德(군자이진민육덕).

초육은 아비의 일을 맡으니, 자식이 있다면 아비가 허물이 없어지며, 위태롭게 여겨야 끝내는 길하답니다.

「상전(象傳)」에 이르길 "아비의 일을 맡는 것은 뜻으로써 아버지를 계승합니다"라고 하였습니다.

初六(초육), 幹父之蠱(간부지고). 有子(유자), 考无咎(고무구), 厲(려), 終吉(종길).

象曰(상왈): 幹父之蠱(간부지고), 意承考也(의승고야).

구이는 어미의 일을 맡으니, 곧을 수만은 없습니다.

「상전(象傳)」에 이르길 "어미의 일을 맡으니, 중도를 얻었습니다"라고 하였습니다.

九二(구이), 幹母之蠱(간모지고), 不可貞(불가정).

象曰(상왈): 幹母之蠱(간모지고), 得中道也(득중도야).

구삼은 아비의 일을 맡으니, 약간의 후회는 있으나 큰 허물은 없습니다.

「상전(象傳)」에 이르길 "아비의 일을 맡으니, 끝내는 허물이 없습니다"라고 하였습니다.

九三(구삼), 幹父之蠱(간부지고), 小有悔(소유회), 无大咎(무대구).

象曰(상왈): 幹父之蠱(간부지고), 終无咎也(종무구야).

육사는 아비의 일을 느긋하게 처리하니, 더 나아가면 궁색함을 당한답니다.

「상전(象傳)」에 이르길 "아비의 일을 느긋하게 처리하니, 더 나아가면 얻을 게 없습니다"라고 했습니다.

六四(육사), 裕父之蠱(유부지고), 往見吝(왕견린).

象曰(상왈): 裕父之蠱(유부지고), 往未得也(왕미득야).

육오는 아비의 일을 맡으니 명예롭답니다.

「상전(象傳)」에 이르길 "아비의 일을 맡으니 명예롭다는 것은 덕으로써 계승하기 때문"이라고 했습니다.

六五(육오), 幹父之蠱(간부지고), 用譽(용예).

象曰(상왈): 幹父用譽(간부용예), 承以德也(승이덕야).

상구는 왕후를 섬기지 아니하고, 자신이 해야 할 바를 높이 숭상한다는 겁니다.

「상전(象傳)」에 이르길 "왕후를 섬기지 않는다는 것은 뜻만은 본받을 만하다"는 겁니다.

上九(상구), 不事王侯(불사왕후), 高尙其事(고상기사).

象曰(상왈): 不事王侯(불사왕후), 志可則也(지가칙야).

| 괘명(卦名) 한자어원풀이 |

독 蠱(고)는 벌레 충(蟲)과 그릇 명(皿)으로 이루어졌습니다. 蟲(충)은 세 개의 벌레 虫(충)으로 구성되었는데 '뱃속벌레'나 '기생충' 등을 뜻해 곡식이 귀한 고대인들에게는 이러한 벌레들이 곧 독기(毒氣)나 악기(惡氣)와도 같았을 것이기 때문에 '독'을 의미하기도 했답니다. 虫(충)은 여러 벌레를 의미하는 蟲(충)의 생략형이기도 합니다. 皿(명)은 음식이나 무언가를 담는 그릇을 본뜬 상형글자랍니다. 이에 따라 독 蠱(고)는 무언가를 담고 있는 그릇(皿)과도 같은 뱃속에서 기생하고 있는 벌레(蟲)라는 데서 '뱃속벌레', '기생충' 등을 뜻하게 되었답니다. 그러나 여기에서는 일(事)을 뜻하고 있답니다.

제 19 편

지택림괘(地澤臨卦)

돈독하고 지혜롭게 임해야 한다

䷒

임(臨)괘는 크게 형통하니 바르게 하면 이로우나, 팔월에 이르러서는 흉함이 있답니다.

臨(임), 元亨(원형), 利貞(이정), 至于八月有凶(지우팔월유흉).

「단전(彖傳)」에 이르길 "임괘는 강건함인 강이 점차 자라나며, 기쁘고도 유순하면서 강(剛)이 득중하고 호응해서 크게 형통하고 올바르니, 하늘의 도에 합치됩니다. 팔월에 이르러서는 흉함이 있음은 강이 사라져 오래가지는 못하기 때문"이라고 했습니다.

彖曰(단왈): 臨(임), 剛浸而長(강침이장), 說而順(열이순), 剛中而應(강중이응), 大亨以正(대형이정), 天之道也(천지도야). 至于八月有凶(지우팔월유흉), 消不久也(소불구야).

「상전(象傳)」에 이르길 "못 위에 땅이 있는 것이 임괘랍니다. 군자가 이를 본받아서 교화하려는 생각에 끝이 없으며 백성을 받아들여 보전하려는 것 또한 한계가 없습니다"라고 하였습니다.

象曰(상왈): 澤上有地(택상유지), 臨(림). 君子以教思无窮(군자이교사무궁), 容保民无疆(용보민무강).

초구는 육사와 감응해서 임하는 것이니, 바르게 하면 길하답니다.

「상전(象傳)」에 이르길 "감응해서 임하는 것이니 바르게 하면 길하다는 것은 그 의지가 바름을 행하려고 하기 때문"이라고 했습니다.

初九(초구), 咸臨(함림), 貞吉(정길).

象曰(상왈): 咸臨貞吉(함림정길), 志行正也(지행정야).

구이는 육오와 감응해서 임하니 길해서 이롭지 않음이 없답니다.

「상전(象傳)」에 이르길 "감응해서 임하여 길해서 이롭지 않음이 없다는 것은, 아직은 명에 순응하지 않기 때문"이라고 했습니다.

九二(구이), 咸臨(함림), 吉(길), 无不利(무불리).

象曰(상왈): 咸臨吉无不利(함림길무불리), 未順命也(미순명야).

육삼은 기쁜 낯으로만 임하기에 이로울 것은 없으나 이미 근심하고 있으니, 허물은 없을 겁니다.

「상전(象傳)」에 이르길 "기쁜 낯으로만 임한다는 것은 자리가 마땅하지 않은 것이며, 이미 근심하고 있다는 것은 허물이 오래가진 않는다"는 것을 뜻한답니다.

六三(육삼), 甘臨(감림), 无攸利(무유리), 旣憂之(기우지), 无咎(무구).

象曰(상왈): 甘臨(감림), 位不當也(위부당야), 旣憂之(기우지), 咎不長也(구부장야).

육사는 지극하게 임하는 것이니, 허물은 없답니다.

「상전(象傳)」에 이르길 "지극하게 임하는 것이니 허물이 없다는 것은 자리가 마땅하기 때문"이라고 했습니다.

六四(육사), 至臨(지림), 无咎(무구).

象曰(상왈): 至臨无咎(지림무구), 位當也(위당야).

육오는 지혜롭게 임하는 것이니, 대군이 마땅히 해야 할 일이라서 길하답니다.

「상전(象傳)」에 이르길 "대군이 마땅히 해야 할 일이라는 것은 중용을 실행하는 것"을 말하는 겁니다.

六五(육오), 知臨(지림), 大君之宜(대군지의), 吉(길).

象曰(상왈): 大君之宜(대군지의), 行中之謂也(행중지위야).

상육은 돈후하게 임하는 것이니, 길하여 허물은 없답니다.

「상전(象傳)」에 이르길 "돈후하게 임하는 것이어서 길하다는 것은 뜻이 안에 있다는 것"을 말하는 겁니다.

上六(상육), 敦臨(돈림), 吉(길), 无咎(무구).

象曰(상왈): 敦臨之吉(돈림지길), 志在內也(지재내야).

| 괘명(卦名) 한자어원풀이 |

임할 臨(임, 림) 은 누울 와(臥)와 물건 품(品)으로 이루어져 있습니다. 臥(와)에 대해 허신은 『설문(說文)』에서 "臥는 엎드린다는 뜻이다. 人(인)과 臣(신)으로 구성되었으며 엎드린 모양을 취하였다"고 하였습니다. 여기서 臣(신)은 눈을 아래로 하고서 몸을 구부리고 있는 모양인데 사람임을 나타내기 위해 인(人)을 첨가해 다른 동물이 아닌 사람이 엎드리거나 누워서 휴식을 취하는 모양을 그려내고 있습니다. 또한 허신은 品(품)에 대해서도 "品은 무리와 여러 사람을 뜻하며 세 개의 口(구)로 구성되었다"고 하였답니다. 여기서 '입 口(구)'는 사람을 의미한답니다. 한자에서 보통 동일한 자형을 셋으로 겹쳐 표기하면 많다는 것을 뜻합니다. 여러 사람의 입(口)으로 특정 사물에 대해 평을 한다는 것으로 그러한 물건은 곧 등급이 매겨지게 마련이죠. 따라서 品(품) 자는 물건의 종류나 등급 등을 나타내는 뜻으로 확장되었답니다. 따라서 臨(임)의 전체적인 의미는 어떠한 물건(品)을 보기 위해 몸을 굽혀(臥) 가까이 대한다는 데서 '임하다', '내려다보다'의 뜻이 발생하였습니다.

제 20 편

풍지관괘(風地觀卦)

유순하면서도 겸손하게 관찰해야 한다

䷓

관(觀)괘는 손을 씻고서 아직 제사를 올리지 않았을 때처럼 하면, 믿음이 있어서 엄정해진답니다.

觀(관), 盥而不薦(관이불천), 有孚顒若(유부옹약).

「단전(彖傳)」에 이르길 "위에 있으면 크게 관찰하는데, 유순하면서 겸손하고 중정함으로써 천하를 살펴본답니다. 관괘는 손을 씻고서 아직 제사를 지내지 않았을 때처럼 하면, 믿음이 있어서 엄정해진다는 것은 아래 백성들도 위를 관찰하면서 교화된다는 겁니다. 하늘의 신묘한 도를 관찰하면 사계절인 사시는 어긋나지 않으며, 성인이 신묘한 도인 신도로써 가르침을 베풀기 때문에 천하가 복종합니다"라고 했습니다.

彖曰(단왈): 大觀在上(대관재상), 順而巽(순이손), 中正以觀天下(중정이관천하). 觀盥而不薦(관관이불천), 有孚顒若(유부옹약), 下觀而化也(하관이화야). 觀天之神道(관천지신도), 而四時不忒(이사시불특), 聖人以神道設教(성인이신도설교), 而天下服矣(이천하복의).

「상전(象傳)」에 이르길 "바람이 땅 위를 운행하는 것이 관괘이니, 선왕이 이를 본받아 각 지방을 살피고 백성을 관찰해서 교화를 베풉니다"라고 했습니다.

象曰(상왈): 風行地上(풍행지상), 觀(관), 先王以省方(선왕이성방), 觀民設教(관민설교).

초육은 어린아이의 눈으로 관찰하는 것이니, 소인은 허물이 없으나 군자는 궁색해진답니다.

「상전(象傳)」에 이르길 "초육은 어린아이의 눈으로 관찰한다는 것이니, 소인의 도"라는 겁니다.

初六(초육), 童觀(동관), 小人无咎(소인무구), 君子吝(군자린).

象曰(상왈): 初六童觀(초륙동관), 小人道也(소인도야).

육이는 문틈으로 엿보는 것으로, 여자는 곧은 것이 이롭답니다.

「상전(象傳)」에 이르길 "문틈으로 여자가 곧은지를 엿보는 것은 추잡한 일입니다"라고 했습니다.

六二(육이), 闚觀(규관), 利女貞(이녀정).

象曰(상왈): 闚觀女貞(규관녀정), 亦可醜也(역가추야).

육삼은 자기의 생활여건을 관찰하고서 나아가거나 물러나야 합니다.

「상전(象傳)」에 이르길 "자기의 생활여건을 관찰하고서 나아가거나 물러나야 한다는 것은 아직 도를 잃지는 않았다"는 의미입니다.

六三(육삼), 觀我生(관아생), 進退(진퇴).

象曰(상왈): 觀我生進退(관아생진퇴), 未失道也(미실도야).

육사는 나라의 빛인 구오의 덕을 관찰하여 왕에게 대접받는 신하가 되는 것이 이롭답니다.

「상전(象傳)」에 이르길 "나라의 빛인 구오의 덕을 관찰한다는 것은 빈객으로서 숭상받는다"는 것이랍니다.

六四(육사), 觀國之光(관국지광), 利用賓于王(이용빈우왕).

象曰(상왈): 觀國之光(관국지광), 尙賓也(상빈야).

구오는 자기의 생활여건을 관찰하여도 군자답다면 허물은 없답니다.

「상전(象傳)」에 이르길 "자기의 생활여건을 관찰한다는 것은 백성들을 살핀다"는 겁니다.

九五(구오), 觀我生(관아생), 君子无咎(군자무구).

象曰(상왈): 觀我生(관아생), 觀民也(관민야).

상구는 그 생활여건을 관찰하여도 군자다우면 허물은 없답니다.

「상전(象傳)」에 이르길 "그 생활여건을 관찰한다는 것은 뜻이 아직은 평안하지는 않다"는 겁니다.

上九(상구), 觀其生(관기생), 君子无咎(군자무구).

象曰(상왈): 觀其生(관기생), 志未平也(지미평야).

| 괘명(卦名) 한자어원풀이 |

볼 觀(관) 은 황새 관(雚)과 볼 견(見)으로 이루어져 있습니다. 雚(관)의 자형은 머리 모양(艹)과 두 눈(口口)을 강조하면서 새 추(隹)를 첨가하였는데, 황새의 특징 중에서도 특히 두 눈을 강조하였답니다. 이는 황새의 식생을 파악한 것으로 물 가운데 고요히 서서 먹잇감을 주도면밀하게 살피다가 순식간에 낚아채는 동적 면모가 담겨 있습니다. 見(견) 역시 눈을 강조한 것으로 사람의 발 모양을 상형한 사람 인(儿)에 눈 목(目)을 더해 보는 것을 중시하고 있답니다. 따라서 觀(관) 자에는 황새(雚)가 먹잇감을 주도면밀하게 쏘아보거나 사람(儿)이 사물을 눈여겨 바라본다(目)는 의미, 즉 철저하게 '눈으로 자세히 본다'는 뜻이 담겨 있답니다.

제 21 편

화뢰서합괘(火雷噬嗑卦)

입으로 깨물어 화합하는 것이 관건이다

䷔

서합(噬嗑)괘는 형통하니, 감옥을 활용하는 것이 이롭답니다.

噬嗑(서합), 亨(형), 利用獄(이용옥).

「단전(彖傳)」에 이르길 "턱 속에 음식물이 있어 깨물어 합한다는 데서 서합이라고 한답니다. 서합괘는 형통하며, 강건함인 강과 부드러움인 유가 나뉘고, 움직여서 밝으며 우뢰와 번개가 합하여 빛나고, 유가 득중하여 위로 올라가니, 비록 자리는 마땅하지 않으나 감옥을 활용함이 이롭습니다"라고 했습니다.

彖曰(단왈): 頤中有物(이중유물), 曰噬嗑(왈서합). 噬嗑而亨(서합이형), 剛柔分(강유분), 動而明(동이명), 雷電合而章(뇌전합이장), 柔得中而上行(유득중이상행), 雖不當位(수부당위), 利用獄也(이용옥야).

「상전(象傳)」에 이르길 "우뢰와 번개가 서합괘이니, 선왕이 이를 본받아 죄목을 분명히 밝히고 국법으로 다스려야 합니다"라고 했습니다.

象曰(상왈): 雷電(뢰전), 噬嗑(서합), 先王以明罰勅法(선왕이명벌칙법).

초구는 차꼬를 채워 발을 못 쓰게 하면 허물은 없답니다.

「상전(象傳)」에 이르길 "차꼬를 채워 발을 못 쓰게 한다는 것은 다니지 못하게 한다"는 겁니다.

初九(초구), 屨校滅趾(구교멸지), 无咎(무구).

象曰(상왈): 屨校滅趾(구교멸지), 不行也(불행야).

육이는 피부인 살을 깨물어 코를 못 쓰게 하나, 허물은 없답니다.

「상전(象傳)」에 이르길 "살을 깨물어 코를 못 쓰게 한다는 것은 강건함인 강(剛)을 올라탔기 때문"이라고 했습니다.

六二(육이), 噬膚(서부), 滅鼻(멸비), 无咎(무구).

象曰(상왈): 噬膚滅鼻(서부멸비), 乘剛也(승강야).

육삼은 말린 육포를 씹다가 독소를 만나니, 조금은 인색하나 허물은 없답니다.

「상전(象傳)」에 이르길 "독소를 만났다는 것은 자리가 마땅하지 않다"는 겁니다.

六三(육삼), 噬腊肉(서석육), 遇毒(우독). 小吝(소린), 无咎(무구).

象曰(상왈): 遇毒(우독), 位不當也(위부당야).

구사는 뼈에 붙은 마른고기를 씹다가 금빛 화살을 얻었으니, 어려워도 곧음을 지키면 길하답니다.

「상전(象傳)」에 이르길 "어려워도 곧음을 지키면 길하다는 것은 아직은 빛나지는 못하다"는 겁니다.

九四(구사), 噬乾胏(서건자), 得金矢(득금시), 利艱貞(이간정), 吉(길).

象曰(상왈): 利艱貞吉(이간정길), 未光也(미광야).

육오는 마른 육포를 씹다가 황금을 얻으니, 곧음을 지키고 위태롭게 여기면 허물은 없답니다.

「상전(象傳)」에 이르길 "곧음을 지키고 위태롭게 여기면 허물은 없다는 것은 마땅한 것을 얻었기 때문"이라고 했습니다.

六五(육오), 噬乾肉(서건육), 得黃金(득황금), 貞厲(정려), 无咎(무구).

象曰(상왈): 貞厲无咎(정려무구), 得當也(득당야).

상구는 형틀을 매어서 귀를 못 쓰게 하니, 흉하답니다.

「상전(象傳)」에 이르길 "형틀을 매어서 귀를 못 쓰게 한다는 것은 귀가 밝지 못하기 때문"이라고 했습니다.

上九(상구), 何校滅耳(하교멸이, 何=맬 하荷), 凶(흉).

象曰(상왈): 何校滅耳(하교멸이), 聰不明也(총불명야).

| 괘명(卦名) 한자어원풀이 |

씹을 噬(서)는 입의 모양을 그려낸 입 구(口)와 점대 서(筮)로 이루어졌습니다. 筮(서)는 대 죽(竹)과 무당 무(巫)로 이루어져 있습니다. 竹(죽)은 대나무의 곧은 줄기와 죽순껍질을 상형한 글자입니다. 竹(죽)에 대해 『설문(說文)』에서는 "竹은 겨울에도 살아 있는 풀이며 상형글자이다. 아래로 드리워진 것은 죽순의 껍질이다"라고 하였습니다. 고문에서는 대나무 줄기(丨)에 죽순이 올라오며 자연스레 벗겨지는 껍질을 표현하였죠. 巫(무)에 대해 허신은 『설문(說文)』에서 "巫는 축원을 올리는 무당을 말한다. 주로 여자가 하는데 형상도 볼 수 없는 것을 섬겨 춤을 추며 神(신)을 내리게 하는 사람이다. 두 소맷자락을 나부끼며 춤추는 사람의 모습을 본떴으며 工(공)자와 글자의 제작의도가 같다"고 하였답니다. 고대에는 이러한 무녀에게 관직을 주어 무관(巫官)이라 하였으며, 나라의 앞일을 점치거나 비가 내리게 하는 데 동원되기도 하였죠. 자형상부는 하늘(一)을 하부는 땅(一)을 상징하는데, 하늘과 땅의 계시를 관통(丨)하는 사람들(人人)이란 뜻이 담겨 있답니다. 이에 따라 씹을 噬(서)에는 무당이 점을 치기 위해 점대(筮)를 손에 쥐고서 입(口)을 통해 예언적인 말을 하는 모양이 음식물을 씹는 모습과 비슷해 '씹다', '깨물다'는 뜻을 지니게 되었답니다.

입 다물 嗑(합)은 입의 모양을 그려낸 입 구(口)와 덮을 합(盍)으로 이루어졌습니다. 盍(합)은 갈 거(去)와 밥그릇이나 함지박과 같은 그릇을 본뜬 그릇 명(皿)으로 구성되었는데, 여기서 '가다'는 뜻의 갈 거(去)는 그릇의 뚜껑을 그려낸 것으로 그릇(皿)에 뚜껑(去)을

'덮는다'는 뜻이었죠. 皿(명)은 음식을 담을 수 있는 넓은 그릇을 본뜬 상형글자랍니다. 본디 제기용 그릇이었지만 일반적인 '그릇'의 대표명사가 되었죠. 이에 따라 입 다물 嗑(합)에는 사람의 입(口)을 뚜껑을 덮듯(盍) 한다는 데서 '입을 다물다'는 뜻을 부여했답니다.

제 22 편

산화비괘(山火賁卦)

꾸미는 것을 소박하게 해야 한다

䷕

비(賁)괘는 형통하니, 나아갈 바를 두는 게 조금이라도 이롭답니다.

賁亨(비형), 小利有攸往(소리유유왕).

「단전(彖傳)」에 이르길 "비괘는 형통하니 부드러움인 유(柔)가 와서 강건함인 강(剛)을 꾸미기 때문에 형통하답니다. 그리고 강을 나누어 올라가 유를 꾸미기 때문에 나아갈 바를 두는 게 조금이라도 이롭다고 했으니 하늘을 꾸미는 무늬인 천문이랍니다. 문명으로써 나가는 것이 사람이 꾸민 무늬인 인문이랍니다. 천문을 관찰하여 때의 변화를 살피며, 인문을 관찰함으로써 천하를 교화하고 문명을 이룹니다"라고 하였습니다.

彖曰(단왈): 賁亨(비형), 柔來而文剛(유래이문강), 故亨(고형). 分剛上而文柔(분강상이문유), 故小利有攸往(고소리유유왕), 天文也(천문야). 文明以止(문명이지), 人文也(인문야). 觀乎天文(관호천문), 以察時變(이찰시변), 觀乎人文(관호인문), 以化成天下(이화성천하).

「상전(象傳)」에 이르길 "산 아래에 불이 있는 것이 비괘랍니다. 군자가 이를 본받아 여러 정사를 밝히되 감히 감옥을 폐쇄함은 없어야 합니다"라고 했습니다.

象曰(상왈): 山下有火(산하유화), 賁(비). 君子以明庶政(군자이명서정), 无敢折獄(무감절옥).

초구는 발꿈치를 편하게 꾸미니, 수레를 버리고 걷는답니다.

「상전(象傳)」에 이르길 "수레를 버리고 걷는다는 것은 의로움이 있기에 올라타지 않는 겁니다"라고 했습니다.

初九(초구), 賁其趾(비기지), 舍車而徒(사거이도).

象曰(상왈): 舍車而徒(사거이도), 義弗乘也(의불승야).

육이는 그 수염을 꾸민다는 겁니다.

「상전(象傳)」에 이르길 "그 수염을 꾸민다는 것은 위와 함께 부흥한다"고 했습니다.

六二(육이), 賁其須(비기수).

象曰(상왈): 賁其須(비기수), 與上興也(여상흥야).

구삼은 꾸밈이 윤택하니 오래도록 곧게 하면 길하답니다.

「상전(象傳)」에 이르길 “오래도록 곧게 하여 길한 것은 끝내 능멸하지 못한다”고 했습니다.

九三(구삼), 賁如濡如(비여유여), 永貞吉(영정길).

象曰(상왈): 永貞之吉(영정지길), 終莫之陵也(종막지릉야).

육사는 꾸민 듯 흰 듯하며, 흰말이 날개를 단 듯하니, 도적만 아니라면 혼인을 합니다.

「상전(象傳)」에 이르길 “육사는 마땅히 의심받는 자리이며, 도적인 구삼만 아니라면 초구와 혼인해도 끝내는 허물이 없습니다”라고 했습니다.

六四(육사), 賁如皤如(비여파여), 白馬翰如(백마한여), 匪寇婚媾(비구혼구).

象曰(상왈): 六四當位(육사당위), 疑也(의야), 匪寇婚媾(비구혼구), 終无尤也(종무우야).

육오는 언덕과 동산을 꾸밈이니, 비단 묶음이 작으면 인색하나 끝내는 길합니다.

「상전(象傳)」에 이르길 “육오가 길하다는 것은 기쁨이 있기 때문”이라고 했습니다.

六五(육오), 賁于丘園(비우구원), 束帛戔戔(속백전전). 吝(린), 終吉(종길).

象曰(상왈): 六五之吉(육오지길), 有喜也(유희야).

상구는 소박하게 꾸미면 허물이 없습니다.

「상전(象傳)」에 이르길 "소박하게 꾸미면 허물이 없다는 것은 윗자리에 있으면서 뜻을 얻는다"는 의미입니다.

上九(상구), 白賁(백비), 无咎(무구).

象曰(상왈): 白賁无咎(백비무구), 上得志也(상득지야).

| 괘명(卦名) 한자어원풀이 |

꾸밀 賁(비) 는 풀 훼(卉)와 조개 패(貝)로 구성되었습니다. 卉(훼)는 풀 모양을 상형한 屮(풀 철)이 세 개인 것을 보다 간소하게 '풀 훼(卉)'로 하였으며, 屮(철)이 네 개인 것은 '잡풀 우거질 망(茻)'이랍니다. 貝(패)는 조개의 모양을 본뜬 상형글자죠. 고대에는 조개를 화폐로 활용했는데, 여느 바다나 강에서 쉽게 구할 수 있는 일반적인 조개가 아니라 남중국해나 인도양 등지에서 나는 희귀하고 아름다운 아주 단단한 것이었답니다. 갑골문의 자형은 두 쪽으로 벌려진 조개의 모습이었으나 금문으로 오면서 두 개의 촉수를 내민 현재의 글자 모양을 갖추게 되었습니다. 이에 따라 賁(비)는 값나가는 재화(貝)를 풀 더미(卉)로 덮은 모양인 데서 '크다(분)', '꾸미다(비)'는 뜻을 지니게 되었답니다.

제 23 편

산지박괘(山地剝卦)

양(陽)이 깎여나가니 조심해야 한다

䷖

박(剝)괘는 갈 곳을 두는 것이 이롭지 않습니다.

剝(박), 不利有攸往(불리유유왕).

「단전(彖傳)」에 이르길 "박괘는 깎는 것이니, 부드러움인 유(柔)가 단단함인 강(剛)을 변하게 하는 겁니다. 갈 곳을 두는 것이 이롭지 않다는 것은 소인이 자라나기 때문입니다. 유순하게 그치는 것은 하늘의 상을 관찰한 결과이니, 군자가 사라지고 생존하고 가득 차고 비우는 것을 숭상하는 것은 하늘의 운행이기 때문"이라고 했습니다.

彖曰(단왈): 剝(박), 剝也(박야), 柔變剛也(유변강야). 不利有攸往(불리유유왕), 小人長也(소인장야). 順而止之(순이지지), 觀象也(관상야). 君

子尙消息盈虛(군자상소식영허), 天行也(천행야).

「상전(象傳)」에 이르길 "산이 땅에 부속되어 있는 것이 박괘랍니다. 윗사람이 이를 본받아 아랫사람을 두텁게 감싸 집안을 편안하게 합니다"라고 했습니다.

象曰(상왈): 山附于地(산부우지), 剝(박). 上以厚下安宅(상이후하안택).

초육은 평상의 다리를 깎는 것이니, 바른 것을 없애기에 흉하답니다.

「상전(象傳)」에 이르길 "평상의 다리를 깎는 것은 아랫사람을 멸시한다"는 의미입니다.

初六(초육), 剝牀以足(박상이족), 蔑貞(멸정), 凶(흉).

象曰(상왈): 剝牀以足(박상이족), 以滅下也(이멸하야).

육이는 평상의 판대기를 깎는 것이니, 바른 것을 없애기에 흉하답니다.

「상전(象傳)」에 이르길 "평상의 판대기를 깎는다는 것은 아직은 함께하지 아니하기 때문"이라고 했습니다.

六二(육이), 剝牀以辨(박상이변), 蔑貞(멸정), 凶(흉).

象曰(상왈): 剝牀以辨(박상이변), 未有與也(미유여야).

육삼은 깎되 허물은 없답니다.

「상전(象傳)」에 이르길 "깎되 허물이 없다는 것은 위아래를 잃기 때문"이라고 했습니다.

六三(육삼), 剝之无咎(박지무구).

象曰(상왈): 剝之无咎(박지무구), 失上下也(실상하야).

육사는 평상을 깎는 것을 피부로써 하는 것이기에 흉하답니다.

「상전(象傳)」에 이르길 "평상 깎는 일을 피부로 한다는 것은 절박하게도 재앙이 아주 가까워진 겁니다"라고 했습니다.

六四(육사), 剝牀以膚(박상이부), 凶(흉).

象曰(상왈): 剝牀以膚(박상이부), 切近災也(절근재야).

육오는 여러 음(陰)인 물고기를 꿰어 상구에게 궁인으로서 총애받듯이 하면 이롭지 않음이 없답니다.

「상전(象傳)」에 이르길 "궁인으로서 총애받듯이 하면, 끝내는 허물이 없습니다"라고 했습니다.

六五(육오), 貫魚(관어), 以宮人寵(이궁인총), 无不利(무불리).

象曰(상왈): 以宮人寵(이궁인총), 終无尤也(종무우야).

상구는 큰 과일은 먹히지 않는 것이니, 군자는 수레를 얻고 소인은 오두막집마저 깎인답니다.

「상전(象傳)」에 이르길 "군자가 수레를 얻는다는 것은 백성을 싣는다는 것이며, 소인은 오두막집마저 깎인다는 것은 끝내는 활용할 수도 없음"을 의미합니다.

上九(상구), 碩果不食(석과불식), 君子得輿(군자득여), 小人剝廬(소인박려).

象曰(상왈): 君子得輿(군자득여), 民所載也(민소재야), 小人剝廬(소인박려), 終不可用也(종불가용야).

| 괘명(卦名) 한자어원풀이 |

벗길 剝(박) 은 나무 깎을 록(彔)과 칼 도(刂)로 구성되었습니다. 彔(록)은 갑골문과 금문에도 보이는데 천으로 싼 주머니(자형상부)에서 물방울(水)이 뚝뚝 떨어지는 모양으로 그려져 있습니다. 아마도 나무의 껍질을 벗겨내 삼베와 같은 천으로 만든 주머니에 넣고서 즙을 짜내는 모양으로 보입니다. 한편으로는 나무의 껍질을 十자 모양으로 파내고 수액을 받는 모양으로도 보이는데, 여기서는 살아 있는 나무를 깎는다는 의미가 서려 있습니다. 刂(도)는 '칼 刀(도)'의 간략형으로 한쪽에만 칼날이 선 주방용 칼과 같은 모양을 상형한 것이랍니다. 이에 따라 剝(박)은 살아 있는 나무의 껍질을 칼(刂)을 이용해 벗겨낸다(彔)는 데서 '벗기다', '상처를 입히다'는 뜻을 지니게 되었답니다.

제 24 편

지뢰복괘(地雷復卦)

일양(陽)이 돌아오니 벗들도 함께 와야 한다

䷗

복(復)괘는 형통하여 나가고 들어오는 데에 문제가 없지만 벗이 와야 허물이 없답니다. 그 도를 반복해서 7일 만에 회복하니, 나아갈 곳이 있는 게 이롭답니다.

復(복), 亨(형). 出入无疾(출입무질), 朋來无咎(붕래무구). 反復其道(반복기도), 七日來復(칠일래복), 利有攸往(이유유왕).

「단전(彖傳)」에 이르길 "복괘가 형통하다는 것은 강(剛)이 돌아옴이니, 움직임을 유순하게 행해야 나가고 들어오는 데에 문제가 없지만 벗이 와야 허물이 없답니다. 그 도를 반복해서 7일 만에 회복하는 것은 하늘의 운행이랍니다. 나아갈 곳이 있는 게 이롭다는 것은 강(剛)이 자라나기 때문입니다. 복괘에서 천지의 마음을 보게 될 겁니다"라고 하였습니다.

彖曰(단왈): 復(복), 亨(형). 剛反(강반), 動而以順行(동이이순행), 是以出入无疾(시이출입무질), 朋來无咎(붕래무구), 反復其道(반복기도), 七日來復(칠일래복), 天行也(천행야). 利有攸往(이유유왕), 剛長也(강장야). 復(복), 其見天地之心乎(기견천지지심호).

「상전(象傳)」에 이르길 "우뢰가 땅속에 있는 것이 복괘이니, 선왕이 이를 본받아 동짓날에 관문을 닫아 장사치와 나그네들이 다니지 못하게 했으며, 임금도 지방을 순시하지 않았습니다"라고 했습니다.

象曰(상왈): 雷在地中(뇌재지중), 復(복), 先王以至日閉關(선왕이지일폐관), 商旅不行(상려불행), 后不省方(후불성방).

초구는 머지않아 회복되고, 후회하는 데까지는 이르지 않아 크게 길하답니다.

「상전(象傳)」에 이르길 "머지않아 회복된다는 것은 몸을 수양하기 때문"이라고 했습니다.

初九(초구), 不遠復(불원복), 无祇悔(무지회), 元吉(원길).

象曰(상왈): 不遠之復(불원지복), 以脩身也(이수신야).

육이는 아름답게 회복하는 것이니 길하답니다.

「상전(象傳)」에 이르길 "아름답게 회복하는 것이 길하다는 것은 어진 사람에게 낮추기 때문"이라고 했습니다.

六二(육이), 休復(휴복), 吉(길).

象曰(상왈): 休復之吉(휴복지길), 以下仁也(이하인야).

육삼은 급박하게 회복되어 위태로우나 허물은 없답니다.

「상전(象傳)」에 이르길 "급박하게 회복되어 위태로움은 의리상 허물이 없습니다"라고 했습니다.

六三(육삼), 頻復(빈복), 厲(려), 无咎(무구).

象曰(상왈): 頻復之厲(빈복지려), 義无咎也(의무구야).

육사는 중도(中道)를 행하여 홀로 회복하는 겁니다.

「상전(象傳)」에 이르길 "중도를 행하여 홀로 회복한다는 것은 도를 따르기 때문"이라고 했습니다.

六四(육사), 中行獨復(중행독복).

象曰(상왈): 中行獨復(중행독복), 以從道也(이종도야).

육오는 돈후하게 회복하니, 후회는 없답니다.

「상전(象傳)」에 이르길 "돈후하게 회복하여 후회가 없다는 것은 중도로써 스스로를 살핀다"는 겁니다.

六五(육오), 敦復(돈복), 无悔(무회).

象曰(상왈): 敦復无悔(돈복무회), 中以自考也(중이자고야).

상육은 아득한 회복이니 흉하여 재앙이 있게 되고, 군사를 운용하여 행동하면 끝내는 크게 패하게 됩니다. 나라를 다스리는 데 쓰면 나라의 임금이 흉하고, 십 년에 이르도록 정복하여도 이기지 못할 겁니다.

「상전(象傳)」에 이르길 "아득한 회복의 흉함은 임금의 도에 어긋나기 때문"이라고 했습니다.

上六(상육), 迷復(미복), 凶(흉), 有災眚(유재생), 用行師(용행사), 終有大敗(종유대패). 以其國君(이기국군), 凶(흉). 至于十年不克征(지우십년불극정).

象曰(상왈): 迷復之凶(미복지흉), 反君道也(반군도야).

| 괘명(卦名) 한자어원풀이 |

돌아올 復(복, 다시 부)은 조금 걸을 척(彳)과 돌아올 복(夏=复)으로 이루어져 있습니다. 彳(척)은 여기서는 사람들이 분주히 오가는 '네 거리'를 본뜬 行(행)의 생략형으로 보아야 그 의미가 살아난답니다. 复(복)은 갑골문에 나타난 자형을 참조할 때 대장간에서 불을 지피는 도구인 '풀무'와 발을 뜻하는 止(지)가 더해진 모양이었으나 현재 자형에서는 알아볼 수 없을 만큼 변해버렸답니다. 여기서 말한 풀무는 발을 사용하여 바람을 일으키는 것으로, 발로 밟을 때마다 통 속의 칸막이가 왕복으로 오가며 바람을 일으킨답니다. 따라서 復(복)의 전체적인 의미는 풀무(复)와 같이 오가다(行)가 본뜻이었으나 '돌아오다'는 의미로도 쓰였고, 또한 '회복하다', '다시'라는 뜻으로도 확장되었답니다.

제 25 편

천뢰무망괘(天雷无妄卦)

매사에 진실하여 망령들지 않아야 한다

䷘

무망(无妄)괘는 크고 형통하며 이롭고 바르답니다. 바름이 아니면 재앙이 있게 되며, 갈 곳을 두면 이롭지 않답니다.

无妄(무망), 元亨利貞(원형이정). 其匪正有眚(기비정유생), 不利有攸往(불리유유왕).

「단전(彖傳)」에 이르길 "무망괘는 강(剛)이 밖으로부터 와서는 안에서는 주인이 되니 움직임은 굳건하고, 오효인 강이 가운데에 응하여 바름으로써 크게 형통하니, 하늘이 명한 것이랍니다. 바름이 아니면 재앙이 있게 되고 갈 곳을 두면 이롭지 않다고 했으니, 무망이 간다면 어디겠습니까! 천명이 도움을 내리지도 않는데, 가겠습니까!"라고 했습니다.

彖曰(단왈): 无妄(무망), 剛自外來而爲主於內(강자외래이위주어내), 動而健(동이건), 剛中而應(강중이응), 大亨以正(대형이정), 天之命也(천지명야), 其匪正有眚(기비정유생), 不利有攸往(불리유유왕). 无妄之往(무망지왕), 何之矣(하지의)! 天命不祐(천명불우), 行矣哉(행의재)!

「상전(象傳)」에 이르길 "하늘 아래에 우레가 쳐서 사물이 모두 망령됨이 없으니, 선왕이 이를 본받아 때에 맞게 성대하게 만물을 기릅니다"라고 하였습니다.

象曰(상왈): 天下雷行(천하뢰행), 物與无妄(물여무망). 先王以茂對時(선왕이무대시), 育萬物(육만물).

초구는 망령되지 않았으니, 가는 것이 길하답니다.

「상전(象傳)」에 이르길 "망령됨이 없이 간다는 건 뜻을 얻기 때문"이라고 했습니다.

初九(초구), 无妄往(무망왕), 吉(길).

象曰(상왈): 无妄之往(무망지왕), 得志也(득지야).

육이는 밭도 갈지 아니하고 수확하며 새밭을 일구지 아니해도 삼 년 묵은 좋은 밭이 되니, 나아갈 바를 두는 게 이롭답니다.

「상전(象傳)」에 이르길 "밭도 갈지 않고서 수확한다는 것은 아직은 부유하지는 않다"는 것을 의미합니다.

六二(육이), 不耕穫(불경확), 不菑畬(불치여), 則利有攸往(즉리유유왕).

象曰(상왈): 不耕穫(불경확), 未富也(미부야).

육삼은 망령되지 않음의 재앙이랍니다. 혹 소를 묶어 두었더라도 길 가던 사람이 얻게 되었으니 마을 사람들의 재앙이랍니다.

「상전(象傳)」에 이르길 "길 가던 사람이 소를 얻었다는 것은 마을 사람들의 재앙"이라고 했습니다.

六三(육삼), 无妄之災(무망지재), 或繫之牛(혹계지우), 行人之得(행인지득), 邑人之災(읍인지재).

象曰(상왈): 行人得牛(행인득우), 邑人災也(읍인재야).

구사는 바르게 하니, 허물이 없답니다.

「상전(象傳)」에 이르길 "바르게 하니 허물이 없다는 것은 굳게 지키기 때문"이라고 했습니다.

九四(구사), 可貞(가정), 无咎(무구).

象曰(상왈): 可貞无咎(가정무구), 固有之也(고유지야).

구오는 망령되지 않은 질환에는 약을 쓰지 않아도 기쁜 일이 있게 된답니다.

「상전(象傳)」에 이르길 "망령되지 않은 질환에는 약을 쓰는 것은 하지 말아야 합니다"라고 했습니다.

九五(구오), 无妄之疾(무망지질), 勿藥有喜(물약유희).

象曰(상왈): 无妄之藥(무망지약), 不可試也(불가시야).

상구는 망령되지 않음에서 움직여 나아가면 재앙이 있으니, 이로울 것이 없답니다.

「상전(象傳)」에 이르길 "망령되지 않음에서 움직여 나아가는 것은 궁극의 재앙이 됩니다"라고 했습니다.

上九(상구), 无妄行(무망행), 有眚(유생), 无攸利(무유리).

象曰(상왈): 无妄之行(무망지행), 窮之災也(궁지재야).

| 괘명(卦名) 한자어원풀이 |

없을 无(무)는 태초 우주에서 아무것도 존재하지 않는 무극(無極)의 상태를 나타낸 글자랍니다. 같은 뜻으로 쓰이고 있는 없을 無(무) 자와는 차원이 좀 다른 '아무것도 존재하지 않는 상태'를 의미한답니다. 없을 無(무)는 자형상부의 모양과 불 화(灬)로 구성되어 있다 하여 회의글자로 분류하고 있지만, 갑골문이나 금문을 보면 사람(大)이 양손에 대나무 가지 등으로 만든 도구(丰)를 들고서 춤추는 무녀(巫女)의 모습을 그려낸 상형글자임을 알 수 있답니다. 자형하부의 '灬'는 불의 의미로 쓰인 게 아니라 사람의 발과 양손에 든 장신구를 나타내려 한 것이죠. 요즘도 그렇지만 신이 내려 춤을 추는 무녀의 모습은 자신의 의지와는 상관없이 몰아(沒我)의 경지에서 춤을 춘답니다. 그래서 일시적으로 자아가 없이 춤추는 무녀의 모습을 보고서 '없다'라는 뜻이 발생했죠. 無(무)가 본디 '춤추다'였으나 '없다' 혹은 '아니다'라는 뜻으로 쓰이자, 두 발 모양을 본뜬 어그러질 舛(천)을 더해 '춤출 舞(무)'를 별도로 제작하였답니다.

허망할 妄(망) 은 망할 망(亡)과 여자 여(女)로 이루어져 있습니다. 亡(망)에 대해 허신은 『설문(說文)』에서 "亡은 도망간다는 뜻이다. 入(입)과 乚(은)으로 구성되었다"고 하였습니다. 즉 사람이 으슥한 데로 숨어(乚)든다(入) 해서 '도망하다', '없어지다'의 뜻을 지니게 되었으며 또한 사람(亠)이 땅에 영구히 묻히기(乚) 때문에 '죽다'라는 뜻으로 보기도 한답니다. 더불어 속자로 亾(망)으로 쓰기도 하는데, 사람이 언덕에서 굴러 떨어져 죽음을 뜻하기도 하죠. 女(여)는 무릎을 꿇고서 두 손을 모아 신에게 기도하는 사람을 그려낸 상형글자랍니다. 모계사회 때 만들어진 글자로 당시에는 남자보다는 여자가 중심이 되어 제사를 주도하게 되었는데, 이후 부계사회로 넘어오면서 여자를 지칭하는 대명사로 남게 되었답니다. 이에 따라 妄(망)에는 간절하게 기도하는 사람(女)의 염원이 없어져버렸다(亡)는 데서 '허망하다', '망령되다'는 뜻을 지니게 되었답니다.

제 26 편

산천대축괘(山天大畜卦)

선현의 지혜를 얻어 덕을 쌓아야 한다

대축(大畜)괘는 곧음이 이로우니, 집에서 식사하지 않는 것이 길하며 큰 하천을 건너는 것이 이롭답니다.

大畜(대축), 利貞(이정), 不家食(불가식), 吉(길), 利涉大川(이섭대천).

「단전(彖傳)」에 이르길 "대축괘는 강건하고 독실하여 휘황찬란한 빛이 날로 그 덕을 새롭게 하니, 강이 위로 올라가서 현인을 숭상하고 굳건한 것을 그치게 할 수 있으니 크게 바르답니다. 집에서 식사하지 않는 것이 길하다는 것은 어진 현인을 양성하는 것이며, 큰 하천을 건너는 것이 이롭다는 것은 하늘에 호응하는 겁니다"라고 했습니다.

彖曰(단왈): 大畜(대축), 剛健篤實(강건독실), 輝光日新其德(휘광일신

기덕), 剛上而尙賢(강상이상현), 能止健(능지건), 大正也(대정야). 不家食吉(불가식길), 養賢也(양현야), 利涉大川(이섭대천), 應乎天也(응호천야).

「상전(象傳)」에 이르길 "하늘이 산속에 있는 것이 대축괘이니, 군자가 이를 본받아 선현의 말씀과 행실을 많이 알아서 그 덕을 쌓습니다"라고 했습니다.

象曰(상왈): 天在山中(천재산중), 大畜(대축). 君子以多識前言往行(군자이다식전언왕행), 以畜其德(이축기덕).

초구는 위태로움이 있으니, 그치는 게 이롭답니다.

「상전(象傳)」에 이르길 "위태로움이 있으니 그치는 게 이롭다는 것은 재앙을 범하지 않는다"는 겁니다.

初九(초구), 有厲(유려), 利已(이이).

象曰(상왈): 有厲利已(유려리이), 不犯災也(불범재야).

구이는 수레의 바퀴통이 벗겨진답니다.

「상전(象傳)」에 이르길 "수레의 바퀴통이 벗겨진다는 것은 득중(得中)하여 허물이 없기 때문"이라고 했습니다.

九二(구이), 輿說輹(여탈복: 說→벗을 탈).

象曰(상왈): 輿說輹(여탈복), 中无尤也(중무우야).

구삼은 좋은 말로 쫓아가는 것이니 어려워도 곧음을 지키는 것이 이로우며, 날마다 수레를 모는 것과 자기를 지키는 것을 익히면 나아갈 바를 두는 것이 이롭답니다.

「상전(象傳)」에 이르길 "나아갈 바를 두는 것이 이롭다는 것은 윗사람과 뜻을 같이했기 때문"이라고 했습니다.

九三(구삼), 良馬逐(양마축), 利艱貞(이간정). 日閑輿衛(일한여위), 利有攸往(이유유왕).

象曰(상왈): 利有攸往(이유유왕), 上合志也(상합지야).

육사는 어린 송아지에게 빗장을 한 것이니 크게 길하답니다.

「상전(象傳)」에 이르길 "육사가 크게 길하다는 것은 기쁨이 있기 때문"이라고 했습니다.

六四(육사), 童牛之牿(동우지곡), 元吉(원길).

象曰(상왈): 六四元吉(육사원길), 有喜也(유희야).

육오는 돼지의 어금니를 제거하니 길하답니다.

「상전(象傳)」에 이르길 "육오가 길하다는 것은 경사가 있기 때문"이라고 했습니다.

六五(육오), 豶豕之牙(분시지아), 吉(길).

象曰(상왈): 六五之吉(육오지길), 有慶也(유경야).

상구는 하늘의 큰길이니 형통하답니다.

「상전(象傳)」에 이르길 "하늘의 큰길이라는 것은 도가 크게 행해졌기 때문"이라고 했습니다.

上九(상구), 何天之衢(하천지구), 亨(형).

象曰(상왈): 何天之衢(하천지구), 道大行也(도대행야).

| 괘명(卦名) 한자어원풀이 |

큰 大(대) 는 두 팔을 활짝 편 사람의 모습을 담아낸 한자입니다. 사람의 몸짓으로 나타낼 수 있는 가장 커다란 모양이기에, 크다는 의미를 부여했답니다.

쌓을 畜(축) 은 검을 현(玄)과 밭 전(田)으로 구성되었습니다. 玄(현)의 자형상부 亠(두)는 하늘 저 멀리 날아간 새를 뜻하여 시야에서 너무 멀리 떨어져 보일 듯 말듯 작아져(幺) 가물가물하다는 의미를 담고 있는데, 여기서는 소의 코뚜레에 연결된 줄을 의미하는 것으로 보입니다. 田(전)은 경작지를 두둑으로 경계 지은 모양을 그대로 본뜬 상형글자입니다. 대륙의 경작지는 끝없이 펼쳐진 대지(大地)여서 논보다는 밭이 대부분일 뿐만 아니라 산도 없이 구릉으로 이루어져 '사냥터'라는 뜻도 지니게 되었답니다. 이에 따라 쌓을 畜(축)에는 밭이나 사냥터(田)에서 소나 말 등의 목 언저리에 긴 줄(玄)을 묶어 물건 등을 옮겨 싸놓는다는 데서 '쌓다', '비축하다'는 뜻을 지니게 되었답니다. 하지만 畜(축)의 갑골문을 살펴보면, 자형상부의 玄(현)은 단단하게 묶은 줄을 표현한 것이며, 아래의 田(전)은 동물의 위(胃)을 나타내려 한 것이었음을 엿볼 수 있답니다. 즉 물이나 술과 같은 음식물을 담아둘 주머니로서 소와 같은 초식동물의 밥통(胃)만 한 것이 없었습니다. 동물의 위(田)를 잘 손질하고 말린 다음 줄로 묶어(玄) 용기로 활용하였던 것이죠. 특히 초식동물의 위는 많은 양의 풀을 저장할 수 있다는 데서 '쌓다'가 본뜻이었으나 '가축'이라는 의미로 더 쓰이자, 초식동물의 주식인 풀 초(艹)를 더해 '쌓다'라는 뜻을 지닌 蓄(축) 자를 별도로 만들었답니다.

제 27 편

산뢰이괘(山雷頤卦)

현인을 길러 백성에게까지 미치게 해야 한다

䷚

이(頤)괘는 바르면 길하니, 기르는 것과 스스로 먹을 것을 구하는 법을 관찰합니다.

頤(이), 貞吉(정길), 觀頤(관이), 自求口實(자구구실).

「단전(彖傳)」에 이르길 "이괘는 바르면 길하니 바른 것을 기르면 길하답니다. 기르는 것을 관찰한다는 것은 그 길러지는 것을 보는 것이며, 스스로 먹을 것을 구한다는 것은 스스로 길러내는 법을 관찰하는 것이랍니다. 천지가 만물을 기르면 성인은 어진 현인을 길러서 만백성에게 미치게 하니 기르는 때가 큽니다"라고 하였답니다.

彖曰(단왈): 頤(이), 貞吉(정길), 養正則吉也(양정즉길야). 觀頤(관이),

觀其所養也(관기소양야). 自求口實(자구구실), 觀其自養也(관기자양야). 天地養萬物(천지양만물), 聖人養賢以及萬民(성인양현이급만민), 頤之時大矣哉(이지시대의재),

「상전(象傳)」에 이르길 "산 아래에 우레가 있는 것이 이괘이니, 군자가 이를 본받아서 말하기를 조심하며 먹고 마시는 음식을 조절합니다"라고 하였습니다.

象曰(상왈): 山下有雷(산하유뢰), 頤(이), 君子以愼言語(군자이신언어), 節飮食(절음식).

초구는 자신의 신령한 거북이를 버리고 육사인 내가 음식 씹는 것을 바라보고 있으니, 흉하답니다.

「상전(象傳)」에 이르길 "내가 음식 씹는 것을 바라본다는 것은, 귀하게 여기기에는 부족하다"는 겁니다.

初九(초구), 舍爾靈龜(사이령구), 觀我朵頤(관아타이), 凶(흉).

象曰(상왈): 觀我朵頤(관아타이), 亦不足貴也(역부족귀야).

육이는 거꾸로 초구가 길러주길 바라는 것은 이치에 어긋나니, 상구(上九)의 언덕에서 길러주길 바라며 나아가면 흉하답니다.

「상전(象傳)」에 이르길 "육이가 나아가면 흉하다는 것은 행실이 자기 무리를 잃기 때문"이라고 했습니다.

六二(육이), 顚頤(전이), 拂經(불경), 于丘頤(우구이), 征凶(정흉).

象曰(상왈): 六二征凶(육이정흉), 行失類也(행실류야).

육삼은 기름의 바른 도리를 거스르니 흉해져서 십 년간은 활용하지 말아야 하는데, 이로울 것이 없기 때문이랍니다.

「상전(象傳)」에 이르길 "십 년간은 활용하지 말아야 한다는 것은 도가 크게 기준에서 어긋났다"는 겁니다.

六三(육삼), 拂頤(불이), 貞凶(정흉). 十年勿用(십년물용), 无攸利(무유리).

象曰(상왈): 十年勿用(십년물용), 道大悖也(도대패야).

육사는 거꾸로 초구가 길러주기를 바라는 건 길하니, 호랑이가 노려보면서 쫓고 쫓고자 하는 것을 이어간다면 허물은 없답니다.

「상전(象傳)」에 이르길 "거꾸로 길러주기를 바라는 건 길하다는 것은 위에서 베풂이 빛나기 때문"이라고 했습니다.

六四(육사), 顚頤(전이), 吉(길), 虎視眈眈(호시탐탐), 其欲逐逐(기욕축축), 无咎(무구).

象曰(상왈): 顚頤之吉(전이지길), 上施光也(상시광야).

육오는 법도를 거슬러도 바르게 살면 길하긴 하지만, 큰 하천을 건널 수는 없답니다.

「상전(象傳)」에 이르길 "바르게 살면 길하다는 것은 순종함으로써 위를 따르기 때문"이라는 겁니다.

六五(육오), 拂經(불경), 居貞吉(거정길), 不可涉大川(불가섭대천).

象曰(상왈): 居貞之吉(거정지길), 順以從上也(순이종상야).

상구는 자신으로 말미암아 길러지니 위태롭지만 길하니, 큰 하천을 건너는 것이 이롭답니다.

「상전(象傳)」에 이르길 "자신으로 말미암아 길러지니 위태롭지만 길하다는 것은 큰 경사가 있기 때문"이라고 했습니다.

上九(상구), 由頤(유이), 厲吉(려길), 利涉大川(이섭대천).

象曰(상왈): 由頤厲吉(유이려길), 大有慶也(대유경야).

| 괘명(卦名) 한자어원풀이 |

턱 頤(이)는 동물의 턱 모양을 본떠 그려낸 턱 이(𦣞)와 머리 혈(頁)로 이루어졌답니다. 𦣞(이)는 동물 중에서도 사람의 아래턱을 지칭하는 글자랍니다. 사람의 얼굴(머리)을 뜻하는 頁(혈)은 갑골문과 금문에도 사람의 몸과 머리털을 비교적 상세하게 그려내고 있는데, 특히 얼굴이 강조되어 있답니다. 이에 따라 頤(이)는 사람의 머리(頁)에 위치한 턱(𦣞)을 강조해 특히 '아래턱'을 뜻하고 있답니다.

제  편

택풍대과괘(澤風大過卦)

지나치게 무리함은 원망할 데도 없다

대과(大過)괘는 기둥이 구부러지니 나아갈 바를 두는 게 이롭고 형통하답니다.

大過(대과), 棟橈(동요). 利有攸往(이유유왕), 亨(형).

「단전(彖傳)」에 이르길 “대과괘는 큰 것이 지나친 것이며, 기둥이 구부러진다는 것은 본(本)과 말(末)이 약하기 때문이랍니다. 강한 것이 지나쳤으나 가운데 있어 공손하고 기쁘게 행하며, 나아갈 바를 두는 게 이롭고 이에 형통하니 대과괘의 때가 큽니다”라고 하였습니다.

彖曰(단왈): 大過(대과), 大者過也(대자과야). 棟橈(동요), 本末弱也(본말약야). 剛過而中(강과이중), 巽而說行(손이열행), 利有攸往(이유유

왕), 乃亨(내형), 大過之時大矣哉(대과지시대의재).

「상전(象傳)」에 이르길 “연못이 나무를 썩게 하는 것이 대과괘이니, 군자가 이를 본받아 홀로 서 있어도 두려워하지 않으며 세상을 피해 번민하지 않습니다”라고 했습니다.

象曰(상왈): 澤滅木(택멸목), 大過(대과). 君子以獨立不懼(군자이독립불구), 遯世无悶(둔세무민).

초육은 흰 띠 풀을 활용하여 자리를 까니 허물은 없답니다.

「상전(象傳)」에 이르길 “흰 띠 풀을 활용하여 자리를 깐다는 것은 부드러운 것이 아래에 있기 때문”이라고 했습니다.

初六(초육), 藉用白茅(자용백모), 无咎(무구).

象曰(상왈): 藉用白茅(자용백모), 柔在下也(유재하야).

구이는 고목인 버드나무에 싹이 나며 늙은 남자인 구이가 젊은 아내인 초육을 얻으니, 이롭지 않음이 없답니다.

「상전(象傳)」에 이르길 “늙은 남자가 아내를 얻었다는 것은 지나침으로써 서로 더불어 사는 것”이라고 했습니다.

九二(구이), 枯楊生稊(고양생제), 老夫得其女妻(노부득기녀처), 无不利(무불리).

象曰(상왈): 老夫女妻(노부녀처), 過以相與也(과이상여야).

구삼은 기둥이 구부러지니 흉하답니다.

「상전(象傳)」에 이르길 "기둥이 구부러지니 흉하다는 것은 도움이 될 만한 게 있을 리 없기 때문"이라고 했습니다.

九三(구삼), 棟橈(동요), 凶(흉).

象曰(상왈): 棟橈之凶(동요지흉), 不可以有輔也(불가이유보야).

구사는 기둥이 높으니 길하긴 하지만 또 다른 것을 두니 인색하답니다.

「상전(象傳)」에 이르길 "기둥이 높으니 길하다는 것은 아래에서 구부러지지 않기 때문"이라고 했습니다.

九四(구사), 棟隆(동륭), 吉(길), 有它吝(유타린).

象曰(상왈): 棟隆之吉(동륭지길), 不橈乎下也(불요호하야).

구오는 고목인 버드나무가 꽃을 피우며 늙은 아녀자인 상육이 구오인 젊은 장부를 얻으니, 허물은 없으나 명예로움도 없답니다.

「상전(象傳)」에 이르길 "고목인 버드나무에 꽃이 피었다는 것은 이것이 어찌 오래갈 수 있을 것이며, 늙은 아녀자가 젊은 장부를 얻었다는 것은 또한 추한 일"이라고 했습니다.

九五(구오), 枯楊生華(고양생화), 老婦得其士夫(노부득기사부), 无咎无譽(무구무예).

象曰(상왈): 枯楊生華(고양생화), 何可久也(하가구야), 老婦士夫(노부사부), 亦可醜也(역가추야).

상육은 지나치게 물을 건너다 이마까지 빠져버려 흉하나, 허물은 없답니다.

「상전(象傳)」에 이르길 "지나치게 물을 건너는 것이 흉하다고는 하나, 허물이라 할 수는 없습니다"라고 하였답니다.

上六(상육), 過涉滅頂(과섭멸정), 凶(흉), 无咎(무구).

象曰(상왈): 過涉之凶(과섭지흉), 不可咎也(불가구야).

| 괘명(卦名) 한자어원풀이 |

큰 大(대)는 사람이 두 팔다리를 활짝 벌리며 서 있는 모습을 정면에서 바라보아 본뜬 상형글자랍니다. 사람의 다른 모습에 비해 최대한 크게 보이는 형체여서 '크다'는 뜻으로 쓰여 왔답니다.

허물 過(과)는 쉬엄쉬엄 갈 착(辶)과 입 비뚤어질 와(咼)로 이루어져 있습니다. 辶(착)의 본래자형은 辵(착)으로 가다(彳) 서다(止)를 반복하며 쉬엄쉬엄 가다는 뜻을 지닙니다. 辵(착)의 자형 그대로 쓰이는 경우는 드물고 다른 글자와 합하여 새로운 글자로 불어날 때는 辶(착)으로 간략화되어 쓰이죠. 咼(와)는 살 발라낼 뼈 과(冎)와 입 구(口)로 구성되었는데, 冎(과)에 대해 허신은 『설문(說文)』에서 "冎는 사람의 살을 도려내고 뼈만 남겨둠을 뜻하는 상형글자로 머리의 융기된 뼈를 말한다"고 하였답니다. 『열자(列子)』에서는 "염(炎)나라 사람들은 자신의 친척이 죽으면 살을 도려내어 버린다"고 하였습니다. 즉 사체(死體)의 살보다는 뼈를 중시하는 장례풍습으로 아마도 유골(遺骨)이 곧 동기감응(同氣感應)에 따라 후손에게 영향을 미친다고 본 고대 동양 사람들의 사상적 맥락이 반영된 것이죠. 이에 따라 살을 발라낸 앙상한 뼈(冎)만으로 된 입(口)은 비뚤어져 보인다고 해서 '입이 비뚤어지다'의 뜻을 지니게 되었답니다. 따라서 過(과)의 전체적인 의미는 입이 비뚤어진 사람의 입(咼)에서 나온 말은 심성이 곱지 못해 말 역시 잘못되어 나온다(辶)는 데서 '허물'의 뜻을 지니게 되었으며, 또한 그 말이 정도를 넘어선다는 데서 '지나치다'의 뜻도 함유하게 되었습니다.

제 29 편

중수감괘(重水坎卦)

연이은 험난함에는 진실한 마음이 중요하다

䷜

감(坎)괘를 익히는 습감(習坎)은 믿음이 있어서 오직 마음이 형통하니, 실행하면 숭상함이 있답니다.

習坎(습감), 有孚(유부), 維心亨(유심형), 行有尙(행유상).

「단전(彖傳)」에 이르길 "감괘를 익히는 습감은 거듭 험난하다는 의미입니다. 물이 흘러서도 구덩이를 채우지 못하며, 험한 데를 가도 그 믿음을 잃지 않으니, 오직 마음이 형통하다는 것은 곧 강으로써 가운데 있기 때문이며, 실행하면 숭상함이 있다는 것은 나아가면 공이 있다는 겁니다. 하늘의 험함은 오를 수 없는 것이고, 땅의 험한 것은 산천과 구릉이랍니다. 왕이 험한 곳을 설치해서 자기의 나라를 지킨 것은 험난한 때에 쓰인 것이니 참으로 위대합니다"라고 했습니다.

彖曰(단왈): 習坎(습감), 重險也(중험야). 水流而不盈(수류이불영), 行險而不失其信(행험이불실기신). 維心亨(유심형), 乃以剛中也(내이강중야), 行有尙(행유상), 往有功也(왕유공야). 天險不可升也(천험불가승야), 地險山川丘陵也(지험산천구릉야), 王公設險以守其國(왕공설험이수기국), 險之時用大矣哉(험지시용대의재).

「상전(象傳)」에 이르길 "물이 거듭 이르는 것이 습감(習坎)이니, 군자가 이를 본받아서 항상 덕으로 실행하고, 가르치는 일을 익혀야 합니다"라고 했습니다.

象曰(상왈): 水洊至(수천지), 習坎(습감). 君子以常德行(군자이상덕행), 習教事(습교사).

초육은 험난함을 익힌다며 구덩이 속에 들어가니, 흉하답니다.

「상전(象傳)」에 이르길 "험난함을 익힌다며 구덩이에 들어간다는 것은 도를 잃은 것이니 흉합니다"라고 했습니다.

初六(초육), 習坎(습감), 入于坎窞(입우감담), 凶(흉).

象曰(상왈): 習坎入坎(습감입감), 失道凶也(실도흉야).

구이는 구덩이에 험난함이 있으니 구하려 든다면 조금은 얻을 겁니다.

「상전(象傳)」에 이르길 "구하려 들어도 조금은 얻는다는 것은 험한 가운데서 벗어나지 못했기 때문"이라고 했습니다.

九二(구이), 坎(감), 有險(유험), 求小得(구소득).

象曰(상왈): 求小得(구소득), 未出中也(미출중야).

육삼은 오고 가는데 구덩이에 빠지는 것이며, 험한 곳에서 더 큰 구덩이에 들어가는 것이니, 쓰지 말라는 겁니다.

「상전(象傳)」에 이르길 "오고 가는데 구덩이에 빠지는 것은 끝내 공이 없습니다"라고 했습니다.

六三(육삼), 來之坎坎(래지감감), 險且枕(험차침), 入于坎窞(입우감담), 勿用(물용).

象曰(상왈): 來之坎坎(래지감감), 終无功也(종무공야).

육사는 동이에 담긴 술과 대나무로 만든 제기 그릇 두 개를 질그릇 대신 활용하고, 들창문을 통해 간단하게 드리면 끝내 허물은 없답니다.

「상전(象傳)」에 이르길 "동이에 담긴 술과 대그릇 두 개라는 것은 강과 유가 사귀기 때문"이라고 했습니다.

六四(육사), 樽酒(준주), 簋貳(궤이), 用缶(용부), 納約自牖(납약자유), 終无咎(종무구).

象曰(상왈): 樽酒簋貳(준주궤이), 剛柔際也(강유제야).

구오는 구덩이를 가득 채우지 못했으나, 공경하는 마음으로 끝내 평평한 곳에 이른다면 허물은 없답니다.

「상전(象傳)」에 이르길 "구덩이가 가득 차지 않는다는 것은 양효의 가운데 오효가 아직은 크지는 않은 것"을 말하는 겁니다.

九五(구오), 坎不盈(감불영), 祗既平(지기평), 无咎(무구).

象曰(상왈): 坎不盈(감불영), 中未大也(중미대야).

상육은 크고 작은 노끈으로 묶고 가시덩굴에 가둬서 삼 년이 지나도 얻지 못하면 흉하답니다.

「상전(象傳)」에 이르길 "상육이 도를 잃었으니 삼 년간은 흉합니다"라고 했습니다.

上六(상육), 係用徽纆(계용휘묵), 寘于叢棘(치우총극), 三歲不得(삼세부득), 凶(흉).

象曰(상왈): 上六失道(상륙실도), 凶三歲也(흉삼세야).

| 괘명(卦名) 한자어원풀이 |

구덩이 坎(감)은 흙 토(土)와 하품 흠(欠)으로 구성되었습니다. 土(토)는 갑골문에는 흙무더기를 쌓아 놓은 모습이었지만 일부에서는 땅(一)에 초목(十)이 나는 모습을 본뜬 글자라고도 한답니다. 欠(흠)에 대해 허신은 『설문(說文)』에서 "欠은 입을 벌려서 내부의 공기를 내보냄을 뜻한다. 공기가 사람의 위로부터 나가는 모양을 본떴다"라고 하였습니다. 갑골문의 자형은 보다 사실적인데, 사람이 무릎을 꿇고 앉아 입을 벌리고 하품하는 모양 그대로랍니다. 이에 따라 坎(감)은 입을 크게 벌리고 하품(欠)하는 모습처럼 땅(土)이 움푹 패인 '구덩이'를 뜻한답니다. 특히 갑골문의 자형이 역(易) 괘체 중의 하나인 물을 뜻하는 坎(감, ☵)을 세로로 세운 것과 같아 외곽의 陰(음, --)이 가운데 陽(양, —)을 에워싼 모양에 빗대어 설명하기 도 한답니다.

제 30 편

중화리괘(重火離卦)

거듭된 밝음에 매달려 의지하는 것이 좋다

이(離)괘는 곧음이 이롭고 형통하니 암소를 기르는 듯한다면 길하답니다.

離(이), 利貞(이정), 亨(형), 畜牝牛(축빈우), 吉(길).

「단전(彖傳)」에 이르길 "이괘는 매달린다는 뜻이니, 해와 달이 하늘에 매달리고 오곡백과와 풀과 나무가 땅에 매이니, 거듭된 밝음으로써 바른 데에 매달려 천하를 교화하여 이룬답니다. 부드러움인 유가 중정에 매달렸기 때문에 형통하니, 이를 본받아 암소를 기르는 듯하면 길합니다"라고 했습니다.

彖曰(단왈): 離(이), 麗也(려야). 日月麗乎天(일월려호천), 百穀草木麗乎土(백곡초목려호토), 重明以麗乎正(중명이려호정), 乃化成天下(내화성

천하). 柔麗乎中正(유려호중정), 故亨(고형), 是以畜牝牛吉也(시이축빈우길야).

「상전(象傳)」에 이르길 "밝음인 양효 두 개로 괘를 만든 것이 이 괘이니, 대인이 이를 본받아 밝음을 계승하여 사방을 비춥니다"라고 했습니다.

象曰(상왈): 明兩作(명량작), 離(이), 大人以繼明照于四方(대인이계명조우사방).

초구는 조심스럽게 밟으면서 공경하면 허물은 없답니다.

「상전(象傳)」에 이르길 "조심스럽게 밟으면서 공경한다는 것은 허물을 피하라"는 겁니다.

初九(초구), 履錯然(이착연), 敬之(경지), 无咎(무구).

象曰(상왈): 履錯之敬(리착지경), 以辟咎也(이벽구야).

육이는 중정(황은 오방의 가운데에 자리함)함에 매달려 있으니, 크게 길하답니다.

「상전(象傳)」에 이르길 "중정함에 매달려 있으니 크게 길하다는 것은 중도를 얻었다"는 겁니다.

六二(육이), 黃離(황리), 元吉(원길).

象曰(상왈): 黃離元吉(황리원길), 得中道也(득중도야).

구삼은 해가 서녘으로 기울어져 매달린 것이니, 항아리를 두드리지도 않고 노래를 부르면 노인의 탄식이기에 흉하답니다.

「상전(象傳)」에 이르길 "해가 서녘으로 기울어져 매달린 것이니, 어찌 오래갈 수 있겠습니까"라고 했습니다.

九三(구삼), 日昃之離(일측지리), 不鼓缶而歌(불고부이가), 則大耋之嗟(즉대질지차), 凶(흉).

象曰(상왈): 日昃之離(일측지리), 何可久也(하가구야).

구사는 갑자기 와서 육오의 군주를 불태울 듯하니 자신이 죽는 것이고 주변 사람들에게 버림받는답니다.

「상전(象傳)」에 이르길 "갑자기 오는 것은 받아들여지지 않습니다"라고 했습니다.

九四(구사), 突如其來如(돌여기래여), 焚如(분여), 死如(사여), 棄如(기여).

象曰(상왈): 突如其來如(돌여기래여), 无所容也(무소용야).

육오는 눈물이 비오는 듯하며 슬퍼서 탄식하니, 길하답니다.

「상전(象傳)」에 이르길 "육오가 길하다는 것은 왕의 자리에 매달려 있기 때문"이라고 했습니다.

六五(육오), 出涕沱若(출체타약), 戚嗟若(척차약), 吉(길).

象曰(상왈): 六五之吉(육오지길), 離王公也(이왕공야).

상구는 왕이 출정하면 좋은 결과가 있게 되며 우두머리만을 치고 그 무리를 붙잡지 않는다면 허물이 없답니다.

「상전(象傳)」에 이르길 “왕이 출정하는 것은 나라를 바로잡으려는 것”이라고 했습니다.

上九(상구), 王用出征(왕용출정), 有嘉折首(유가절수), 獲匪其醜(획비기추), 无咎(무구).

象曰(상왈): 王用出征(왕용출정), 以正邦也(이정방야).

| 괘명(卦名) 한자어원풀이 |

떠날 離(리, 이)는 산에 사는 신령한 짐승을 뜻하기도 하는 떠날 이(离)와 새 추(隹)로 이루어져 있습니다. 여기서 离(이) 자는 '사로잡다'와 '날짐승'을 뜻하는 금(禽)과 관련 있는데, '날짐승 禽(금)'은 자형상부를 이루는 부수(人+文+凵)와 발자국 유(内)로 구성되어 있죠. 갑골문이나 금문을 보면 긴 자루나무 끝에 그물을 맨 그림이었으며, 한나라의 소전으로 오면서 현재의 자형과 비슷한 유형을 지니게 되었습니다. 그래서 대부분이 자형상부를 今(금)으로 보면서 소리요소로 파악하는데, 필자의 생각은 좀 다르답니다. 문자라는 것은 학문의 발달과 함께 다양한 의미가 추가된다는 점을 간과해서는 안 됩니다. 글자 역시 사유체계의 발달과 함께 사물을 본뜬 상형(象形)의 회화적인 단순함에서 벗어나 보다 세부적인 요소가 가미된 지식을 담게 되기 때문이죠. 禽(금) 자에는 이러한 글자의 발달 과정이 잘 담겨 있습니다. 자형상부를 이루는 부수들을 보면, '人'은 새장의 지붕을, 무늬를 뜻하는 '文'은 아름다운 무늬를 띤 새를, '凵'은 새장을 뜻합니다. 여기에 짐승 발자국을 뜻하는 内(유)를 더해 사람이 아닌 짐승임을 강조했답니다. 따라서 禽(금)의 전체적인 의미는 지붕(人)을 씌워 새(文)가 도망가지 못하도록 새장(凵)에 가두어(内) 두었다는 것이니, 금(禽)은 곧 날짐승을 대표하는 글자로 규정되었답니다. 떠날 離(리)를 살펴보면 이러한 뜻이 보다 명확해지죠. 날짐승을 뜻하는 禽(금) 자의 상부를 이루는 지붕(人)이 없어지게 되어 새(隹)는 새장을 벗어나 멀리 날아가 버린다는 데서 '떠나다', '헤어지다'는 뜻을 지니게 되었답니다.

하경
下經

제 31 편

택산함괘(澤山咸卦)

늘 깨어서 사지육신의 감각을 느껴야 한다

함(咸)괘는 형통하니 곧음이 이로우며, 여자를 취해 결혼하면 길하답니다.

咸(함), 亨(형), 利貞(이정), 取女吉(취녀길).

「단전(彖傳)」에 이르길 "함괘는 느끼는 것이랍니다. 부드러움인 유가 올라가고 강건함인 강이 내려와 두 기운이 감응하여 서로 함께하며 멈춰서 기뻐하고, 남자는 여자보다 낮춰야 합니다. 이 때문에 형통하니 곧음이 이로우며 여자를 취해 결혼하면 길하다고 한 겁니다. 천지가 감응하여 만물이 변화하여 생겨나고, 성인이 사람들의 마음을 느껴서 천하가 화평해진답니다. 그 느끼는 바를 관찰하면 천지만물의 실정을 볼 수 있습니다"라고 하였답니다.

彖曰(단왈): 咸(함), 感也(감야). 柔上而剛下(유상이강하), 二氣感應以相與(이기감응이상여), 止而說(지이열), 男下女(남하녀), 是以亨(시이형), 利貞(이정), 取女吉也(취녀길야). 天地感而萬物化生(천지감이만물화생), 聖人感人心而天下和平(성인감인심이천하화평). 觀其所感(관기소감), 而天地萬物之情可見矣(이천지만물지정가견의).

「상전(象傳)」에 이르길 "산 위에 못이 있는 게 함괘이니, 군자가 이를 본받아서 마음을 비우고 다른 사람들을 받아들여야 합니다" 라고 했답니다.

象曰(상왈): 山上有澤(산상유택), 咸(함), 君子以虛受人(군자이허수인).

초육은 자기의 엄지발가락을 느끼는 겁니다.

「상전(象傳)」에 이르길 "자기의 엄지발가락을 느끼는 것은 뜻이 밖에 있다"고 했습니다.

初六(초육), 咸其拇(함기무).

象曰(상왈): 咸其拇(함기무), 志在外也(지재외야).

육이는 자기의 장딴지를 느끼면 흉하니 가만히 머물러 있으면 길하답니다.

「상전(象傳)」에 이르길 "비록 흉하나 가만히 머물러 있으면 길하다는 것은 이치에 따르면 해롭지는 않기 때문"이라고 했습니다.

六二(육이), 咸其腓(함기비), 凶(흉), 居吉(거길).

象曰(상왈): 雖凶居吉(수흉거길), 順不害也(순불해야).

구삼은 자기의 넓적다리를 느끼는 겁니다. 따르는 이에게 붙잡히면 인색해진답니다.

「상전(象傳)」에 이르길 "자기의 넓적다리를 느낀다는 것은 가만히 머물러 있지 않음이며, 뜻이 다른 사람을 따르는 데 있으니 지키려는 바가 하수"라는 겁니다.

九三(구삼), 咸其股(함기고), 執其隨(집기수), 往吝(왕린).

象曰(상왈): 咸其股(함기고), 亦不處也(역불처야), 志在隨人(지재수인), 所執下也(소집하야).

구사는 바르면 길해서 후회하는 것은 없어집니다. 초육과 자주 왕래해야 친한 벗들이 그대의 생각을 따르게 된답니다.

「상전(象傳)」에 이르길 "바르면 길해서 후회하는 것은 없어진다는 것은 아직은 사사로이 감응하는 해가 없다는 것이며, 자주 왕래해야 한다는 것은 아직은 빛나거나 크지는 않다"는 겁니다.

九四(구사), 貞吉(정길), 悔亡(회망), 憧憧往來(동동왕래), 朋從爾思(붕종이사).

象曰(상왈): 貞吉悔亡(정길회망), 未感害也(미감해야). 憧憧往來(동동왕래), 未光大也(미광대야).

구오는 자기의 등골뼈에 붙은 살인 등심을 느끼는 것이니, 후회는 없답니다.

「상전(象傳)」에 이르길 "자기의 등심을 느끼는 것은 뜻이 말단에 있기 때문"이라고 했습니다.

九五(구오), 咸其脢(함기매), 无悔(무회).

象曰(상왈): 咸其脢(함기매), 志末也(지말야).

상육은 자기의 볼과 뺨과 혀로 느끼는 겁니다.

「상전(象傳)」에 이르길 "자기의 볼과 뺨과 혀로 느끼는 것은 구설수에 오릅니다"라고 했습니다.

上六(상육), 咸其輔頰舌(함기보협설).

象曰(상왈): 咸其輔頰舌(함기보협설), 滕口說也(등구설야).

| 괘명(卦名) 한자어원풀이 |

다 咸(함) 은 개 술(戌)과 사람의 입 모양을 상형한 입 구(口)로 구성되었습니다. 口(구)는 입 모양을 상형한 것으로 다른 자형에 더해지면 '먹고, 말하다'의 뜻으로 쓰일 뿐만 아니라 입을 통해 할 수 있는 행위적 의미를 담게 된답니다. 술(戌)은 긴 나무자루 끝에 날카로운 창과 낫과 같이 또 다른 가지가 달린 무기를 상형한 창 과(戈)와 그 무기를 든 사람 인(人)으로 이루어졌는데, 요즘에는 열한 번째 지지(地支)로 가차되어 쓰이고 있죠. 이에 따라 咸(함)의 의미는 무기(戈)를 든 병사(人)들이 적군을 제압하기 위해 모두 함께 함성(口)을 내지른다 하여 '모두'란 뜻을 지니게 되었답니다. 여기서 咸(함)은 느낄 感(감)의 뜻을 지니고 있답니다.

제 32 편

뇌풍항괘(雷風恒卦)

서로 신뢰하는 부부처럼 오래도록 지속하라

䷟

항(恒)괘는 형통해서 허물이 없고 바르게 하는 게 이로우며, 갈 곳을 두는 게 이롭답니다.

恒(항), 亨(형), 无咎(무구), 利貞(이정), 利有攸往(이유유왕).

「단전(彖傳)」에 이르길 "항괘는 오래도록 지속함이니, 강이 위로 올라가고 유가 아래로 내려오며, 우레와 바람이 서로 함께하며, 공손하게 움직이고, 강과 유가 서로 호응하는 것이 항괘랍니다. 항괘는 형통해서 허물이 없고 바르게 하는 것이 이롭다는 것은 그 도를 오랫동안 실행해 왔다는 겁니다. 천지의 도는 오래 지속되어 그치지 않고, 갈 곳을 두는 게 이롭다는 것은 끝이 있으면 시작이 있기 때문입니다. 해와 달이 하늘을 얻어 오랫동안 비추며, 사시가 변화해서 오랫동안 이루어지고, 성인이 그 도를 오랫동안 지켜 천하가 교화되어 이루어지며, 그 오래 지속됨을 관찰하면 천지만물의 실상을 볼 수 있습니다"라고 했습니다.

彖曰(단왈): 恒(항), 久也(구야). 剛上而柔下(강상이유하), 雷風相與(뇌풍상여), 巽而動(손이동), 剛柔皆應(강유개응), 恒(항). 恒(항), 亨(형), 无咎(무구), 利貞(이정), 久於其道也(구어기도야). 天地之道(천지지도), 恒久而不已也(항구이불이야), 利有攸往(이유유왕), 終則有始也(종즉유시야), 日月得天而能久照(일월득천이능구조), 四時變化而能久成(사시변화이능구성), 聖人久於其道而天下化成(성인구어기도이천하화성), 觀其所恒而天地萬物之情可見矣(관기소항이천지만물지정가견의).

「상전(象傳)」에 이르길 "우레와 바람이 항괘이니, 군자가 이를 본받아서 자신이 서 있는 자리를 바꾸지 않습니다"라고 했습니다.

象曰(상왈): 雷風(뇌풍), 恒(항), 君子以立不易方(군자이립불역방).

초육은 항상 깊이 파고들기 때문에 바르더라도 흉하며, 이로울 것도 없답니다.

「상전(象傳)」에 이르길 "항상 깊이 파고들기 때문에 흉하다는 것은 처음부터 너무 깊이 파고들기 때문"이라고 했습니다.

初六(초육), 浚恒(준항), 貞凶(정흉), 无攸利(무유리).

象曰(상왈): 浚恒之凶(준항지흉), 始求深也(시구심야).

구이는 후회하는 게 없어지는 겁니다.

「상전(象傳)」에 이르길 "구이는 후회하는 게 없어지는 것은 중용의 덕을 오래 지킬 수 있기 때문"이라고 했습니다.

九二(구이), 悔亡(회망).

象曰(상왈): 九二悔亡(구이회망), 能久中也(능구중야).

구삼은 그 덕을 항상 지켜내지 못하기 때문에 간혹 부끄러움이 이어지니, 그런 자신을 고수하면 궁색해진답니다.

「상전(象傳)」에 이르길 "그 덕을 항상 지켜내지 못한다는 것은 받아들여지지 않는다"는 겁니다.

九三(구삼), 不恒其德(불항기덕), 或承之羞(혹승지수), 貞吝(정린).

象曰(상왈): 不恒其德(불항기덕), 无所容也(무소용야).

구사는 사냥터에 새가 없는 겁니다.

「상전(象傳)」에 이르길 "제자리가 아닌데도 오랫동안 머무니 어찌 새를 잡겠습니까"라고 하였답니다.

九四(구사), 田无禽(전무금).

象曰(상왈): 久非其位(구비기위), 安得禽也(안득금야).

육오는 그 덕을 항상 지키면 곧으니, 부인은 길하고 남편은 흉하답니다.

「상전(象傳)」에 이르길 "부인은 곧아서 길하다는 것은 하나만을 따르며 끝마치기 때문이며, 남편은 의로움을 만들어야 하는데도 부인만을 따르기 때문에 흉합니다"라고 했습니다.

六五(육오), 恒其德貞(항기덕정), 婦人吉(부인길), 夫子凶(부자흉).

象曰(상왈): 婦人貞吉(부인정길), 從一而終也(종일이종야), 夫子制義(부자제의), 從婦凶也(종부흉야).

상육은 흔들림이 오래 지속되니, 흉하답니다.

「상전(象傳)」에 이르길 "위에서 오래 지속됨을 떨쳐내 버리니, 크게 공을 이루지 못합니다"라고 했습니다.

上六(상육), 振恒(진항), 凶(흉).

象曰(상왈): 振恒在上(진항재상), 大无功也(대무공야).

| 괘명(卦名) 한자어원풀이 |

항상 恒(항)은 마음 심(忄)과 걸칠 긍(亘)으로 이루어졌습니다. 마음(心)의 또 다른 표현인 忄(심)은 몸의 한가운데에 위치한 심장을 본뜬 것으로 옛사람들은 마음작용을 일으키는 주된 역할을 오장 중 심장이 하는 것으로 보았답니다. 이러한 心(심)은 놓이는 위치에 따라 자형의 좌변에서는 忄(심) 그리고 자형의 하부에서는 心(심)과 忄(심)으로 쓰이고 있는데 마음작용과 관련이 깊답니다. 亘(긍)의 본래 자형은 亙(긍)이었는데, 가운데 달 월(月)이 날 일(日)로 변화되었죠. 자형 아래의 一(일)은 해나 달이 떠오르는 동쪽의 지평선을 뜻하고, 위쪽의 一(일)은 해(日)나 달(月)이 지는 서쪽의 지평선을 의미합니다. 바로 해와 달이 뜨고 지는 일은 천지가 존재하는 한 계속되기 때문에 '늘'이란 뜻을 지니게 되었답니다. 따라서 恒(항)의 전체적인 의미는 해가 뜨고 지는 것처럼 늘(亘) 한결같은 마음(忄)이라는 데서 '늘', '항상'이라는 뜻을 지니게 되었답니다.

제 33 편

천산둔괘(天山遯卦)

물러남에도 때를 맞추는 것이 아름답다

둔(遯)괘는 형통하니 바르게 하는 것이 조금은 이롭답니다.

遯亨(둔형), 小利貞(소리정).

「단전(彖傳)」에 이르길 "둔괘가 형통한 것은 물러남이 형통하다는 겁니다. 강이 제자리에서 호응하는 것이니 때로는 함께 행해야 합니다. 바르게 하는 것이 조금은 이롭다는 것은 점차적으로 길어지기 때문이니, 둔괘의 때와 의의가 매우 큽니다"라고 했습니다.

彖曰(단왈): 遯亨(둔형), 遯而亨也(둔이형야). 剛當位而應(강당위이응), 與時行也(여시행야). 小利貞(소리정), 浸而長也(침이장야). 遯之時義大矣哉(둔지시의대의재).

「상전(象傳)」에 이르길 "하늘 아래 산이 있는 것이 둔괘이니, 군자는 이를 본받아 소인을 멀리하되 미워하지는 않으면서도 엄중하게 해야 합니다"라고 했습니다.

象曰(상왈): 天下有山(천하유산), 遯(둔). 君子以遠小人(군자이원소인), 不惡而嚴(불오이엄).

초육은 물러나는 데에 꼬리가 되어 위태로우니, 갈 곳이 있다 해도 가지 말아야 합니다.

「상전(象傳)」에 이르길 "물러나는 데에 꼬리가 되어 위태롭지만 가지 않는다면 무슨 재앙이 있겠습니까?"라고 했답니다.

初六(초육), 遯尾(둔미), 厲(려). 勿用有攸往(물용유유왕).

象曰(상왈): 遯尾之厲(둔미지려), 不往何災也(불왕하재야)?

육이는 황소의 가죽을 활용하여 잡아두면 벗어나지 못한답니다.

「상전(象傳)」에 이르길 "황소를 잡아둔다는 것은 뜻을 굳게 하는 것"이라고 했습니다.

六二(육이), 執之用黃牛之革(집지용황우지혁), 莫之勝說(막지승탈).

象曰(상왈): 執用黃牛(집용황우), 固志也(고지야).

구삼은 물러나는 데에 매어두는 것은 질병이 있어 위태로우나 신하와 첩을 기르는 데에는 길하답니다.

「상전(象傳)」에 이르길 "물러나는 데에 매어두는 것이 위태로운 것은 질병이 있어 고달프기 때문이며, 신하와 첩을 기르는 데에는 길하다는 것은 큰일을 할 수 없다"는 걸 의미합니다.

九三(구삼), 係遯(계둔), 有疾厲(유질려), 畜臣妾吉(휵신첩길: 기를 휵).

象曰(상왈): 係遯之厲(계둔지려), 有疾憊也(유질비야), 畜臣妾吉(축신첩길), 不可大事也(불가대사야).

구사는 좋아하면서도 물러남이니 군자는 길하고 소인은 그렇지는 않답니다.

「상전(象傳)」에 이르길 "군자는 좋아하면서도 물러날 수 있고, 소인은 그렇게 할 수 없습니다"라고 했습니다.

九四(구사), 好遯(호둔), 君子吉(군자길), 小人否(소인부).

象曰(상왈): 君子好遯(군자호둔), 小人否也(소인비야: 여기서는 막힐 비).

구오는 아름다운 물러남이니, 바르게 해서 길하답니다.

「상전(象傳)」에 이르길 "아름다운 물러남이니 바르게 해서 길하다는 것은 뜻을 바르게 하기 때문"이라고 했습니다.

九五(구오), 嘉遯(가둔), 貞吉(정길).

象曰(상왈): 嘉遯貞吉(가둔정길), 以正志也(이정지야).

상구는 여유 있는 물러남이니, 이롭지 않음이 없답니다.

「상전(象傳)」에 이르길 "여유 있는 물러남이니 이롭지 않음이 없다는 것은 의심할 바가 없다"는 겁니다.

上九(상구), 肥遯(비둔), 无不利(무불리).

象曰(상왈): 肥遯(비둔), 无不利(무불리), 无所疑也(무소의야).

| 괘명(卦名) 한자어원풀이 |

달아날 遯(돈, 둔) 은 쉬엄쉬엄 갈 착(⻍)과 돼지 돈(豚)으로 이루어져 있습니다. ⻍(착)의 본래자형은 辵(착)으로 가다(彳) 서다(止)를 반복하며 쉬엄쉬엄 가다는 뜻을 지닌답니다. 辵(착)이 자형 그대로 쓰이는 경우는 드물고 다른 글자와 합하여 새로운 글자로 불어날 때는 ⻍(착)으로 간략화되어 쓰이게 됩니다. 豚(둔)은 고깃덩이를 뜻하는 月(肉)과 돼지 시(豕)로 구성되었는데, 豕(시)는 돼지의 머리(一)와 등과 발 그리고 꼬리 모양을 그대로 본뜬 상형글자랍니다. 여기서는 산속에 사는 멧돼지를 뜻하며 집에서 '고기'를 목적으로 기른 돼지는 육달월(月=肉)을 더해 豚(둔) 자를 제작하여 구분하였답니다. 이에 따라 달아날 둔(遯)은 사람을 피해 돼지(豚)가 저 멀리 도망친다(⻍)는 데서 '도망치다', '달아나다', '물러나다'는 뜻을 지니게 되었답니다.

제 34 편

뇌천대장괘(雷天大壯卦)

올바름을 굳게 지키는 것이 힘의 원천이다

대장(大壯)괘는 곧음이 이롭답니다.

大壯(대장), 利貞(이정).

「단전(彖傳)」에 이르길 "대장괘는 큰 양효가 씩씩하니 강으로써 움직이기 때문에 씩씩하다고 했습니다. 대장괘는 곧음이 이롭다는 것은 큰 것이 바른 것이니, 바르고 크게 해야 천지의 바른 실정을 볼 수 있습니다"라고 했습니다.

彖曰(단왈): 大壯(대장), 大者壯也(대자장야), 剛以動(강이동), 故壯(고장). 大壯利貞(대장리정), 大者正也(대자정야). 正大而天地之情可見矣(정대이천지지정가견의).

「상전(象傳)」에 이르길 "우레가 하늘 위에 있는 것이 대장괘이니, 군자는 이를 본받아서 예(禮)가 아니면 행하지 않아야 합니다"라고 했습니다.

象曰(상왈): 雷在天上(뇌재천상), 大壯(대장), 君子以非禮弗履(군자이비례불리).

초구는 발꿈치에서부터 장성한 것이니, 나아가면 흉해질 것이 틀림없답니다.

「상전(象傳)」에 이르길 "발꿈치에서부터 장성한 것이라고는 하나 그 믿음이 궁색해집니다"라고 했습니다.

初九(초구), 壯于趾(장우지), 征凶(정흉), 有孚(유부).

象曰(상왈): 壯于趾(장우지), 其孚窮也(기부궁야).

구이는 바르기 때문에 길하답니다.

「상전(象傳)」에 이르길 "구이가 바르기 때문에 길하다는 것은 득중(得中)했기 때문"이라고 했습니다.

九二(구이), 貞吉(정길).

象曰(상왈): 九二貞吉(구이정길), 以中也(이중야).

구삼은 소인은 씩씩함을 활용하고 군자는 그러한 씩씩함도 없는 것을 쓰니, 곧게만 하면 위태롭답니다. 숫양이 울타리를 들이받으니, 그 뿔만 걸린답니다.

「상전(象傳)」에 이르길 "소인은 씩씩함을 활용하고 군자는 그러한 씩씩함도 없는 것을 씁니다"라고 했답니다.

九三(구삼), 小人用壯(소인용장), 君子用罔(군자용망). 貞厲(정려), 羝羊觸藩(저양촉번), 羸其角(리기각).

象曰(상왈): 小人用壯(소인용장), 君子罔也(군자망야).

구사는 바르게 하면 길해서 후회하는 것도 없어지며, 울타리가 열려서 뿔도 걸리지도 아니하니 큰 수레 바퀴통이 견고한 것이랍니다.

「상전(象傳)」에 이르길 "울타리가 열려서 뿔도 걸리지 않는 것은 계속 나아가기 때문"이라고 했습니다.

九四(구사), 貞吉(정길), 悔亡(회망), 藩決不羸(번결불리), 壯于大輿之輹(장우대여지복).

象曰(상왈): 藩決不羸(번결불리), 尙往也(상왕야).

육오는 양을 너무 쉽게 잃어버리면 후회하는 것도 없답니다.

「상전(象傳)」에 이르길 "양을 쉽게 잃어버리는 것은 자리가 마땅하지 않기 때문"이라고 했습니다.

六五(육오), 喪羊于易(상양우역), 无悔(무회).

象曰(상왈): 喪羊于易(상양우역), 位不當也(위부당야).

상육은 숫양이 울타리를 들이받아 물러나지도 못하고 나아가지도 못해서 이로울 것이 없으니, 어렵게 여기면 길하답니다.

「상전(象傳)」에 이르길 "물러나지도 못하고 나아가지도 못한다는 것은 신중하지 못하기 때문이며, 어렵게 여기면 길하다는 것은 허물이 오래가지는 않기 때문"이라고 했습니다.

上六(상육), 羝羊觸藩(저양촉번), 不能退(불능퇴), 不能遂(불능수), 无攸利(무유리), 艱則吉(간즉길).

象曰(상왈): 不能退(불능퇴), 不能遂(불능수), 不詳也(불상야). 艱則吉(간즉길), 咎不長也(구부장야).

| 괘명(卦名) 한자어원풀이 |

큰 大(대) 는 사람이 두 팔다리를 활짝 벌리며 서 있는 모습을 정면에서 바라보아 본뜬 상형글자랍니다. 사람의 다른 모습에 비해 최대한 크게 보이는 형체여서 '크다'는 뜻으로 쓰여 왔답니다.

씩씩할 壯(장) 은 가구를 만들기 위해 통나무를 반으로 쪼갠 모양을 본뜬 나뭇조각 장(爿)과 선비 사(士)로 구성되었습니다. 갑골문에 나타난 士(사)는 도끼의 모양을 본뜬 자형으로 그려져 있답니다. 후대로 내려오면서 인문학적인 의미가 부가된 士(사)는 '하나(一)부터 열(十)까지 모든 것을 알고 있는 지혜로운 사람'을 뜻하기도 하였습니다. 그러나 壯(장)은 권위의 상징이기도 한 쇠로 만든 도끼를 갖추고서 나무로 만든 의자(爿)에 앉아 있는 모양을 뜻해 '씩씩하고 늠름한 모습', 즉 '씩씩한 남자'를 그려내고 있답니다.

제 35 편

화지진괘(火地晉卦)

장성한 후에는 더 큰 무대로 나아가야 한다

䷢

진(晉)괘는, 나라를 편안하게 하는 제후들에게 많은 말(馬)을 하사하고 하루에 세 번씩 접견하는 것입니다.

晉(진), 康侯用錫馬蕃庶(강후용석마번서), 晝日三接(주일삼접).

「단전(彖傳)」에 이르길 "진(晉)은 나아감입니다. 밝은 태양이 땅 위로 솟아나 유순함으로 크게 밝은 데에 매이고, 부드럽게 나아가서 위로 운행한답니다. 이를 본받아 나라를 편안하게 하는 제후들에게 많은 말을 하사하고, 하루에 세 번씩 접견하였습니다"라고 했습니다.

彖曰(단왈): 晉(진), 進也(진야). 明出地上(명출지상), 順而麗乎大明(순이려호대명), 柔進而上行(유진이상행), 是以康侯用錫馬蕃庶(시이강후

용석마번서), 晝日三接也(주일삼접야).

「상전(象傳)」에 이르길 "밝은 태양이 땅 위로 솟아나는 것이 진괘이니, 군자가 이를 본받아 스스로 덕을 밝게 밝힙니다"라고 했습니다.

象曰(상왈): 明出地上(명출지상), 晉(진). 君子以自昭明德(군자이자소명덕).

초육은 나아가고 물러남에 바르게 하면 길하고, 주변에서 믿어주지 않더라도 넉넉하게 하면 허물은 없답니다.

「상전(象傳)」에 이르길 "나아가고 물러남은 홀로 바르게 행하는 것이며, 넉넉하게 하면 허물이 없다는 것은 아직 명을 받지 않았기 때문"이라고 했습니다.

初六(초육), 晉如摧如(진여최여), 貞吉(정길). 罔孚(망부), 裕无咎(유무구).

象曰(상왈): 晉如摧如(진여최여), 獨行正也(독행정야), 裕无咎(유무구), 未受命也(미수명야).

육이는 나아가는 것이 근심스러우나 바르게 하면 길하고, 큰 복을 왕의 어머니인 왕모(육오)에게서 받는답니다.

「상전(象傳)」에 이르길 "큰 복을 받는다는 것은 득중하고 바름인 중정으로써 하기 때문"이라고 했습니다.

六二(육이), 晉如愁如(진여수여), 貞吉(정길). 受茲介福(수자개복), 于

其王母(우기왕모).

象曰(상왈): 受茲介福(수자개복), 以中正也(이중정야).

육삼은 무리가 믿고 따르기 때문에 후회하는 일은 없답니다.

「상전(象傳)」에 이르길 "무리가 믿고 따르는 것은 위로 행하려 하기 때문"이라고 했습니다.

六三(육삼), 衆允(중윤), 悔亡(회망).

象曰(상왈): 衆允之(중윤지), 志上行也(지상행야).

구사는 나아가는 것이 다람쥐와 같으니 바르게 하더라도 위태롭답니다.

「상전(象傳)」에 이르길 "다람쥐와 같으니 바르게 하더라도 위태롭다는 것은 자리가 마땅하지 않기 때문"이라고 했습니다.

九四(구사), 晉如鼫鼠(진여석서), 貞厲(정려).

象曰(상왈): 鼫鼠貞厲(석서정려), 位不當也(위부당야).

육오는 후회는 없으며 잃고 얻음을 걱정할 필요는 없습니다. 나아가면 길해서 이롭지 않음이 없답니다.

「상전(象傳)」에 이르길 "잃고 얻음을 걱정할 필요가 없다는 것은 나아가면 경사가 있기 때문"이라고 했습니다.

六五(육오), 悔亡(회망), 失得勿恤(실득물휼). 往吉(왕길), 无不利(무불리).

象曰(상왈): 失得勿恤(실득물휼), 往有慶也(왕유경야).

상구는 그 뿔을 앞세워 나아가며 오직 읍을 정벌하는 것은 위태로우나 허물은 없답니다. 하지만 이를 바르다고 하면 궁색해집니다.

「상전(象傳)」에 이르길 "오직 읍을 정벌하여야 한다는 것은 도가 아직은 빛나지 않기 때문"이라고 했습니다.

上九(상구), 晉其角(진기각), 維用伐邑(유용벌읍). 厲吉无咎(려길무구), 貞吝(정린).

象曰(상왈): 維用伐邑(유용벌읍), 道未光也(도미광야).

| 괘명(卦名) 한자어원풀이 |

나아갈 晉(진) 은 이를 진(臸)의 간략형과 해 일(日)로 이루어져 있습니다. 臸(진)은 두 개의 이를 지(至)로 구성되었는데, 至(지)는 하늘로 날아갔던 새가 땅으로 내려오는 모습을 담은 상형글자입니다. 새가 하늘로 날아가 잘 보이지 않는 것을 不(불)이라 하여 '-이 아니다'는 부정적인 의미를 부여했고, 그 날아갔던 새가 다시 땅(土)에 이르는 것을 至(지)라 하였답니다. 日(일)에 대해 허신은 『설문(說文)』에서 "日은 가득 차 있음을 말한 것이다. 태양의 정기 및 모양이 이지러지지 않음을 나타낸 것이다. '○'과 一(일)로 구성되었으며 상형글자다"라고 하였답니다. 갑골문에도 보이는데, 태양의 둥근 모양과는 달리 네모지게 그린 것은 거북껍질이나 소의 견갑골 등에 새기려면 아무래도 둥글게 칼을 쓰는 것보다는 결을 따라 네모지게 하는 게 편리하였기 때문일 겁니다. 가운데 一(혹은 점)에 관해서는 흑점 혹은 새발까마귀라며 논란이 많은데, 북두칠성의 제6성인 무곡성(武曲星) 양옆에 위치한 육안으로는 볼 수 없는 보필(輔弼)성을 지목하여 명명한 것을 볼 때 결코 옛사람들의 지혜를 무시할 수 없다는 생각이 듭니다. 따라서 晉(진)의 전체적인 의미는 해(日)가 땅 위로 떠올라 만물에게 이른다(臸)는 데서 '나아가다'는 뜻을 지니게 되었답니다.

제 36 편

지화명이괘(地火明夷卦)

어려움을 알고 올바르게 처신하는 게 이롭다

䷣

명이(明夷)괘는 어려움을 알고 바르게 하면 이롭답니다.

明夷(명이), 利艱貞(이간정).

「단전(彖傳)」에 이르길 "밝은 태양이 땅속으로 들어가는 것이 명이괘랍니다. 안으로는 문명하고 밖으로는 유순함으로 큰 어려움을 견뎌내니, 문왕이 그렇게 했답니다. 어려운 데서 바르게 하는 것이 이롭다는 것은 그 밝음을 감춘다는 겁니다. 안으로 어려운데도 그 뜻을 바르게 할 수 있는 것은 기자조선을 세운 기자(箕子)가 그렇게 했답니다"라고 하였습니다.

彖曰(단왈): 明入地中(명입지중), 明夷(명이). 內文明而外柔順(내문명이외유순), 以蒙大難(이몽대난), 文王以之(문왕이지). 利艱貞(이간정), 晦

其明也(회기명야). 內難而能正其志(내난이능정기지), 箕子以之(기자이지).

「상전(象傳)」에 이르길 "밝은 태양이 땅속으로 들어가는 것이 명이괘랍니다. 군자가 이를 본받아 군중을 대할 때 밝음을 감추고 현명하게 처신합니다"라고 했습니다.

象曰(상왈): 明入地中(명입지중), 明夷(명이). 君子以莅衆(군자이리중), 用晦而明(용회이명).

초구는 밝은 빛인 명이가 날아가면서 그 날개를 드리웁니다. 군자가 길을 가면서도 삼일 동안 먹지도 못하고서, 갈 곳을 앞두고 있는데 주변 사람들이 이런저런 말을 합니다.

「상전(象傳)」에 이르길 "군자가 갈 길을 앞두고서 의리상 먹지 않았습니다"라고 했습니다.

初九(초구), 明夷于飛(명이우비), 垂其翼(수기익), 君子于行(군자우행), 三日不食(삼일불식). 有攸往(유유왕), 主人有言(주인유언).

象曰(상왈): 君子于行(군자우행), 義不食也(의불식야).

육이는 명이에 왼쪽 다리를 다쳤으나, 구원하는 말인 구삼이 건장하면 길하답니다.

「상전(象傳)」에 이르길 "육이가 길하다는 것은 유순함으로써 준칙을 삼기 때문"이라고 했습니다.

六二(육이), 明夷(명이), 夷于左股(이우좌고), 用拯馬壯吉(용증마장길).

象曰(상왈): 六二之吉(육이지길), 順以則也(순이칙야).

구삼은 명이가 남쪽으로 사냥을 나가서 그 우두머리를 붙잡았으나 재빨리 바로잡을 수는 없답니다.

「상전(象傳)」에 이르길 "남쪽으로 사냥을 나갔다는 것은 큰 것을 얻었다"는 겁니다.

九三(구삼), 明夷于南狩(명이우남수), 得其大首(득기대수), 不可疾貞(불가질정).

象曰(상왈): 南狩之志(남수지지), 乃得大也(내득대야).

육사는 좌측 배로 들어가 명이의 마음을 얻고서 문을 나와 뜰에 있답니다.

「상전(象傳)」에 이르길 "좌측 배로 들어간다는 것은 마음과 뜻을 얻는다"는 겁니다.

六四(육사), 入于左腹(입우좌복), 獲明夷之心(획명이지심), 于出門庭(우출문정).

象曰(상왈): 入于左腹(입우좌복), 獲心意也(획심의야).

육오는 기자의 명이이니, 바름이 이롭답니다.

「상전(象傳)」에 이르길 "기자의 바름은 소명되지 않을 수 없습니다"라고 했습니다.

六五(육오), 箕子之明夷(기자지명이), 利貞(이정).

象曰(상왈): 箕子之貞(기자지정), 明不可息也(명불가식야).

상육은 밝지 않은 어두운 그믐밤이니, 처음에는 하늘에 오르고 나중에는 땅속으로 들어간답니다.

「상전(象傳)」에 이르길 "처음에는 하늘에 오른다는 것은 사방의 나라를 비춘다는 것이고, 나중에 땅속으로 들어간다는 것은 법칙을 잃었다"는 겁니다.

上六(상육), 不明晦(불명회), 初登于天(초등우천), 後入于地(후입우지).

象曰(상왈): 初登于天(초등우천), 照四國也(조사국야), 後入于地(후입우지), 失則也(실칙야).

| 괘명(卦名) 한자어원풀이 |

밝을 明(명) 은 창문의 생략형 글자인 일(日)과 달 월(月)로 구성되었답니다. 明(명)에서 자형좌변의 (日)은 태양을 상징하는 게 아니라 본디글자에서는 囧(경)이었죠. 囧(경)은 창문의 모양을 본뜬 것으로 빛이 들어 밝아진다는 뜻을 내포하고 있습니다. 따라서 明(명)은 어둠이 내린 밤에 달빛(月)이 창문(囧)을 통해 집 안을 비추니 '밝다'는 뜻을 지니게 되었답니다.

오랑캐 夷(이) 는 활 궁(弓)과 큰 대(大)로 구성되었답니다. 弓(궁)에 대해 허신은 『설문(說文)』에서 "弓은 도달한다는 뜻이다. 가까운 곳에서 멀리까지 도달하는 것이며, 상형글자다. 옛날에 揮(휘)라는 사람이 활을 만들었다. 『주례(周禮)』에 육궁이 있는데, 왕궁(王弓)과 고궁(孤弓)은 갑옷이나 과녁에 쏘는 데 쓰이고, 협궁(夾弓)과 유궁(庾弓)은 들개가죽으로 만든 과녁이나 날짐승과 들짐승을 쏘는 데 쓰이며, 당궁(唐弓)과 대궁(大弓)은 배우려는 자가 쏘는 활이다"라고 하였습니다. 갑골문의 자형은 활의 모양을 그대로 그린 모양이며, 금문에 와서 활시위를 매지 않은 모양으로 변화하였답니다. 자형 하부의 大(대)는 사람이 두 팔다리를 활짝 벌리며 서 있는 모습을 정면에서 바라보아 본뜬 상형글자입니다. 사람의 다른 모습에 비해 최대한 크게 보이는 형체여서 '크다'는 뜻으로 쓰여 왔으며, 여기서는 '사람'이란 의미로 쓰였답니다. 이에 따라 夷(이)는 늘 활(弓)을 지니고 다니는 사람(大)이라는 뜻과 함께 동방의 종족인 동이족을 뜻하게 되었으며, 중원사람들의 입장에서는 동방의 '오랑캐'라고 지칭하였답니다.

제 37 편

풍화가인괘(風火家人卦)

집안을 다스리는 도리가 올바르면 길하다

가인(家人)괘는 여자가 올바름을 지키는 것이 이롭답니다.

家人(가인), 利女貞(이녀정).

「단전(彖傳)」에 이르길 "가인괘는 여자는 안에서 자리를 바르게 하고, 남자는 밖에서 자리를 바르게 하며, 남녀가 바르게 하는 것이 천지의 큰 의리랍니다. 집안사람 중에는 엄한 군주가 있으니 부모님을 말한 겁니다. 아비는 아비답고, 자식은 자식다우며, 형은 형답고, 아우는 아우다우며, 남편은 남편답고, 아내는 아내다워야 집안의 도가 바르게 됩니다. 집안을 바르게 해야 천하가 안정됩니다"라고 하였답니다.

彖曰(단왈): 家人(가인), 女正位乎內(여정위호내), 男正位乎外(남정위

호외), 男女正(남녀정), 天地之大義也(천지지대의야). 家人有嚴君焉(가인유엄군언), 父母之謂也(부모지위야). 父父(부부), 子子(자자), 兄兄(형형), 弟弟(제제), 夫夫(부부), 婦婦(부부), 而家道正(이가도정). 正家(정가), 而天下定矣(이천하정의).

「상전(象傳)」에 이르길 "바람이 불로부터 나오는 것이 가인괘이니, 군자가 이를 본받아서 말은 실속에 들어맞고 행실은 일관성이 있어야 합니다"라고 하였습니다.

象曰(상왈): 風自火出(풍자화출), 家人(가인), 君子以言有物(군자이언유물), 而行有恒(이행유항).

초구는 집안에 일정한 법도가 있으면 후회하는 것도 없어진답니다.

「상전(象傳)」에 이르길 "집안에 법도가 있다는 것은 뜻이 아직은 변하지 않았다"는 겁니다.

初九(초구), 閑有家(한유가), 悔亡(회망).

象曰(상왈): 閑有家(한유가), 志未變也(지미변야).

육이는 무언가를 이루려는 바가 없으니 여자가 밥 짓는 일을 도맡아하면 바르고 길하답니다.

「상전(象傳)」에 이르길 "육이가 길하다는 것은 유순함으로써 공손하기 때문"이라고 했습니다.

六二(육이), 无攸遂(무유수), 在中饋(재중궤), 貞吉(정길).

象曰(상왈): 六二之吉(육이지길), 順以巽也(순이손야).

구삼은 집안의 시어머니격인 가인이 엄격하니 사납게 대한 게 후회되긴 하나 길하며, 아녀자들이 엄함도 없이 희희낙락하다 보면 끝내는 궁색해진답니다.

「상전(象傳)」에 이르길 "가인이 엄격하다는 것은 아직 집안의 위계를 잃지 않았다는 것이며, 아녀자들이 희희낙락하다는 것은 집안의 절도를 잃었다는 것"을 의미합니다.

九三(구삼), 家人嗃嗃(가인학학), 悔厲吉(회려길), 婦子嘻嘻(부자희희), 終吝(종린).

象曰(상왈): 家人嗃嗃(가인학학), 未失也(미실야), 婦子嘻嘻(부자희희), 失家節也(실가절야).

육사는 집안을 부유하게 하니 크게 길하답니다.

「상전(象傳)」에 이르길 "집안이 부유하여 크게 길한 것은 유순함으로 제자리를 지키기 때문"이라고 했습니다.

六四(육사), 富家(부가), 大吉(대길).

象曰(상왈): 富家大吉(부가대길), 順在位也(순재위야).

구오는 왕이 지극한 마음으로 집안에 머물면 근심하지 않아도 길하답니다.

「상전(象傳)」에 이르길 "왕이 지극한 마음으로 집안에 머무는 것은 가족들과 어울리면서 서로를 사랑해 주기 때문"이라고 했습니다.

九五(구오), 王假有家(왕가유가), 勿恤(물휼), 吉(길).

象曰(상왈): 王假有家(왕가유가), 交相愛也(교상애야).

상구는 믿음을 가지고 위엄 있게 하면 끝내는 길하답니다. 「상전(象傳)」에 이르길 "위엄 있게 하면 길하다는 것은 몸소 자신을 되돌아보는 반성을 말하는 겁니다"라고 하였답니다.

上九(상구), 有孚(유부), 威如(위여), 終吉(종길).

象曰(상왈): 威如之吉(위여지길), 反身之謂也(반신지위야).

| 괘명(卦名) 한자어원풀이 |

집 家(가)는 집 면(宀)과 돼지 시(豕)로 구성되어 있는데, 한집안을 의미합니다. 宀(면)은 지붕과 양 벽면을 본뜬 것으로 사람이 사는 집을 뜻합니다. 보통 맞배지붕처럼 대칭구조로 이루어진 지붕형태를 취한 집을 의미한답니다. 한문으로 당내(堂內)라고도 하는 '한집안'이란 보통 8촌 이내의 같은 성씨(姓氏)를 가진 사람들을 말합니다. 家(가) 자가 만들어질 당시에는 돼지는 귀한 존재였습니다. 그래서 한집안의 제사를 모신 집(宀)에서는 돼지(豕)를 길러 결혼이나 초상과 같은 대사(大事)를 치를 경우 제물로 활용하는 한편 손님을 위한 음식용으로 대접했었죠.

사람 人(인)은 서서 손을 내민 채 몸을 약간 구부리고 있는 사람의 옆모습을 본뜬 상형글자입니다. 다른 자형에 더해지며 좌변에 놓일 때는 亻(인) 모양으로 그리고 하변에 놓일 때는 儿(인)으로 변형

된답니다. 『설문(說文)』에서는 "人은 하늘과 땅 사이의 생명 중에 가장 고귀한 것이다. 이 글자는 주문(籒文)으로 팔과 다리의 모양을 본뜬 것이다"라고 하였답니다.

제 38 편

화택규괘(火澤睽卦)

분열과 어긋남에도 집안의 도는 지켜야 한다

䷥

규(睽)괘는 작은 일을 하는 것이 길하답니다.

睽(규), 小事吉(소사길).

「단전(彖傳)」에 이르길 "규괘는 불이 움직여 타오르며 연못의 물이 움직여서 아래로 흘러내리니, 두 여자가 함께 살면서도 그 뜻을 함께 실행하지 못한답니다. 기뻐서 밝은 데에 매이고 부드럽게 나아가 위로 실행하며, 중도를 얻는 득중하여 강에 호응하기 때문에 작은 일을 하는 것이 길하답니다. 하늘과 땅이 어긋났어도 그 일은 같으며, 남녀가 어긋났어도 그 뜻은 통하고, 만물이 어긋나 있는 것 같아도 그 일은 결국엔 같으니, 규괘의 때와 쓰임이 큽니다"라고 했습니다.

彖曰(단왈): 睽(규), 火動而上(화동이상), 澤動而下(택동이하), 二女同居(이녀동거), 其志不同行(기지부동행). 說而麗乎明(열이려호명), 柔進而上行(유진이상행), 得中而應乎剛(득중이응호강), 是以小事吉(시이소사길). 天地睽而其事同也(천지규이기사동야), 男女睽而其志通也(남녀규이기지통야), 萬物睽而其事類也(만물규이기사류야), 睽之時用大矣哉(규지시용대의재).

「상전(象傳)」에 이르길 "위에는 불이 있고, 아래에는 연못이 있는 것이 규괘이니, 군자가 이를 본받아 같으면서도 다르게 해야 합니다"라고 했습니다.

象曰(상왈): 上火下澤(상화하택), 睽(규), 君子以同而異(군자이동이이).

초구는 후회하는 일이 없으며, 말(馬)을 잃게 되면 쫓지 않아도 스스로 돌아온답니다. 나쁜 악인을 보더라도 허물은 없답니다.

「상전(象傳)」에 이르길 "악인을 본다는 것은 허물을 피한다는 것"을 의미합니다.

初九(초구), 悔亡(회망), 喪馬勿逐(상마물축), 自復(자복). 見惡人(견악인), 无咎(무구).

象曰(상왈): 見惡人(견악인), 以辟咎也(이벽구야).

구이는 주인을 거리에서 만나더라도 허물은 없답니다.

「상전(象傳)」에 이르길 "주인을 거리에서 만난다는 것은 아직은 도를 잃지는 않았다는 것"을 의미합니다.

九二(구이), 遇主于巷(우주우항), 无咎(무구).

象曰(상왈): 遇主于巷(우주우항), 未失道也(미실도야).

육삼은 수레는 끌려가고 소는 당기니, 그것을 본 사람이 머리가 깎이고 코가 베이는 형벌을 보게 되니, 처음은 없으나 끝마침은 있답니다.

「상전(象傳)」에 이르길 "수레가 끌려가는 것은 자리가 마땅치 않다는 것이며, 처음은 없으나 끝마침은 있다는 것은 강(剛)을 만나기 때문"이라고 했습니다.

六三(육삼), 見輿曳(견여예), 其牛掣(기우체), 其人天且劓(기인천차의), 无初有終(무초유종).

象曰(상왈): 見輿曳(견여예), 位不當也(위부당야), 无初有終(무초유종), 遇剛也(우강야).

구사는 어긋나는 때라 외로워서 훌륭한 남편을 만나 믿음을 가지고 사귀니, 위태로우나 허물은 없답니다.

「상전(象傳)」에 이르길 "믿음을 가지고 사귀니, 위태로우나 허물이 없다는 것은 뜻대로 실행할 수 있다"는 겁니다.

九四(구사), 睽孤(규고), 遇元夫(우원부), 交孚(교부), 厲无咎(려무구).

象曰(상왈): 交孚无咎(교부무구), 志行也(지행야).

육오는 후회하는 일이 없어지니, 그 종친들이 살갗을 깨문다 한들 나아가는 데 무슨 허물이 있겠습니까!

「상전(象傳)」에 이르길 "그 종친들이 살갗을 깨문다는 것은 나아가면 경사가 있다"는 겁니다.

六五(육오), 悔亡(회망), 厥宗噬膚(궐종서부), 往何咎(왕하구)!

象曰(상왈): 厥宗噬膚(궐종서부), 往有慶也(왕유경야).

상구는 어긋나는 때라 외롭고 돼지가 진흙을 뒤집어쓴 것과 귀신을 실은 한 대의 수레를 보게 됩니다. 먼저 활시위를 당겼다가 나중에는 활시위를 풀어놓으니, 도적이 아님을 알고서 결혼을 하자고 하는 거랍니다. 육삼에게 가서 음과 양이 만나듯 비를 만나면 길하답니다.

「상전(象傳)」에 이르길 "비를 만나면 길하다는 것은 여러 의심들이 사라지기 때문"이라고 했습니다.

上九(상구), 睽孤(규고), 見豕負塗(견시부도), 載鬼一車(재귀일거), 先張之弧(선장지호), 後說之弧(후탈지호, 說→벗을 탈), 匪寇婚媾(비구혼구). 往(왕), 遇雨則吉(우우즉길).

象曰(상왈): 遇雨之吉(우우지길), 群疑亡也(군의망야).

| 괘명(卦名) 한자어원풀이 |

사팔눈 睽(규)는 눈 목(目)과 북방 계(癸)로 이루어졌습니다. 目(목)은 상형글자로 사람 눈의 모양을 본떠 만든 글자랍니다. 처음에는 보통 눈과 같이 가로로 길게(罒) 썼는데, 후대로 내려오면서 현재와 같은 세로의 긴 자형(目)으로 변형되었답니다. 癸(계)에 대해 『설문(說文)』에서는 "癸는 겨울철에 물과 땅이 고르게 되어 재어서 헤아릴 수 있다는 뜻입니다. 물이 사방에서 땅속으로 스며드는 모양을 본떴답니다. 癸(계)는 壬(임) 다음에 오는데, 사람의 발을 상징합니다"라고 하였습니다. 갑골문의 자형은 끝이 날카로운 'X' 모양으로 그려져 있어 '무기'의 상형으로 본답니다. 식물의 순환에서 본다면 뿌려진 알곡의 배아가 싹을 틔울 수 있도록 나머지 부분이 영양분으로 희생된다고 볼 수 있죠. 이에 따라 매서운 북방겨울(癸)의 바람을 맞다 보니 눈(目) 모양이 일그러져 '사팔눈'이나 '사시'와 같은 뜻을 지니게 되었습니다.

제 39 편

수산건괘(水山蹇卦)

어려움과 고난이 닥쳐도 도와줄 벗이 있다

䷦

건(蹇)괘는 서남쪽은 이로우나 동북쪽은 이롭지 아니하며, 대인을 만나는 것이 이로우니 바르면 길하답니다.

蹇(건), 利西南(이서남), 不利東北(불리동북), 利見大人(이견대인), 貞吉(정길).

「단전(彖傳)」에 이르길 "건괘는 어려움이니 험난함이 눈앞에 있는 겁니다. 험난함을 보고서 그칠 수 있다면 지혜로운 거랍니다. 건괘는 서남쪽이 이로운 것은 나아가서 가운데를 얻는 득중하기 때문이고, 동북쪽은 이롭지 않다는 것은 그 도가 궁색해지기 때문입니다. 대인을 만나는 것이 이롭다는 것은 나아가면 공로가 있다는 것이고, 제자리에서 바르게 함이 길하다는 것은 이로써 나라를 바르게 하는 것이니, 건괘의 때나 쓰임이 큽니다"라고 했습니다.

彖曰(단왈): 蹇(건), 難也(난야), 險在前也(험재전야). 見險而能止(견험이능지), 知矣哉(지의재). 蹇(건), 利西南(이서남), 往得中也(왕득중야), 不利東北(불리동북), 其道窮也(기도궁야). 利見大人(이견대인), 往有功也(왕유공야), 當位貞吉(당위정길), 以正邦也(이정방야). 蹇之時用大矣哉(건지시용대의재).

「상전(象傳)」에 이르길 "산 위에 물이 있는 것이 건괘이니, 군자가 이를 본받아 자신을 반성하며 덕을 닦아야 합니다"라고 했습니다.

象曰(상왈): 山上有水(산상유수), 蹇(건), 君子以反身脩德(군자이반신수덕).

초육은 가면 어렵고 오면 명예롭답니다.

「상전(象傳)」에 이르길 "가면 어렵고 오면 명예롭다는 것은 마땅히 기다려야 한다"는 의미랍니다.

初六(초육), 往蹇(왕건), 來譽(래예).

象曰(상왈): 往蹇來譽(왕건래예), 宜待也(의대야).

육이는 왕과 신하는 어렵고 어려운 사이인데, 개인적인 연고 때문만은 아니랍니다.

「상전(象傳)」에 이르길 "왕과 신하가 어렵고 어려운 사이라지만 끝내 허물은 없습니다"라고 했습니다.

六二(육이), 王臣蹇蹇(왕신건건), 匪躬之故(비궁지고).

象曰(상왈): 王臣蹇蹇(왕신건건), 終无尤也(종무우야).

구삼은 가면 어렵지만 돌아오면 그 반대랍니다.

「상전(象傳)」에 이르길 "가면 어렵지만 돌아오면 그 반대라는 것은 내심으론 기쁘다"는 것을 의미합니다.

九三(구삼), 往蹇(왕건), 來反(래반).

象曰(상왈): 往蹇來反(왕건래반), 內喜之也(내희지야).

육사는 가면 어렵고 오면 이어진답니다.

「상전(象傳)」에 이르길 "가면 어렵고 오면 이어진다는 것은 건실한 자리가 마땅하기 때문"이라고 했습니다.

六四(육사), 往蹇(왕건), 來連(래연).

象曰(상왈): 往蹇來連(왕건래연), 當位實也(당위실야).

구오는 크게 어려운데 도와줄 벗이 온답니다.

「상전(象傳)」에 이르길 "크게 어려운데 벗이 온다는 것은 중용으로써 절제하기 때문"이라고 했습니다.

九五(구오), 大蹇(대건), 朋來(붕래).

象曰(상왈): 大蹇朋來(대건붕래), 以中節也(이중절야).

상육은 가면 어렵고 오면 크게 되니 길하고, 대인을 만나는 것이 이롭답니다.

「상전(象傳)」에 이르길 "가면 어렵고 오면 크게 된다는 것은 뜻이 안에 있다는 것이며, 대인을 만나는 것이 이롭다는 것은 존귀함을 추구하기 때문"이라고 했습니다.

上六(상육), 往蹇(왕건), 來碩(래석), 吉(길), 利見大人(이견대인).

象曰(상왈): 往蹇來碩(왕건래석), 志在內也(지재내야), 利見大人(이견대인), 以從貴也(이종귀야).

| 괘명(卦名) 한자어원풀이 |

절뚝발이 蹇(건)은 찰 한(寒)과 발 족(足)으로 이루어졌습니다. 寒(한)은 집 면(宀)과 짤 구(冓)의 생략형 그리고 얼음 빙(冫)으로 이루어져 있답니다. 나무를 이용해 기둥과 벽면을 만들고(冓) 지붕(宀)을 얹어 집을 갖추었지만 집 안에 얼음(冫)이 얼어붙을 만큼 춥다는 의미를 그려내고 있습니다. 足(족)은 허벅지와 종아리, 즉 다리를 나타낸 '口' 모양과 왼발을 뜻하는 止(지)로 이루어진 상형글자랍니다. 止(지)의 갑골문을 보면 자형우측의 옆으로 뻗는 모양(-)은 앞으로 향한 엄지발가락이며, 중앙의 세로(丨)와 좌측의 작은 세로(丨)는 각각 발등과 나머지 발가락을, 자형하부의 가로(一)는 발뒤꿈치를 나타내며 앞으로 향한 좌측 발의 모습을 그려내고 있답니다. 이에 따라 蹇(건)에는 얼음이 꽁꽁 언 겨울철 추운 날씨(寒)에는 노면이 미끄러워 발(足)로 걷는 게 정상적일 수 없다는 데서 '절뚝발이', '굼뜨다'는 뜻을 지니게 되었답니다.

제 40 편

뇌수해괘(雷水解卦)

어렵고 험한 시기도 때가 되면 풀린다

䷧

해(解)괘는 서남쪽이 이로우나 갈 곳이 없으니 돌아와 회복하는 것이 길하며, 갈 곳이 있다면 서둘러 하는 게 이롭답니다.

解(해), 利西南(이서남), 无所往(무소왕), 其來復吉(기래복길), 有攸往(유유왕), 夙吉(숙길).

「단전(彖傳)」에 이르길 "해괘는 험난하게 움직이지만 그러한 움직임으로 인해 험난함을 면하기도 하는 게 해괘랍니다. 해괘는 서남쪽이 이로운데 가면 무리를 얻으며, 돌아와 회복하는 것이 길하다는 것은 중도를 얻는다는 것이고, 갈 곳이 있다면 서둘러 하는 게 이롭다는 것은 가면 공로가 있다는 것입니다. 천지가 풀려서 우레가 치고 비가 내려 오곡백과와 초목이 다 함께 껍질이 터지며 싹이 나오니, 해괘의 때가 참으로 큽니다"라고 하였답니다.

彖曰(단왈): 解(해), 險以動(험이동), 動而免乎險(동이면호험), 解(해). 解(해), 利西南(이서남), 往得衆也(왕득중야). 其來復吉(기래복길), 乃得中也(내득중야). 有攸往夙吉(유유왕숙길), 往有功也(왕유공야). 天地解而雷雨作(천지해이뢰우작), 雷雨作而百果草木皆甲坼(뇌우작이백과초목개갑탁), 解之時大矣哉(해지시대의재).

「상전(象傳)」에 이르길 "우레가 치고 비가 내리는 것이 해괘이니, 군자가 이를 본받아서 허물을 덮어주고 죄를 용서해야 합니다"라고 했습니다.

象曰(상왈): 雷雨作(뇌우작), 解(해). 君子以赦過宥罪(군자이사과유죄).

초육은 허물이 없답니다.

「상전(象傳)」에 이르길 "강과 유가 만난다는 것은 의리상 허물이 없다"는 겁니다.

初六(초육), 无咎(무구).

象曰(상왈): 剛柔之際(강유지제), 義无咎也(의무구야).

구이는 사냥터에서 세 마리의 여우를 잡고 황금 화살까지 얻게 되니, 바르면서도 길하답니다.

「상전(象傳)」에 이르길 "구이가 바르면서도 길하다는 것은 중도를 얻었기 때문"이라고 했습니다.

九二(구이), 田獲三狐(전획삼호), 得黃矢(득황시), 貞吉(정길).

象曰(상왈): 九二貞吉(구이정길), 得中道也(득중도야).

육삼은 등에 지고도 수레에 올라타고 있는 겁니다. 이는 도적을 불러들이는 것이니, 바르더라도 궁색하답니다.

「상전(象傳)」에 이르길 "등에 지고도 수레에 올라탔다는 것은 추한 일이며, 자신 때문에 도적을 불러들였는데 또 누구를 탓하겠는가?"라고 하였습니다.

六三(육삼), 負且乘(부차승), 致寇至(치구지), 貞吝(정린).

象曰(상왈): 負且乘(부차승), 亦可醜也(역가추야), 自我致戎(자아치융), 又誰咎也(우수구야).

구사는 엄지발가락의 긴장을 풀면 벗들이 이르러 진실로 사귀게 된답니다.

「상전(象傳)」에 이르길 "엄지발가락의 긴장을 푼다는 것은 아직은 자리가 마땅치 않기 때문"이라고 했습니다.

九四(구사), 解而拇(해이무), 朋至斯孚(붕지사부).

象曰(상왈): 解而拇(해이무), 未當位也(미당위야).

육오는 군자만이 오직 풀 수 있어 길하고, 소인에게도 믿음이 있게 된답니다.

「상전(象傳)」에 이르길 "군자가 긴장을 풀면 소인이 물러갑니다"라고 했습니다.

六五(육오), 君子維有解(군자유유해), 吉(길), 有孚于小人(유부우소인).

象曰(상왈): 君子有解(군자유해), 小人退也(소인퇴야).

상육은 뛰어난 공(公)이 높은 담장 위에 앉아 있는 매를 쏘아 잡으니, 이롭지 않음이 없답니다.

「상전(象傳)」에 이르길 "공이 매를 쏘는 것은 패악스러운 일을 풀어내는 것"이라고 했습니다.

上六(상육), 公用射隼于高墉之上(공용사준우고용지상), 獲之(획지), 无不利(무불리).

象曰(상왈): 公用射隼(공용사준), 以解悖也(이해패야).

| 괘명(卦名) 한자어원풀이 |

풀 解(해) 는 동물의 머리에 난 뿔을 상형한 뿔 각(角)과 칼 도(刀) 그리고 소 우(牛)로 이루어졌습니다. 갑골문과 금문을 살펴보면 칼(刀)이 아니라 두 손(廾)으로 그려져 있답니다. 즉 소(牛)를 잡을 때는 두 손(廾)으로 단숨에 쇠뿔(角)을 뽑아버림을 그려낸 것이었죠. 그러다 소전에 이르러 두 손(廾) 대신 칼(刀)로 바뀌었답니다. 따라서 解(해)의 전체적인 의미는 소(牛)를 식용으로 할 때는 날카로운 칼(刀)로 두 뿔(角) 사이를 쳐 절명시킨 뒤 부위별로 해체한다는 데서 '가르다', '해부하다'는 뜻뿐만 아니라 '깨닫다', '통달하다'는 뜻으로까지 그 의미가 확장되었답니다.

제 41 편

산택손괘(山澤損卦)

덜어내고 비움이 곧 수신(修身)이다

䷨

손(損)괘는 믿음을 가지면 크게 길하고, 허물도 없이 바르게 될 수 있으니 나아가는 것이 이롭답니다. 어디에 활용할까 했더니, 두 개의 대그릇만으로도 제사를 받들 수 있답니다.

損(손), 有孚(유부), 元吉(원길), 无咎可貞(무구가정), 利有攸往(이유유왕). 曷之用(갈지용), 二簋可用享(이궤가용향).

「단전(彖傳)」에 이르길 "손괘는 아래를 덜어 위에 더하여 그 도가 위로 운행되는 것이니, 덜어내는 데 믿음을 갖게 되면 크게 길하고 허물도 없이 바르게 될 수 있으니 나아가는 것이 이롭답니다. 어디에 활용할까 했더니, 두 개의 대그릇을 제사지내는 데 사용할 수 있다는 것은 두 개의 대그릇으로 제사를 지내는 데에도 응당 때가 있으며, 강을 덜어 유에 더함에도 때가 있으니, 덜고 더하고 채우고 비우는 것도 때에 맞게 더불어 두루 실행해야 합니다"라고 했습니다.

彖曰(단왈): 損(손), 損下益上(손하익상), 其道上行(기도상행), 損而有孚(손이유부), 元吉(원길), 无咎(무구), 可貞(가정), 利有攸往(이유유왕), 曷之用(갈지용), 二簋可用享(이궤가용향), 二簋應有時(이궤응유시), 損剛益柔有時(손강익유유시), 損益盈虛(손익영허), 與時偕行(여시해행).

「상전(象傳)」에 이르길 "산 아래 못이 있는 게 손괘이니, 군자는 이를 본받아 분노를 억제하고 욕심을 멈추어야 합니다"라고 했습니다.

象曰(상왈): 山下有澤(산하유택), 損(손), 君子以懲忿窒欲(군자이징분질욕).

초구는 일을 마쳤다면 빨리 떠나가야 허물이 없으며, 헤아려서 덜어내야 한답니다.

「상전(象傳)」에 이르길 "일을 마쳤다면 빨리 떠나가야 한다는 것은 항상 뜻을 합하기 때문"이라고 했습니다.

初九(초구), 已事遄往(이사천왕), 无咎(무구), 酌損之(작손지).

象曰(상왈): 已事遄往(이사천왕), 尙合志也(상합지야).

구이는 바르게 하는 것이 이롭고 나아가면 흉하니, 덜지 않고 더해야 한답니다.

「상전(象傳)」에 이르길 "구이는 바르게 하는 것이 이롭다는 것은 중용으로써 뜻을 삼았기 때문"이라고 했습니다.

九二(구이), 利貞(이정), 征凶(정흉). 弗損(불손), 益之(익지).

象曰(상왈): 九二利貞(구이리정), 中以為志也(중이위지야).

육삼은 세 사람이 길을 갈 때에는 한 사람을 덜어내고, 한 사람이 길을 가게 되면 그 벗을 얻는답니다.

「상전(象傳)」에 이르길 "한 사람이 길을 간다는 것은 셋이면 곧 서로 의심하기 때문"이라고 했습니다.

六三(육삼), 三人行(삼인행), 則損一人(즉손일인), 一人行(일인행), 則得其友(즉득기우).

象曰(상왈): 一人行(일인행), 三則疑也(삼즉의야).

육사는 그 질병을 덜어내되 빨리하게 하면 기쁨이 있으면서 허물은 없답니다.

「상전(象傳)」에 이르길 "그 질병을 덜어낸다는 것은 역시 기쁠 수가 있다"고 했습니다.

六四(육사), 損其疾(손기질), 使遄有喜(사천유희), 无咎(무구).

象曰(상왈): 損其疾(손기질), 亦可喜也(역가희야).

육오는 혹 더하게 되면 열 명의 벗이 도와주니, 거북점도 이를 어기지 못하리니, 크게 길할 겁니다.

「상전(象傳)」에 이르길 "육오가 크게 길하다는 것은 위로부터 도움을 받기 때문"이라고 했습니다.

六五(육오), 或益之十朋之龜(혹익지십붕지구), 弗克違(불극위), 元吉(원길).

象曰(상왈): 六五元吉(육오원길), 自上祐也(자상우야).

상구는 덜어내지 않고 더해 주면 허물이 없으며, 바르고 길하여 나아가면 이로우니 신하를 얻는 데에 집안사람은 쓰지 않는답니다. 「상전(象傳)」에 이르길 "덜어내지 않고 더해 준다는 것은 크게 뜻을 얻는다"는 뜻입니다.

上九(상구), 弗損(불손), 益之(익지), 无咎(무구), 貞吉(정길), 利有攸往(이유유왕), 得臣无家(득신무가).

象曰(상왈): 弗損益之(불손익지), 大得志也(대득지야).

| 괘명(卦名) 한자어원풀이 |

덜 損(손) 은 다섯 손가락의 모양을 그대로 본떠 만든 상형글자 手(수)의 약자인 수(扌)와 수효 원(員)으로 이루어졌습니다. 員(원)은 입 구(口)와 조개 패(貝)로 구성된 것처럼 현재자형을 이루고 있지만, 갑골문이나 금문을 보면 口(구)는 둥근 원(○)으로 그려져 있고 貝(패)는 세 발 달린 솥을 본뜬 鼎(정)으로 표현되어 있습니다. 현재자형은 한나라의 소전에 와서야 간략히 정리된 것이랍니다. 본뜻은 솥 상부의 둥근 모양에서 뜻을 취해 '둥글다'는 의미였지만, 솥(鼎)에 밥을 지어 먹일 사람의 입(口)이라는 뜻으로도 해석하며 '인원', 즉 '수효'라는 의미로 쓰이자 다시금 둥근 원이라는 뜻을 보다 명확히 하고자 사방을 둥글게 에워싼다는 의미의 위(口)를 더해 따로 '둥글다'는 뜻을 지닌 圓(원)을 제작하였답니다. 따라서 損(손)의 전체적인 의미는 손(扌)으로 솥(員=鼎)에서 지은 음식물을 퍼낸다는 데서 '덜다', '줄다', '잃다'는 뜻을 부여했답니다.

제 42 편

풍뢰익괘(風雷益卦)

보태주고 채워주니 길하면서도 허물이 없다

䷩

익(益)괘는 나아갈 곳이 있는 게 이로우며, 큰 하천을 건너는 것이 이롭답니다.

益(익), 利有攸往(이유유왕), 利涉大川(이섭대천).

「단전(彖傳)」에 이르길 "익괘는 위를 덜어 아래에 더함이니 백성의 기쁨이 끝이 없으며, 위에서 아래로 내려오니 그 도가 크게 빛난답니다. 나아갈 곳이 있는 것이 이롭다는 것은 중정하여 경사로운 일이 있다는 것이며, 큰 하천을 건너는 게 이롭다는 것은 나무의 도가 이에 행해졌다는 겁니다. 익괘는 움직이는 데 겸손하니, 날로 나아감이 한계가 없으며, 하늘은 베풀고 땅은 낳아서 그 유익함에 한계가 없으니, 익괘의 도는 때에 맞게 실행됩니다"라고 했습니다.

彖曰(단왈): 益(익), 損上益下(손상익하), 民說无疆(민열무강), 自上下下(자상하하), 其道大光(기도대광). 利有攸往(이유유왕), 中正有慶(중정유경), 利涉大川(이섭대천), 木道乃行(목도내행). 益動而巽(익동이손), 日進无疆(일진무강), 天施地生(천시지생), 其益无方(기익무방), 凡益之道(범익지도), 與時偕行(여시해행).

「상전(象傳)」에 이르길 "바람과 우레로 그려진 게 익괘입니다. 군자가 이를 본받아 착한 것을 보면 따라하고 허물이 있으면 고쳐나가야 합니다"라고 했습니다.

象曰(상왈): 風雷(풍뢰), 益(익), 君子以見善則遷(군자이견선즉천), 有過則改(유과즉개).

초구는 용도를 크게 짓는 것이 이로우니, 크게 길해야 허물이 없답니다.

「상전(象傳)」에 이르길 "크게 길해야 허물이 없다는 것은 아랫사람이 일을 튼실하게 못하기 때문"이라고 했습니다.

初九(초구), 利用為大作(이용위대작), 元吉(원길), 无咎(무구).

象曰(상왈): 元吉(원길), 无咎(무구), 下不厚事也(하불후사야).

육이는 혹 더해 나가면 열 명의 벗이 도와주고, 거북점도 이를 어기지 못하며, 계속해서 바르게 하면 길하니 왕도 상제에게 제사를 올리면 길하답니다.

「상전(象傳)」에 이르길 "혹 더해 나간다는 것은 밖으로부터 온 것이라"고 했습니다.

六二(육이), 或益之十朋之龜(혹익지십붕지구), 弗克違(불극위), 永貞吉(영정길). 王用享于帝(왕용향우제), 吉(길).

象曰(상왈): 或益之(혹익지), 自外來也(자외래야).

육삼은 더해 주는 일을 흉한 일에 써도 허물은 없으나, 믿음을 가지고서 중도를 실행해야만 공후에게 보고할 때 신표인 규를 사용할 수 있답니다.

「상전(象傳)」에 이르길 "더해 주는 일을 흉한 일에 쓰는 것은 굳은 믿음이 있기 때문"이라고 했습니다.

六三(육삼), 益之用凶事(익지용흉사), 无咎(무구). 有孚中行(유부중행), 告公用圭(고공용규).

象曰(상왈): 益用凶事(익용흉사), 固有之也(고유지야).

육사는 중도로 실행하여야 공후에게 보고하더라도 따르니, 이를 의지하여 나라를 옮기는 것이 이롭답니다.

「상전(象傳)」에 이르길 "공후에게 보고하여 따르게 한다는 것은 세상을 유익하게 하려는 뜻"이라고 했습니다.

六四(육사), 中行(중행), 告公從(고공종), 利用為依遷國(이용위의천국).

象曰(상왈): 告公從(고공종), 以益志也(이익지야).

구오는 믿음을 갖고서 은혜로운 마음으로 하면 묻지 않아도 크게 길하리니, 백성들이 믿음을 갖고서 내가 베푸는 덕을 은혜롭게 여긴답니다.

「상전(象傳)」에 이르길 "믿음을 갖고서 은혜로운 마음으로 하면 물을 것도 없으며, 백성들이 나의 덕을 은혜롭게 여긴다는 것은 크게 뜻을 얻은 것"이라고 했습니다.

九五(구오), 有孚惠心(유부혜심), 勿問元吉(물문원길). 有孚惠我德(유부혜아덕).

象曰(상왈): 有孚惠心(유부혜심), 勿問之矣(물문지의), 惠我德(혜아덕), 大得志也(대득지야).

상구는 더해 주는 것도 없으며, 혹 누가 공격할까 봐 마음가짐이 일정하지도 못하니 흉하답니다.

「상전(象傳)」에 이르길 "더해 주는 것도 없다는 것은 말이 한쪽으로 치우쳤다는 것이며, 혹 누가 공격할까 봐 우려하는 것은 외부로부터 오는 것"이라고 했습니다.

上九(상구), 莫益之(막익지), 或擊之(혹격지), 立心勿恒(입심물항), 凶(흉).

象曰(상왈): 莫益之(막익지), 偏辭也(편사야), 或擊之(혹격지), 自外來也(자외래야).

| 괘명(卦名) 한자어원풀이 |

더할 益(익, 넘칠 일)은 물 수(水)와 그릇 명(皿)으로 구성되었습니다.

여기서 水(수)는 옆으로 뉘여 있는 모양인데, 물이 넘치는 모습을 표현한 것이죠. 皿(명)은 음식을 담을 수 있는 넓은 그릇을 본뜬 상형글자랍니다. 본디 제기용 그릇이었지만 일반적인 '그릇'의 대표명사가 되었죠. 따라서 益(익)의 전체적인 의미는 찰랑찰랑한 그릇(皿)에 물(水)을 더하면 넘치는 모양을 회화적으로 표현하여 '더하다', '이롭다', '넘치다' 등의 뜻을 지니게 되었답니다.

제 43 편

택천쾌괘(澤天夬卦)

때로는 과감한 결단이 필요하다

쾌(夬)괘는 왕의 조정에서 드날리는 것이니, 미더운 호소마저 위태로움이 있답니다. 읍으로부터 보고가 있을지라도 군사에 합류하는 것은 이롭지 않으며, 달리 나아갈 곳이 있는 게 이롭답니다.

夬(쾌), 揚于王庭(양우왕정), 孚號有厲(부호유려). 告自邑(고자읍), 不利卽戎(불리즉융), 利有攸往(이유유왕).

「단전(彖傳)」에 이르길 "쾌괘는 결단하는 것이랍니다. 강건함인 강이 부드러움인 유를 결단하는 것으로 굳세서 기뻐하고, 결단하면서도 화합한답니다. 왕의 조정에서 드날린다는 것은 부드러움인 음효가 강건한 다섯 개의 양효를 올라타는 것이며, 미더운 호소마저도 위태롭다는 것은 그 위태로움이 이에 빛을 발한다는 것이고,

읍으로부터 보고가 있을지라도 군사에 합류하는 것이 이롭지 않다는 것은 숭상받는 것이 도리어 곤궁해질 수 있다는 것이며, 나아갈 곳이 있다는 게 이롭다는 것은 강의 자라남이 마침내 완성되는 것입니다"라고 했습니다.

象曰(단왈): 夬(쾌), 決也(결야), 剛決柔也(강결유야). 健而說(건이열), 決而和(결이화). 揚于王庭(양우왕정), 柔乘五剛也(유승오강야), 孚號有厲(부호유려), 其危乃光也(기위내광야), 告自邑(고자읍), 不利卽戎(불리즉융), 所尙乃窮也(소상내궁야), 利有攸往(이유유왕), 剛長乃終也(강장내종야).

「상전(象傳)」에 이르길 "연못이 하늘 위에 있는 것이 쾌괘랍니다. 군자가 이를 본받아 녹을 베풂이 아래에까지 미치게 하고, 덕을 유지하면서 금지하는 것을 법령으로 정해 두어야 합니다"라고 했습니다.

象曰(상왈): 澤上於天(택상어천), 夬(쾌). 君子以施祿及下(군자이시록급하), 居德則忌(거덕칙기).

초구는 앞발에 힘을 주고 나아가는 것이니, 이기지도 못하면 허물이 된답니다.

「상전(象傳)」에 이르길 "이기지도 못하는 데 나아가니 허물이 된다"라고 했습니다.

初九(초구), 壯于前趾(장우전지), 往不勝為咎(왕불승위구).

象曰(상왈): 不勝而往(불승이왕), 咎也(구야).

구이는 두려움에 부르짖는 것이니, 해 저문 밤에 적군이 있을지라도 걱정할 것이 없습니다.

「상전(象傳)」에 이르길 "적군이 있을지라도 걱정할 것이 없다는 것은 중용의 도인 중도를 얻었기 때문"이라고 했습니다.

九二(구이), 惕號(척호), 莫夜有戎(막야유융), 勿恤(물휼).

象曰(상왈): 有戎勿恤(유융물휼), 得中道也(득중도야).

구삼은 얼굴 광대뼈가 도드라져 흉함이 있답니다. 군자는 결단할 것을 결단 짓고 홀로 가다 비를 만나 옷이 젖어 성낼지라도 허물은 없답니다.

「상전(象傳)」에 이르길 "군자가 결단할 것을 결단 짓는다 해도 끝내 허물은 없다"고 했습니다.

九三(구삼), 壯于頄(장우규), 有凶(유흉). 君子夬夬(군자쾌쾌), 獨行(독행), 遇雨若濡(우우약유). 有慍(유온), 无咎(무구).

象曰(상왈): 君子夬夬(군자쾌쾌), 終无咎也(종무구야).

구사는 궁둥이에 살이 없어 나아가기를 머뭇거리니, 양을 끌고 가면 후회는 없겠지만 말을 듣더라도 믿지를 않을 겁니다.

「상전(象傳)」에 이르길 "나아가기를 머뭇거린다는 것은 자리가 마땅치 않다는 것이며, 말을 들어도 믿지 않는다는 것은 귀가 밝지 못하기 때문"이라고 했습니다.

九四(구사), 臀无膚(둔무부), 其行次且(기행차차), 牽羊悔亡(견양회망), 聞言不信(문언불신).

象曰(상왈): 其行次且(기행차차), 位不當也(위부당야), 聞言不信(문언불신), 聽不明也(총불명야).

구오는 부드러운 쇠비름처럼 결단할 것을 결단하고 중도를 실행하면 허물은 없답니다.

「상전(象傳)」에 이르길 "중도를 실행하면 허물은 없다는 것은, 가운데인 중이 아직은 빛을 발하지 못하고 있기 때문"이라고 했습니다.

九五(구오), 莧陸夬夬(현륙쾌쾌), 中行无咎(중행무구).

象曰(상왈): 中行无咎(중행무구), 中未光也(중미광야).

상육은 호소할 데가 없으니 끝내는 흉함이 있습니다.

「상전(象傳)」에 이르길 "호소할 데가 없어 흉하다는 것은 끝내 오래갈 수 없다"는 것입니다.

上六(상육), 无號(무호), 終有凶(종유흉).

象曰(상왈): 无號之凶(무호지흉), 終不可長也(종불가장야).

| 괘명(卦名) 한자어원풀이 |

터놓을 夬(쾌)는 활시위를 당기기 위한 깍지를 손가락에 낀 모양을 본뜬 상형글자이기도 하지만, 물이 새지 못하도록 둑으로 쌓은 연못이나 논둑(央)을 손으로 한쪽 면을 터놓아(夬) 고였던 물(氵)이 흐르도록 한다는 의미를 담아서 '터질 決(결)'이 제작되었듯 막혀 있던 것이 확 트인다는 뜻이 담겨 있답니다.

제 44 편

천풍구괘(天風姤卦)

우연한 만남에도 냉정한 판단이 필요하다

구(姤)괘는 여자가 힘이 세져 씩씩하니, 그 여자에게 장가들지 말아야 한답니다.

姤(구), 女壯(여장), 勿用取女(물용취녀).

「단전(彖傳)」에 이르길 "구괘는 만남이니, 부드러움이 강건함을 만난다는 겁니다. 여자를 취하여 장가들지 말라는 것은 더불어 오래할 수 없기 때문입니다. 천지가 서로 만나니 다양한 사물들이 드러나게 되며, 강이 중정을 만나게 되어 천하에 크게 행해지니, 구괘의 때와 의의가 큽니다"라고 했습니다.

彖曰(단왈): 姤(구), 遇也(우야), 柔遇剛也(유우강야). 勿用取女(물용취녀), 不可與長也(불가여장야). 天地相遇(천지상우), 品物咸章也(품물함

장야), 剛遇中正(강우중정), 天下大行也(천하대행야), 姤之時義大矣哉(구지시의대의재).

「상전(象傳)」에 이르길 "하늘 아래 바람이 있는 것이 구괘이니, 왕이 명을 내려 사방에 알린다"고 했습니다.

象曰(상왈): 天下有風(천하유풍), 姤(구), 后以施命誥四方(후이시명고사방).

초육은 쇠말뚝에 매어 놓으면 바르게 되어 길하답니다. 나아갈 곳이 있으면 흉한 일을 당하게 되고, 힘없는 돼지가 날뛰고 싶은 마음이 가득합니다.

「상전(象傳)」에 이르길 "쇠말뚝에 매어 놓는 것은 부드러운 도인 유로써 이끌어야 하기 때문"이라고 했습니다.

初六(초육), 繫于金柅(계우금니), 貞吉(정길). 有攸往(유유왕), 見凶(견흉). 羸豕孚蹢躅(리시부척촉).

象曰(상왈), 繫于金柅(계우금니), 柔道牽也(유도견야).

구이는 꾸러미에 초육인 물고기가 들어오면 허물은 없으나, 구삼과 구사인 손님에겐 이롭지는 않답니다.

「상전(象傳)」에 이르길 "꾸러미에 물고기가 들어온다는 것은 손님에게까지는 줄 수 있는 게 없는 것입니다"라고 했습니다.

九二(구이), 包有魚(포유어), 无咎(무구), 不利賓(불리빈).

象曰(상왈): 包有魚(포유어), 義不及賓也(의불급빈야).

구삼은 엉덩이에 살이 없어 그 행동을 머뭇거리니, 위태롭지만 큰 허물은 없답니다.

「상전(象傳)」에 이르길 "그 행동에 머뭇거림이 있다는 것은 행동을 아직은 서두르지 않는다"는 것입니다.

九三(구삼), 臀无膚(둔무부), 其行次且(기행차차), 厲(려), 无大咎(무대구).

象曰(상왈): 其行次且(기행차차), 行未牽也(행미견야).

구사는 꾸러미에 물고기가 없으니, 흉함이 일어난다는 겁니다.

「상전(象傳)」에 이르길 "물고기가 없어 흉함이 일어나는 것은 백성을 멀리 하기 때문"이라고 했습니다.

九四(구사), 包无魚(포무어), 起凶(기흉).

象曰(상왈): 无魚之凶(무어지흉), 遠民也(원민야).

구오는 구기자로 오이를 감싸 아름다움을 머금었으니, 하늘로부터 내리는 복이 있답니다.

「상전(象傳)」에 이르길 "구오가 아름다움을 머금었다는 것은 득중하여 바르기 때문이며, 하늘로부터 내리는 복이 있다는 것은 뜻이 명을 버리지 않기 때문"이라고 했습니다.

九五(구오), 以杞包瓜(이기포과), 含章(함장), 有隕自天(유운자천).

象曰(상왈): 九五含章(구오함장), 中正也(중정야), 有隕自天(유운자천), 志不舍命也(지불사명야).

상구는 그 뿔과의 만남이라 인색하긴 해도 허물은 없답니다.

「상전(象傳)」에 이르길 "그 뿔을 만났다는 것은 위가 곤궁하여 인색하다"는 겁니다.

上九(상구), 姤其角(구기각), 吝(린), 无咎(무구).

象曰(상왈): 姤其角(구기각), 上窮吝也(상궁린야).

| 괘명(卦名) 한자어원풀이 |

만날 姤(구)는 여자 여(女)와 임금 후(后)로 이루어졌습니다. 女(여)는 무릎을 꿇고서 두 손을 모아 신에게 기도하는 사람을 그려낸 상형글자입니다. 모계사회 때 만들어진 글자로 당시에는 남자보다는 여자가 중심이 되어 제사를 주도하게 되었는데, 이후 부계사회로 넘어오면서 여자를 지칭하는 대명사로 남게 되었답니다. 후(后)는 갑골문에 새겨진 모양은 임산부가 아이를 낳는 모습이었는데, 금문에서는 자형이 지금처럼 간략화되었답니다. 아이를 낳는 여자가 으뜸이라는 뜻에서 왕을 비롯한 '최고'를 의미했으나 황후(皇后)처럼 임금의 부인이라는 뜻으로 한정되었답니다. 이에 따라 姤(구)는 최고의 권력자인 임금(后)과 여인(女)이 함께했다는 데서 '만나다', '우아하다'는 뜻을 지니게 되었답니다.

제 45 편

택지췌괘(澤地萃卦)

사람들이 모여드니 진실함이 관건이다

䷬

췌(萃, 일반적으로 '취'라고 하지만 이 책에서는 '모을 췌'로 함)괘는 형통합니다. 왕이 잠시 종묘에 머무니 구오인 대인을 만나는 것이 이롭고 형통하며, 바르게 함이 이롭답니다. 큰 희생물을 쓰는 게 길하고, 나아갈 바를 두는 게 이롭답니다.

萃(췌), 亨(형). 王假有廟(왕가유묘), 利見大人(이견대인), 亨(형), 利貞(이정). 用大牲吉(용대생길), 利有攸往(이유유왕).

「단전(彖傳)」에 이르길 "췌괘는 모이는 것이니, 따르면서 기뻐하고 강이 가운데서 호응하기 때문에 모인다고 한답니다. 왕이 잠시 종묘에 머문다는 것은 효성을 다하여 제사를 올리는 것이며, 대인을 만나는 것이 이롭고 형통하다는 것은 바름으로써 모이는 것이고, 큰 희생물을 쓰는 게 길하며 나아갈 바를 두는 게 이롭다는 것은 천명에 따른다는 겁니다. 그 모이는 것을 잘 관찰하면 천지만물의 실정을 볼 수가 있습니다"라고 하였습니다.

彖曰(단왈): 萃(췌), 聚也(취야). 順以說(순이열), 剛中而應(강중이응), 故聚也(고취야). 王假有廟(왕가유묘), 致孝享也(치효향야). 利見大人(이견대인), 亨(형), 聚以正也(취이정야). 用大牲(용대생), 吉(길), 利有攸往(이유유왕), 順天命也(순천명야). 觀其所聚(관기소취), 而天地萬物之情可見矣(이천지만물지정가견의).

「상전(象傳)」에 이르길 "연못이 하늘 위에 있는 것이 췌괘이니, 군자가 이를 본받아 병장기를 잘 손질하여 예기치 못한 사태에 대비해야 합니다"라고 했습니다.

象曰(상왈): 澤上於地(택상어지), 萃(췌), 君子以除戎器(군자이제융기), 戒不虞(계불우).

초육은 정응(正應) 관계인 구사에 대한 믿음은 있으나 끝까지 유지하지 못하면 혼란스럽거나 모여들어 호소하는 듯하답니다. 한 줌의 웃음꺼리가 되더라도 걱정할 것은 없으며, 그래도 나아가면 허물은 없답니다.

「상전(象傳)」에 이르길 "혼란스럽거나 모여든다는 것은 그 뜻이 혼란스럽기 때문"이라고 했습니다.

初六(초육), 有孚不終(유부불종), 乃亂乃萃(내란내췌), 若號(약호). 一握為笑(일악위소), 勿恤(물휼), 往无咎(왕무구).

象曰(상왈): 乃亂乃萃(내란내췌), 其志亂也(기지란야).

육이는 구오와 서로 끌어당기면 길하고 허물이 없을 것이니, 믿음을 갖고서 간략하게나마 제사를 올리는 것이 이롭답니다.

「상전(象傳)」에 이르길 "끌어당기면 길하고 허물이 없다는 것은 가운데인 중이 변하지 않기 때문"이라고 했습니다.

六二(육이), 引吉(인길), 无咎(무구), 孚乃利用禴(부내리용약).

象曰(상왈): 引吉无咎(인길무구), 中未變也(중미변야).

육삼은 모여들어 탄식을 해대니 이로울 것은 없으며, 나아가면 허물은 없지만 조금은 궁색해진답니다.

「상전(象傳)」에 이르길 "나아가면 허물이 없다는 것은 윗자리가 공손하기 때문"이라고 했습니다.

六三(육삼), 萃如嗟如(췌여차여), 无攸利(무유리), 往无咎(왕무구), 小吝(소린).

象曰(상왈): 往无咎(왕무구), 上巽也(상손야).

구사는 치우침 없이 두루 행해서 길하게 되어야만 허물이 없답니다.

「상전(象傳)」에 이르길 "치우침 없이 두루 행해서 길하게 되어야만 허물이 없다는 것은 자리가 마땅치 않기 때문"이라고 했습니다.

九四(구사), 大吉(대길), 无咎(무구).

象曰(상왈): 大吉无咎(대길무구), 位不當也(위부당야).

구오는 백성들의 마음이 모여서 그 지위에 있게 되니 허물은 없으나 믿지 않는 자가 있더라도 큰 덕을 오랫동안 바르게 한다면 후회는 없답니다.

「상전(象傳)」에 이르길 "백성들의 마음이 모여서 그 지위에 있게 되더라도 믿지 않는 자가 있는 것은, 뜻이 아직은 빛나지 않기 때문"이라고 했습니다.

九五(구오), 萃有位(췌유위), 无咎(무구), 匪孚(비부), 元永貞(원영정), 悔亡(회망).

象曰(상왈): 萃有位(췌유위), 志未光也(지미광야).

상육은 탄식하고 눈물, 콧물을 흘리지만 허물은 없답니다.

「상전(象傳)」에 이르길 "탄식하고 눈물, 콧물을 흘린다는 것은, 아직 윗자리가 편안하지는 않기 때문"이라고 했습니다.

上六(상육), 齎咨涕洟(재자체이), 无咎(무구).

象曰(상왈): 齎咨涕洟(재자체이), 未安上也(미안상야).

| 괘명(卦名) 한자어원풀이 |

모을 萃(췌)는 풀 초(艹)와 군사 졸(卒)로 이루어졌습니다. 艹(초)는 풀 艸(초)의 간략형으로 무성하게 돋아난 풀을 뜻하는데, 두 개의 싹날 屮(철)로 구성되었습니다. 艹(초)가 다른 자형에 더해지면 초목과 관련한 뜻을 지니게 된답니다. 卒(졸)은 옷 의(衣)의 변형과 열 십(十)으로 구성되었는데, 여러 사람(十)이 동일한 복장(衣)을 한 군사, 곧 병졸을 뜻한답니다. 계급이 낮은 병졸은 최전방에서 적과

직접 대치하다 쉽게 죽기 때문에 '죽다', '끝마치다'는 뜻도 지니게 되었죠. 이에 따라 萃(췌)는 무성한 풀(艹)처럼 떼 지어 모인 병졸(卒)이라는 데서 '모이다', '무리'를 뜻하게 되었답니다.

제 46 편

지풍승괘(地風升卦)

차츰차츰 내실을 쌓으면 위로 오르게 된다

䷭

승(升)괘는 크게 형통하답니다. 구이가 육오의 대인을 만나보면 걱정하지 말고, 남쪽으로 가면 길하답니다.

升(승), 元亨(원형). 用見大人(용견대인), 勿恤(물휼). 南征吉(남정길).

「단전(彖傳)」에 이르길 "부드러움인 유가 때에 맞게 위로 올라가 공손하게 따르고 강이 득중하여 호응하기 때문에 크게 형통하고, 대인을 만나보면 걱정하지 말라는 것은 경사스런 일이 있다는 것이며, 남쪽으로 가면 길하다는 것은 뜻이 실행되는 것입니다"라고 했습니다.

彖曰(단왈): 柔以時升(유이시승), 巽而順(손이순), 剛中而應(강중이응), 是以大亨(시이대형), 用見大人(용견대인), 勿恤(물휼), 有慶也(유경

야), 南征吉(남정길), 志行也(지행야).

「상전(象傳)」에 이르길 "땅 가운데서 나무를 자라게 하는 것이 승괘랍니다. 군자가 이를 본받아서 덕을 따름으로써 작은 것부터 쌓아 높고 크게 합니다"라고 했습니다.

象曰(상왈): 地中生木(지중생목), 升(승). 君子以順德(군자이순덕), 積小以高大(적소이고대).

초육은 구이를 믿고 오르는 것이니, 크게 길하답니다.

「상전(象傳)」에 이르길 "믿고 오르는 것이니, 크게 길하다는 것은 윗자리와 뜻을 통했다"는 겁니다.

初六(초육), 允升(윤승), 大吉(대길).

象曰(상왈): 允升大吉(윤승대길), 上合志也(상합지야).

구이는 진실한 믿음을 가지고 간략한 제사를 지냄이 이로우니, 허물은 없답니다.

「상전(象傳)」에 이르길 "구이는 진실한 믿음이니 기쁨이 있습니다"라고 했습니다.

九二(육이), 孚乃利用禴(부내리용약), 无咎(무구).

象曰(상왈): 九二之孚(구이지부), 有喜也(유희야).

구삼은 텅 빈 고을에 오르는 겁니다.

「상전(象傳)」에 이르길 "텅 빈 고을에 오르는 것은 의심할 것이 없습니다"라고 했습니다.

九三(구삼), 升虛邑(승허읍).

象曰(상왈): 升虛邑(승허읍), 无所疑也(무소의야).

육사는 왕(문왕)이 기산에서 제사를 지내면 길하고 허물이 없습니다.

「상전(象傳)」에 이르길 "왕이 기산에서 제사를 지낸다는 것은 일이 순조롭게 풀리게 하기 때문"이라고 했습니다.

六四(육사), 王用亨于岐山(왕용형우기산), 吉(길), 无咎(무구).

象曰(상왈): 王用亨于岐山(왕용형우기산), 順事也(순사야).

육오는 바르게 해서 길하니, 섬돌을 딛고 오르게 됩니다.

「상전(象傳)」에 이르길 "바르게 해서 섬돌을 딛고 오른다는 것은 크게 뜻을 얻는 겁니다"라고 했습니다.

六五(육오), 貞吉(정길), 升階(승계).

象曰(상왈): 貞吉升階(정길승계), 大得志也(대득지야).

상육은 어두워도 오름이니, 쉬지 않고 정도(正道)로써 바르게 함이 이롭답니다.

「상전(象傳)」에 이르길 "어두워도 올라가 위에 있으니, 소멸되어 부유해지지는 못합니다"라고 했습니다.

上六(상육), 冥升(명승), 利于不息之貞(이우불식지정).

象曰(상왈): 冥升在上(명승재상), 消不富也(소불부야).

| 괘명(卦名) 한자어원풀이 |

되 升(승) 은 국자 모양으로 생긴 작은 구기(勺)로 열 번(十)을 퍼 올려 담으면 한 되(升)가 됨을 나타낸 글자랍니다. 또한 열 되(升)는 한 말(斗)이 되고 열 말(斗)은 한 가마니가 된답니다. 그래서 '되'라는 뜻뿐만 아니라 구기(勺)로 열 번(十)을 퍼 올린다는 데서 '오르다', '번성하다'는 뜻으로도 확장되었습니다.

제 47 편

택수곤괘(澤水困卦)

계속해서 올라가다 보면 곤경에 빠지게 된다

䷮

곤(困)괘는 형통하며 바르고 대인이라야만 길하면서 허물이 없으니, 말이 많으면 믿지 않게 됩니다.

困(곤), 亨(형), 貞(정), 大人吉(대인길), 无咎(무구). 有言不信(유언불신).

「단전(彖傳)」에 이르길 "곤괘는 강(剛)이 유(柔)에 가려져 험난하되 기뻐하며, 곤궁해도 그 형통한 것을 잃지 않으니, 오직 군자만이 그리할 수 있답니다. 바른 대인이라야만 길하다는 것은 강건함으로써 득중했다는 것이며, 말이 많으면 믿지 않게 된다는 것은 입을 앞세우면 궁색해지기 때문입니다"라고 했습니다.

彖曰(단왈): 困(곤), 剛揜也(강엄야). 險以說(험이열), 困而不失其所

亨(곤이불실기소형), 其唯君子乎(기유군자호). 貞大人吉(정대인길), 以剛中也(이강중야), 有言不信(유언불신), 尙口乃窮也(상구내궁야).

「상전(象傳)」에 이르길 "연못에 물이 없는 것이 곤괘이니, 군자는 이를 본받아 목숨을 다하여 뜻을 이루어야 합니다"라고 했습니다.

象曰(상왈): 澤无水(택무수), 困(곤). 君子以致命遂志(군자이치명수지).

초육은 밑둥만 있는 나무에 앉아 있어 곤궁한 것이며, 어두운 골짜기에 들어가 은둔하니, 3년 동안 그 모습을 볼 수가 없답니다.

「상전(象傳)」에 이르길 "어두운 골짜기에 들어간다는 것은 어둑해서 밝지 않다"는 겁니다.

初六(초육), 臀困于株木(둔곤우주목), 入于幽谷(입우유곡), 三歲不覿(삼세부적).

象曰(상왈): 入于幽谷(입우유곡), 幽不明也(유불명야).

구이는 마시고 먹는데 곤궁하나 임금인 주불(붉은 관인官印의 끈이 있는 붉은 옷. 그 옷에 아亞 자 모양을 새긴 천자의 조복朝服을 말함)이 곧 찾아오리니, 제사를 올리는 것이 이로우며 나아가면 흉하나 허물은 없답니다.

「상전(象傳)」에 이르길 "마시고 먹는데 곤궁하지만 득중하였기에 경사스러운 일이 있게 됩니다"라고 했습니다.

九二(구이), 困于酒食(곤우주식), 朱紱方來(주불방래), 利用享祀(이용

향사), 征凶(정흉), 无咎(무구).

象曰(상왈): 困于酒食(곤우주식), 中有慶也(중유경야).

육삼은 돌부리에 채여 곤궁해져 가시덤불에 앉아 있으니, 자기 집에 들어가더라도 아내를 만나보지 못하니, 흉하답니다.

「상전(象傳)」에 이르길 "가시덤불에 앉아 있다는 것은 강건함인 강(剛, 구사와 구오)을 올라탔기 때문이며, 자기 집에 들어가더라도 아내를 만나보지 못한다는 것은 상서롭지 못합니다"라고 했습니다.

六三(육삼), 困于石(곤우석), 據于蒺藜(거우질리), 入于其宮(입우기궁), 不見其妻(불견기처), 凶(흉).

象曰(상왈): 據于蒺藜(거우질리), 乘剛也(승강야), 入于其宮(입우기궁), 不見其妻(불견기처), 不祥也(불상야).

구사는 느릿느릿 오는 것은 쇠수레(강한 양인 구이)로 인해 곤란해졌기 때문이니, 인색하나 끝마침은 있답니다.

「상전(象傳)」에 이르길 "느릿느릿 온다는 것은 뜻이 아래에 있으니, 비록 자리는 마땅치 않으나 함께할 사람이 있다"는 겁니다.

九四(구사), 來徐徐(래서서), 困于金車(곤우금거), 吝(린), 有終(유종).

象曰(상왈): 來徐徐(래서서), 志在下也(지재하야), 雖不當位(수부당위), 有與也(유여야).

구오는 코를 베이고 발꿈치를 베여 남쪽 지방인 적불(제후나 공경이 제사를 지낼 때 사용하는 붉은색 가리개이며, 남방을 뜻함)에서 막혀 있으나, 서서히 기쁨이 있을 것이니 제사를 지내는 것이 이롭답니다.

「상전(象傳)」에 이르길 "코를 베이고 발꿈치를 베였다는 것은 아직 뜻을 얻지 못했다는 것이며, 서서히 기쁨이 있다는 것은 득중함으로써 곧기 때문이고, 제사를 지내는 것이 이롭다는 것은 복을 받기 때문"이라고 했습니다.

九五(구오), 劓刖(의월), 困于赤紱(곤우적불), 乃徐有說(내서유열), 利用祭祀(이용제사).

象曰(상왈): 劓刖(의월), 志未得也(지미득야), 乃徐有說(내서유열), 以中直也(이중직야), 利用祭祀(이용제사), 受福也(수복야).

상육은 칡덩굴과 위태로운 곳에 있기에 곤란을 겪으니, 전해 오는 말에 따르면 '움직이면 뉘우친다'라 하여 후회함이 있어도 나아가야 길하답니다.

「상전(象傳)」에 이르길 "칡덩굴이 있는 곳에서 곤란을 겪는 것은 마땅하지 않다는 것이며, 움직이면 뉘우친다는 것은 그 행함이 길하다"는 겁니다.

上六(상육), 困于葛藟(곤우갈류), 于臲卼(우얼올), 曰動悔有悔(왈동회유회), 征吉(정길).

象曰(상왈): 困于葛藟(곤우갈류), 未當也(미당야), 動悔有悔(동회유회), 吉行也(길행야).

| 괘명(卦名) 한자어원풀이 |

곤할 困(곤) 은 에워쌀 위(口)와 나무 목(木)으로 이루어졌습니다.

囗(위)는 사방을 에워싼 모양을 나타낸 자형으로 '둘레 위(圍)'의 본 글자이며, 또한 일정한 경계 안의 지역을 뜻하는 '나라 국(國)'의 옛 글자이기도 하답니다. 木(목)은 자형상부는 나뭇가지를, 하부는 땅에 뿌리를 내리고 있는 모양을 본뜬 상형글자이죠. 困(곤)은 갑골문에도 보이는데, 그 의미는 나무(木) 주변을 사방에서 에워싸(囗) 버리니 잘 자라지 못해 '곤궁하다', '지치다', '괴롭다'는 뜻을 지니게 되었답니다.

제 48 편

수풍정괘(水風井卦)

마르지 않는 우물의 덕이 함께하니 길하다

정(井)괘는 고을은 바꾸어도 우물은 바꾸지 않으니, 잃는 것도 없고 얻는 것도 없으며, 두레박이 오고 가도 우물은 깨끗한 우물물로 있습니다. 거의 두레박이 물에 이르렀는데도 두레박줄이 우물물에 닿지 않는 것과 같으니 두레박이 깨지면 흉하답니다.

井(정), 改邑不改井(개읍불개정), 无喪无得(무상무득), 往來井井(왕래정정). 汔至(흘지), 亦未繘井(역미율정), 羸其甁(리기병), 凶(흉).

「단전(彖傳)」에 이르길 "우물에 두레박을 던져 물을 위로 퍼 올리는 것이 정괘랍니다. 우물은 만물을 길러주면서도 마르지 않는답니다. 고을은 바꾸어도 우물은 바꾸지 않는다는 것은 강(剛)으로써 득중하기 때문이며, 거의 두레박이 물에 이르러서도 두레박줄이 우물물에 닿지 않는다는 것은 아직은 공로가 없다는 것이고, 그 두레박이 깨지는 것은 흉합니다"라고 했습니다.

彖曰(단왈): 巽乎水而上水(손호수이상수), 井(정), 井養而不窮也(정양이불궁야). 改邑不改井(개읍불개정), 乃以剛中也(내이강중야), 汔至亦未繘井(흘지역미율정), 未有功也(미유공야), 羸其瓶(리기병), 是以凶也(시이흉야).

「상전(象傳)」에 이르길 "나무(巽☴→동방 木) 위에 물(坎☵)이 있는 것이 정괘(䷯)이니, 군자가 이를 본받아서 백성을 위로하고 서로 돕기를 권장해야 합니다"라고 했습니다.

象曰(상왈): 木上有水(목상유수), 井(정), 君子以勞民勸相(군자이로민권상).

초육은 우물물이 진흙탕이라 마시지도 못하니, 버려진 옛 우물엔 짐승도 찾아오지 않는답니다.

「상전(象傳)」에 이르길 "우물물이 진흙탕이라 마시지도 못한다는 것은 버려졌기 때문이며, 버려진 옛 우물엔 새도 들지 않는다는 것은 시대가 버렸기 때문"이라고 했습니다.

初六(초육), 井泥不食(정니불식), 舊井无禽(구정무금).

象曰(상왈): 井泥不食(정니불식), 下也(하야), 舊井无禽(구정무금), 時舍也(시사야).

구이는 우물이 골짜기처럼 맑아 붕어를 헤아릴 정도이니, 항아리가 깨져 물이 새는 것과 같답니다.

「상전(象傳)」에 이르길 "우물이 골짜기처럼 맑아 붕어를 헤아릴 정도라는 것은 함께 사는 것도 없다"는 겁니다.

九二(구이), 井谷射鮒(정곡사부), 甕敝漏(옹폐루).

象曰(상왈): 井谷射鮒(정곡사부), 无與也(무여야).

구삼은 우물이 깨끗이 치워졌는데도 사람들이 마시지 않으니 내 마음은 슬프지만, 물을 길을 만하니, 구오인 왕이 밝고 지혜롭다면 아울러 그 복을 받는답니다.

「상전(象傳)」에 이르길 "우물이 깨끗이 치워졌는데도 마시지 않는다는 것은 쓰이지 못함을 슬퍼하는 것이고, 왕이 밝은 지혜를 추구한다는 것은 복을 받기 위해서입니다"라고 했습니다.

九三(구삼), 井渫不食(정설불식), 為我心惻(위아심측), 可用汲(가용급), 王明(왕명), 幷受其福(병수기복).

象曰(상왈): 井渫不食(정설불식), 行惻也(행측야), 求王明(구왕명), 受福也(수복야).

육사는 우물에 벽돌을 쌓으면 허물은 없답니다.

「상전(象傳)」에 이르길 "우물에 벽돌을 쌓으면 허물은 없다는 것은 우물을 수리하기 때문"이라고 했습니다.

六四(육사), 井甃无咎(정추무구).

象曰(상왈): 井甃无咎(정추무구), 脩井也(수정야).

구오는 우물이 맑고 차가워서 시원한 샘물을 마실 수 있답니다.

「상전(象傳)」에 이르길 "시원한 샘물을 마실 수 있는 것은 득중하여 바르기 때문"이라고 했습니다.

九五(구오), 井洌(정렬), 寒泉食(한천식).

象曰(상왈): 寒泉之食(한천지식), 中正也(중정야).

상육은 우물을 거두어 정리하여 가림막도 덮지 않는 것이니, 믿음이 있어 크게 길하답니다.

「상전(象傳)」에 이르길 "윗사람이 크게 길하다는 것은 크게 이룬다"는 겁니다.

上六(상육), 井收勿幕(정수물막), 有孚元吉(유부원길).

象曰(상왈): 元吉在上(원길재상), 大成也(대성야).

| 괘명(卦名) 한자어원풀이 |

우물 井(정) 에 대해 허신은 『설문(說文)』에서 "丼은 여덟 가구가 하나의 우물을 사용한다는 뜻이다. 우물 위에 나무로 짜 얹은 형틀을 본떴으며 가운데 점(丶)은 두레박의 모양이다"라고 하였답니다. 갑골문에는 가운데 점이 없는 井(정) 자가 보입니다. 여덟 가구에 하나의 우물이란 후대에 시행한 정전제(井田制)를 말한 것으로 井(정) 자와 같이 구등분한 땅의 중앙은 여덟 가구가 공동으로 경작하여 나라에 바치는 공전(公田)이며, 사방 외곽의 여덟 곳의 땅은 사전(私田)으로 각자가 경작하여 개인이 소유하게 된답니다.

제 49 편

택화혁괘(澤火革卦)

현재의 삶을 크게 바꾸는 것이니 개혁이다

䷰

혁(革)괘는 어느 정도 시일이 지나야만 믿음을 갖게 되니, 크게 형통하고 바르게 하는 것이 이로워서 후회하는 것도 사라진답니다.

革(혁), 已日乃孚(이일내부), 元亨利貞(원형리정), 悔亡(회망).

「단전(彖傳)」에 이르길 "혁괘는 물과 불이 서로 그치게 하는 것이니, 두 여자가 함께 살면서도 뜻이 서로 맞지 않기 때문에 혁이라 이른답니다. 시일이 지나야만 믿음을 갖게 된다는 것은 개혁해야만 믿게 되며, 문명으로써 기뻐하고 크게 형통함으로써 바르게 되며, 개혁하여 합당해지므로 그 후회가 이에 사라진답니다. 천지의 기운이 바뀌어서 사계절인 사시가 이루어지며, 탕왕과 무왕이 혁명을 통해 하늘에 순응하고 사람에게 호응하니, 혁명하는 때가 위대합니다!"라고 했답니다.

彖曰(단왈): 革(혁), 水火相息(수화상식), 二女同居(이녀동거), 其志不相得(기지불상득), 曰革(왈혁). 已日乃孚(이일내부), 革而信之(혁이신지), 文明以說(문명이열), 大亨以正(대형이정), 革而當(혁이당), 其悔乃亡(기회내망). 天地革而四時成(천지혁이사시성), 湯武革命(탕무혁명), 順乎天而應乎人(순호천이응호인), 革之時大矣哉(혁지시대의재)!

「상전(象傳)」에 이르길 "연못 가운데 불이 있는 것이 혁괘이니, 군자가 이를 본받아서 책력을 바로잡고 때를 밝혀야 합니다"라고 하였습니다.

象曰(상왈): 澤中有火(택중유화), 革(혁), 君子以治曆明時(군자이치력명시).

초구는 단단한 황소의 가죽을 사용해서 단단히 묶는답니다.

「상전(象傳)」에 이르길 "단단한 황소의 가죽을 사용한다는 것은 어떤 일도 도모할 수 없기 때문"이라고 했습니다.

初九(초구), 鞏用黃牛之革(공용황우지혁).

象曰(상왈): 鞏用黃牛(공용황우), 不可以有為也(불가이유위야).

육이는 어느 정도 시일이 지나야만 개혁을 할 것이니, 행하면 길해서 허물이 없답니다.

「상전(象傳)」에 이르길 "시일이 지나야만 개혁한다는 것은 행하면 좋은 일이 있다"는 겁니다.

六二(육이), 已日乃革之(이일내혁지), 征吉(정길), 无咎(무구).

象曰(상왈): 已日革之(이일혁지), 行有嘉也(행유가야).

구삼은 정벌하면 흉하니 바르더라도 위태롭고, 개혁한다는 말이 세 번 성취되어서야 믿음이 있게 된답니다.

「상전(象傳)」에 이르길 "개혁한다는 말이 세 번 성취된다면 또 어디를 가겠습니까?"라고 했답니다.

九三(구삼), 征凶(정흉), 貞厲(정려), 革言三就(혁언삼취), 有孚(유부).

象曰(상왈): 革言三就(혁언삼취), 又何之矣(우하지의)!

구사는 후회가 없어지니 믿음을 갖고 운명을 바꿔야 길하답니다.

「상전(象傳)」에 이르길 "운명을 바꿔야 길하다는 것은 뜻을 믿기 때문"이라고 했습니다.

九四(구사), 悔亡(회망), 有孚(유부), 改命吉(개명길).

象曰(상왈): 改命之吉(개명지길), 信志也(신지야).

구오는 위대한 사람인 대인이 호랑이처럼 변화시키는 것이니 점을 치지 않아도 믿음이 있게 된답니다.

「상전(象傳)」에 이르길 "대인이 호랑이로 변화시킨다는 것은 그 문채가 빛난다"는 겁니다.

九五(구오), 大人虎變(대인호변), 未占有孚(미점유부).

象曰(상왈): 大人虎變(대인호변), 其文炳也(기문병야).

상육은 군자는 표범처럼 변하고 소인은 낯빛만 바꾸니, 끝까지 나아가려 하면 흉하고 바르게 살면 길하답니다.

「상전(象傳)」에 이르길 "군자가 표범처럼 변하는 것은 그 문채가 아름답다는 것이며, 소인이 낯빛만 바꾼다는 것은 복종하여 임금을 따른다"는 겁니다.

上六(상육), 君子豹變(군자표변), 小人革面(소인혁면), 征凶(정흉), 居貞吉(거정길).

象曰(상왈): 君子豹變(군자표변), 其文蔚也(기문울야), 小人革面(소인혁면), 順以從君也(순이종군야).

| 괘명(卦名) 한자어원풀이 |

가죽 革(혁) 은 동물의 사체에서 벗겨낸 가죽을 그려냈답니다. 일반적으로 가죽을 지칭한 글자들은 皮(피)·革(혁)·韋(위)로 구분 짓는답니다. 단계별로 짐승에게서 막 벗겨낸 가죽을 皮(피)라 하며, 털을 제거하고 어느 정도 다듬은 것을 革(혁), 어느 정도 다듬은 가죽을 더욱 부드럽게 무두질한 것을 韋(위)라 한답니다.

제 50 편

화풍정괘(火風鼎卦)

변혁을 이뤄내는 가마솥이니 엄중해야 한다

䷱

정(鼎)괘는 크게 길해서 형통하답니다.

鼎(정), 元吉(원길), 亨(형).

「단전(彖傳)」에 이르길 "정은 솥의 형상이랍니다. 땔나무를 불길에 넣고 음식물을 솥에 삶아 익히는 겁니다. 성인이 삶아서 상제에게 제사를 올리고 크게 삶아서 성현을 양육한답니다. 공손하면서 눈과 귀가 총명하며, 부드러움인 유(柔)가 나아가 위로 행하고 가운데를 얻는 득중(得中)하여 강에 호응하기 때문에 크게 형통합니다" 라고 했습니다.

彖曰(단왈): 鼎(정), 象也(상야). 以木巽火(이목손화), 亨(=삶을 팽烹)飪也(형임야). 聖人亨以享上帝(성인형이향상제), 而大亨以養聖賢(이대형

이양성현). 巽而耳目聰明(손이이목총명), 柔進而上行(유진이상행), 得中而應乎剛(득중이응호강), 是以元亨(시이원형).

「상전(象傳)」에 이르길 "나무 위에 불이 있는 것이 정괘이니, 군자가 이를 본받아 자리를 바르게 하고 명을 굳건하게 해야 합니다"라고 했습니다.

象曰(상왈): 木上有火(목상유화), 鼎(정), 君子以正位凝命(군자이정위응명).

초육은 솥의 발이 부러지니 나아가지 않는 것이 이로우며, 첩(초육)을 얻어 그 자식(구사)을 도우니 허물이 없어진답니다.

「상전(象傳)」에 이르길 "솥의 발이 부러지니 나아가지 않는 것이 이롭다는 것은 존귀한 구사를 따르기 때문"이라고 했습니다.

初六(초육), 鼎顚趾(정전지), 利出否(이출부), 得妾以其子(득첩이기자), 无咎(무구).

象曰(상왈): 鼎顚趾(정전지), 未悖也(미패야). 利出否(이출부), 以從貴也(이종귀야).

구이는 솥에 음식물이 가득 차 있고, 나의 원수(초육)가 질병에 걸려 나에게 올 수 없으니 길하답니다.

「상전(象傳)」에 이르길 "솥에 음식물이 가득 차 있다는 것은 나아가는 것을 신중히 한다는 것이며, 나의 원수가 질병에 걸렸다는 것은 마침내 허물이 없어진다"고 했습니다.

九二(구이), 鼎有實(정유실), 我仇有疾(아구유질), 不我能卽(불아능즉), 吉(길).

象曰(상왈): 鼎有實(정유실), 愼所之也(신소지야), 我仇有疾(아구유질), 終无尤也(종무우야).

구삼은 솥귀가 바뀌어 구삼이 나아가는 것이 막히고, 군주의 은택인 기름진 꿩고기를 먹을 수 없으나, 바야흐로 비가 내려 후회가 사그라지고 끝내는 길하게 된답니다.

「상전(象傳)」에 이르길 "솥귀가 바뀐다는 것은 그 본래의 뜻을 잃었다"는 겁니다.

九三(구삼), 鼎耳革(정이혁), 其行塞(기행색), 雉膏不食(치고불식). 方雨虧悔(방우휴회), 終吉(종길).

象曰(상왈): 鼎耳革(정이혁), 失其義也(실기의야).

구사는 솥의 다리가 부러져서 군주에게 바칠 음식을 엎으니, 그 몸이 젖는지라 흉하답니다.

「상전(象傳)」에 이르길 "군주에게 바칠 음식을 엎었으니, 어찌 믿음이 가겠습니까"라고 했답니다.

九四(구사), 鼎折足(정절족), 覆公餗(복공속), 其形渥(기형악), 凶(흉).

象曰(상왈): 覆公餗(복공속), 信如何也(신여하야).

육오는 솥에 누런 황금 귀에 황금 고리가 달렸으니 바르게 하는 것이 이롭답니다.

「상전(象傳)」에 이르길 “솥에 황금 귀가 달렸다는 것은 득중함으로써 건실하게 되었다”는 겁니다.

六五(육오), 鼎黃耳金鉉(정황이금현), 利貞(이정).

象曰(상왈): 鼎黃耳(정황이), 中以為實也(중이위실야).

상구는 솥에 옥으로 만든 귀가 달렸으니, 크게 길해서 이롭지 아니함이 없답니다.

「상전(象傳)」에 이르길 “옥으로 만든 귀가 위에 있다는 것은 강과 유가 조절하였기 때문”이라고 했습니다.

上九(상구), 鼎玉鉉(정옥현), 大吉(대길), 无不利(무불리).

象曰(상왈): 玉鉉在上(옥현재상), 剛柔節也(강유절야).

| 괘명(卦名) 한자어원풀이 |

솥 鼎(정) 은 갑골문이나 금문에도 세 개의 발과 두 귀가 달린 솥의 형태로 그려져 있습니다. 고대 청동기 중 가장 대표적인 기물로, 그 용도는 주로 조상신이나 천제를 지낼 때 사용하는 제기(祭器)라 할 수 있습니다. 이 때문에 솥(鼎)의 사용도 엄격하게 규정되었는데, 천자는 9기, 제후는 7기, 사대부는 5기의 솥을 사용할 수 있었답니다. 그래서 정립(鼎立)이란 솥의 세 발이 균형을 잡고 서 있는 것처럼 세 나라의 세력이 팽팽하게 대립하고 있는 것을 말하기도 합니다.

제 51 편

중뢰진괘(重雷震卦)

우레가 쳐서 위엄을 떨치나 자신의 허물을 고쳐야 한다

䷲

진(震)괘는 형통합니다. 벼락이 내려치니 놀라고 놀라 헛웃음소리를 벙어리처럼 '아! 아!' 내고, 벼락소리가 백 리까지 놀라게 했으나 제사상에 올리는 숟가락과 울창주는 잃지 않았답니다.

震(진), 亨(형). 震來虩虩(진래혁혁), 笑言啞啞(소언아아), 震驚百里(진경백리), 不喪匕鬯(불상비창).

「단전(彖傳)」에 이르길 "진괘는 형통합니다. 벼락이 내려치니 놀라고 놀랐다는 것은 두려움이 복이 되었다는 것이며, 헛웃음소리를 벙어리처럼 '아! 아!' 냈다는 것은 뒤늦게나마 준칙을 마련했다는 것이고, 벼락소리가 백 리까지 놀라게 했다는 것은 멀리 있는 자를 놀라게 하고 가까이 있는 자를 두려움에 떨게 했다는 것이며,

나가서는 종묘사직을 지킬 수 있는 제주(祭主, 제사를 주관하는 사람)가 되게 합니다"라고 했습니다.

象曰(단왈): 震(진), 亨(형). 震來虩虩(진래혁혁), 恐致福也(공치복야), 笑言啞啞(소언아아), 後有則也(후유칙야), 震驚百里(진경백리), 驚遠而懼邇也(경원이구이야), 出可以守宗廟社稷(출가이수종묘사직), 以為祭主也(이위제주야).

「상전(象傳)」에 이르길 "거듭되는 벼락이 진괘이니, 군자가 이를 본받아서 놀라고 두려워하여 몸을 닦고 반성해야 합니다"라고 했습니다.

象曰(상왈): 洊雷震(천뢰진), 君子以恐懼脩省(군자이공구수성).

초구는 벼락이 내려치니 놀라고 놀란 후에야 헛웃음소리를 벙어리처럼 '아! 아!' 내니, 길하답니다.

「상전(象傳)」에 이르길 "벼락이 내려치니 놀라고 놀란다는 것은 두려워하여 복을 이룬다는 것이며, 헛웃음소리를 '아! 아!' 냈다는 것은 그 뒤에야 준칙을 마련했다"는 겁니다.

初九(초구), 震來虩虩(진래혁혁), 後笑言啞啞(후소언아아), 吉(길).

象曰(상왈): 震來虩虩(진래혁혁), 恐致福也(공치복야), 笑言啞啞(소언아아), 後有則也(후유칙야).

육이는 벼락이 내려치니 위태로우나 재물을 잃을 것을 헤아려 구릉에 오른 것이니, 쫓지 않아도 자연스레 7일이 지나면 얻는답니다.

「상전(象傳)」에 이르길 "벼락이 내려치니 위태롭다는 것은 양효인 강(剛)을 올라탔기 때문"이라고 했습니다.

六二(육이), 震來厲(진래려), 億喪貝(억상패), 躋于九陵(제우구릉). 勿逐(물축), 七日得(칠일득).

象曰(상왈): 震來厲(진래려), 乘剛也(승강야).

육삼은 벼락이 두려워 떠는 것이니, 두려워 떨면서도 행한다면 재앙은 없답니다.

「상전(象傳)」에 이르길 "벼락이 두려워 떤다는 것은 자리가 마땅치 않기 때문"이라고 했습니다.

六三(육삼), 震蘇蘇(진소소), 震行无眚(진행무생).

象曰(상왈): 震蘇蘇(진소소), 位不當也(위부당야).

구사는 우레가 마침내 진흙 속에 빠졌답니다.

「상전(象傳)」에 이르길 "우레가 마침내 진흙 속에 빠졌다는 것은 아직은 빛을 발할 때가 아니라"는 겁니다.

九四(구사), 震遂泥(진수니).

象曰(상왈): 震遂泥(진수니), 未光也(미광야).

육오는 우레가 가고 오니 위태롭지만 헤아려서 잃지 않으니, 해야 될 일이 있게 된답니다.

「상전(象傳)」에 이르길 "우레가 가고 오니 위태롭다는 것은 위험이 도사리고는 있으나 그 일이 득중한 가운데 있으니 크게 잃을 것은 없다"는 겁니다.

六五(육오), 震往來厲(진왕래려), 億无喪(억무상), 有事(유사).

象曰(상왈): 震往來厲(진왕래려), 危行也(위행야), 其事在中(기사재중), 大无喪也(대무상야).

상육은 우레가 흩어지고 흩어져서 시선을 두리번거리니 나아가면 흉하답니다. 우레가 자기 몸에 내려치는 게 아니라 이웃에게 친다면 허물은 없답니다. 혼인한 짝은 원망하는 말을 할 것입니다. 「상전(象傳)」에 이르길 "우레가 흩어지고 흩어진다는 것은 아직 중도를 얻지 못했기 때문이며, 비록 흉하나 허물이 없다는 것은 이웃을 두려워하여 경계하기 때문"이라고 했습니다.

上六(상육), 震索索(진삭삭), 視矍矍(시확확), 征凶(정흉). 震不于其躬(진불우기궁), 于其鄰(우기린), 无咎(무구), 婚媾有言(혼구유언).

象曰(상왈): 震索索(진삭삭), 中未得也(중미득야), 雖凶无咎(수흉무구), 畏鄰戒也(외린계야).

| 괘명(卦名) 한자어원풀이 |

벼락 震(진) 은 비 우(雨)와 별 진(辰)으로 이루어졌습니다. 雨(우)는 하늘에서 방울져 내리는 비의 모양을 본뜬 상형글자입니다. 허신은 『설문(說文)』에서 雨(우)에 대해 "雨는 물이 구름으로부터 떨어진다는 뜻이다. 一(일)은 하늘을 본떴고 冂(경)은 구름을 상형하였는데, 물방울이 그 사이에서 떨어진다"고 하였답니다. 달리 해석한다면, 하늘(一) 아래 한정된(冂) 지역에 국한하여 빗방울이 떨어지는 상황을 글자화한 것이죠. 辰(진)은 조개가 껍데기를 벌리고 촉수를 내미는 모양을 본뜬 상형글자랍니다. 조개는 달을 비롯한 별들의 운행질서에 따라 일정하게 움직이는 특성을 보이는 점을 감안하여 '별 진' 혹은 '때 신'으로도 쓰인답니다. 조개의 특성은 느릿느릿한 것 같지만 먹잇감을 노릴 때는 순식간에 낚아채는 재빠른 면모를 보인답니다. 이에 따라 震(진)은 장마철에 비(雨)와 함께 하늘에서 순식간(辰)에 내려치는 천둥 번개를 뜻해 '벼락'이란 뜻을 부여했답니다.

제 52 편

중산간괘(重山艮卦)

때로는 제자리에 멈춰 반성해야 한다

䷳

간(艮)괘는 그 등에 멈추면 그 몸을 얻지 못하며, 그 뜰을 배회해도 그 사람을 보지 못하나 허물은 없답니다.

艮其背(간기배), 不獲其身(불획기신), 行其庭(행기정), 不見其人(불견기인), 无咎(무구).

「단전(彖傳)」에 이르길 "간괘는 그침이어서 그칠 때는 그치고, 행할 때는 행하며, 움직이고 멈춤에 때를 잃지 않으면 그 도가 밝게 빛난답니다. 간괘는 그쳐야 할 곳에서 그치기 때문입니다. 상하가 맞서 서로 어울리지 못하기 때문에 그 몸을 얻지 못하고, 그 뜰에서 배회해도 그 사람을 보지 못했다는 것은 허물이 없는 것입니다"라고 했습니다.

彖曰(단왈): 艮(간), 止也(지야), 時止則止(시지즉지), 時行則行(시행즉행), 動靜不失其時(동정불실기시), 其道光明(기도광명). 艮其止(간기지), 止其所也(지기소야). 上下敵應(상하적응), 不相與也(불상여야), 是以不獲其身(시이불획기신). 行其庭不見其人(행기정불견기인), 无咎也(무구야).

「상전(象傳)」에 이르길 "산이 거듭된 것이 간괘이니, 군자는 이를 본받아서 생각이라도 그 자리에서 벗어나지 않습니다"라고 했습니다.

象曰(상왈): 兼山(겸산), 艮(간), 君子以思不出其位(군자이사불출기위).

초육은 발꿈치에서 그치면 허물이 없으니, 계속해서 바르게 하는 것이 이롭답니다.

「상전(象傳)」에 이르길 "발꿈치에서 그친다는 것은 아직은 바름을 잃지 않았다"는 겁니다.

初六(초육), 艮其趾(간기지), 无咎(무구), 利永貞(이영정).

象曰(상왈): 艮其趾(간기지), 未失正也(미실정야).

육이는 장딴지에서 그치는 것이니, 그 따르는 사람인 구삼을 구원하지 못하기에 마음이 유쾌하지 못하답니다.

「상전(象傳)」에 이르길 "따르는 사람을 구원하지 못한다는 것은 물러나서 경청하지 않기 때문"이라고 했습니다.

六二(육이), 艮其腓(간기비), 不拯其隨(부증기수), 其心不快(기심불쾌).

象曰(상왈): 不拯其隨(부증기수), 未退聽也(미퇴청야).

구삼은 허리에서 그치는 것인데 그 등골을 벌리니, 위태로움에 마음이 불타오릅니다.

「상전(象傳)」에 이르길 "허리에서 그친다는 것은 위태로움에 마음이 불타오른다"는 겁니다.

九三(구삼), 艮其限(간기한), 列其夤(열기인), 厲薰心(려훈심).

象曰(상왈): 艮其限(간기한), 危薰心也(위훈심야).

육사는 그 몸통에 그치는 것이니, 허물이 없답니다.

「상전(象傳)」에 이르길 "그 몸통에 그친다는 것은 자기 몸에 그친다"는 겁니다.

六四(육사), 艮其身(간기신), 无咎(무구).

象曰(상왈): 艮其身(간기신), 止諸躬也(지저궁야).

육오는 그 뺨에 그침이니, 말에 순서가 있으니 후회는 없답니다.

「상전(象傳)」에 이르길 "그 뺨에 그친다는 것은 중(中)으로써 바르기 때문"이라고 했습니다.

六五(육오), 艮其輔(간기보), 言有序(언유서), 悔亡(회망).

象曰(상왈): 艮其輔(간기보), 以中正也(이중정야).

상구는 도탑게 그치는 것이니 길하답니다.

「상전(象傳)」에 이르길 "도탑게 그치는 것이니 길하다는 것은 후덕하게 마치기 때문"이라고 했습니다.

上九(상구), 敦艮(돈간), 吉(길).

象曰(상왈): 敦艮之吉(돈간지길), 以厚終也(이후종야).

| 괘명(卦名) 한자어원풀이 |

그칠 간(艮)은 험준한 산을 의미하는 8괘 중의 하나입니다. 허신은 『설문(說文)』에서 艮(간)에 대해 "비수 비(匕)와 눈 목(目)으로 구성되어 복종하지 않는다는 뜻이며, 서로 노려보며 양보하지 않음을 말합니다"라고 했답니다. 갑골문을 보면 크게 뜬 눈으로 뒤돌아보는 모습을 그렸고, 금문에서는 눈을 사람의 몸체와 분리해 뒤쪽에 배치했답니다. 여기서 艮(간)은 사람이 눈을 뒤로 돌려보는 모습을 담은 글자로, 즉 앞에 산이나 언덕(阝=阜)이 나타나면 오던 길을 되돌아본다(艮)는 더 이상 어쩔 수 없는 한계(限界)나 한정(限定)의 뜻을 내포하고 있답니다.

제 53 편

풍산점괘(風山漸卦)

모든 일은 차근차근 해야 한다

䷴

점(漸)괘는 여자가 시집가는 것이 길하니, 바르게 하는 것이 이롭답니다.

漸(점), 女歸吉(여귀길), 利貞(이정).

「단전(彖傳)」에 이르길 "점괘는 나아감이니 여자가 시집가는 것이 길하답니다. 나아가 자리를 얻으니 일하면 공로가 있으며, 바르게 나아가서 나라를 바르게 할 수 있답니다. 그 자리에 강(剛)이 득중(得中)하기 때문이랍니다. 그쳐서 겸손하므로 움직여도 궁색하지 않답니다"라고 했습니다.

彖曰(단왈): 漸之進也(점지진야), 女歸吉也(여귀길야). 進得位(진득위), 往有功也(왕유공야), 進以正(진이정), 可以正邦也(가이정방야). 其

位剛得中也(기위강득중야). 止而巽(지이손), 動不窮也(동불궁야).

「상전(象傳)」에 이르길 "산 위에 나무가 있는 것이 점괘이니, 군자가 이를 본받아 어진 덕으로 살아가면서 풍속을 선하게 해야 합니다"라고 했습니다.

象曰(상왈): 山上有木(산상유목), 漸(점), 君子以居賢德善俗(군자이거현덕선속).

초육은 기러기가 물가에 나아가는 것이니, 어린아이가 위태로워 무언가 말을 하고 있으나 허물은 없답니다.

「상전(象傳)」에 이르길 "어린아이가 위태로우나 의리상 허물은 없습니다"라고 했습니다.

初六(초육), 鴻漸于干(홍점우간: 물가 간干), 小子厲(소자려), 有言(유언), 无咎(무구).

象曰(상왈): 小子之厲(소자지려), 義无咎也(의무구야).

육이는 큰 기러기가 너럭바위로 나아가니, 마시고 먹는 것이 즐겁고도 즐거우니 길하답니다.

「상전(象傳)」에 이르길 "마시고 먹는 것이 즐겁고도 즐겁다는 것은 본디 배가 부르지는 않았다"는 겁니다.

六二(육이), 鴻漸于磐(홍점우반), 飮食衎衎(음식간간), 吉(길).

象曰(상왈): 飮食衎衎(음식간간), 不素飽也(불소포야).

구삼은 큰 기러기가 뭍에 나아가는 것이니, 구삼인 지아비가 가면 돌아오지 못하고 육사인 지어미가 아이를 잉태하더라도 기르지 못하여 흉하니, 도적(육사)을 막는 것이 이롭답니다.

「상전(象傳)」에 이르길 "지아비가 가면 돌아오지 못한다는 것은 무리를 떠나서 추한 것이며, 지어미가 아이를 잉태하더라도 기르지 못한다는 것은 그 도를 잃었다는 것이고, 도적을 막는 것이 이롭다는 것은 이치에 따라 서로를 지킨다"는 겁니다.

九三(구삼), 鴻漸于陸(홍점우륙), 夫征不復(부정불복), 婦孕不育(부잉불육), 凶(흉), 利禦寇(이어구).

象曰(상왈): 夫征不復(부정불복), 離群醜也(이군추야), 婦孕不育(부잉불육), 失其道也(실기도야), 利用禦寇(이용어구), 順相保也(순상보야).

육사는 큰 기러기가 나무에 나아가는 것이니, 혹 그 나뭇가지를 얻으면 허물은 없답니다.

「상전(象傳)」에 이르길 "혹 그 나뭇가지를 얻는 것은 이치에 따르고 공손하기 때문"이라고 했습니다.

六四(육사), 鴻漸于木(홍점우목), 或得其桷(혹득기각), 无咎(무구).

象曰(상왈): 或得其桷(혹득기각), 順以巽也(순이손야).

구오는 큰 기러기가 언덕에 나아가는 것이니, 육이인 지어미가 3년 동안 아이를 잉태하지 못하나, 끝내 구삼과 육사가 이기지 못하니 길하답니다.

「상전(象傳)」에 이르길 "끝내 이기지 못하니 길하다는 것은 원하던 것을 얻었다"는 겁니다.

九五(구오), 鴻漸于陵(홍점우릉), 婦三歲不孕(부삼세불잉), 終莫之勝(종막지승), 吉(길).

象曰(상왈): 終莫之勝(종막지승), 吉(길), 得所願也(득소원야).

상구는 큰 기러기가 하늘로 나아가니, 그 깃이 모범을 삼을 만하여 길하답니다.

「상전(象傳)」에 이르길 "그 깃이 모범을 삼을 만하여 길하다는 것은 어지럽힐 수가 없기 때문"이라고 했습니다.

上九(상구), 鴻漸于陸(홍점우륙: 陸=逵), 其羽可用為儀(기우가용위의), 吉(길).

象曰(상왈): 其羽可用為儀(기우가용위의), 吉(길), 不可亂也(불가란야).

| 괘명(卦名) 한자어원풀이 |

점점 漸(점)은 물줄기가 갈라지고 모여드는 강을 상형한 물 수(水)의 간략형인 수(氵)와 벨 참(斬)으로 이루어졌습니다. 참(斬)은 수레 거(車)와 도끼 근(斤)으로 이루어졌는데, 車(거)는 우마차의 모양을 본뜬 상형글자입니다. 갑골문을 보면 현재의 자형보다 훨씬 자세하게 그려져 있죠. 현재 자형에서는 하나의 바퀴(日)만을 그려놓았는데, 중앙의 'ㅣ'은 굴대를 나타냈고 아래위의 '二'는 바퀴가 빠지지 않도록 고정시킨 굴대의 빗장이랍니다. 갑골문에 보이는 것처럼 고대의 수레는 두 바퀴로 만들어졌는데, 두 마리의 말이 끄는 게 일반적이었죠. 斤(근)은 도끼 모양을 본뜬 것으로, 자형에서 가로획(一)은 도끼의 머리와 날을, 세로획(丨)은 자루를 본뜬 것이며, 좌변(厂)은 도끼날을 받는 나무와 같은 대상물을 본뜬 상형글자랍니다. 이에 따라 斬(참)은 고대의 형벌을 나타낸 자형으로, 죄인의 사지를 각기 네 대의 마차(車)에 묶어 찢어 죽이거나 칼이나 도끼(斤)로 목을 치는 형벌을 나타내 '베다', '끊다'는 뜻을 부여했답니다. 따라서 漸(점)의 전체적인 의미는 홍수로 넘친 물길(氵)이 점점 불어나 주변의 사물을 닥치는 대로 무너뜨린다(斬)는 데서 '점점', '점차', '번지다'는 뜻을 지니게 되었습니다.

제 54 편

뇌택귀매괘(雷澤歸妹卦)

누이를 시집보냄이니 관계를 지속시키려 노력해야 한다

귀매(歸妹)괘는 섣불리 나아가면 흉하니 이로울 것이 없답니다.

歸妹(귀매), 征凶(정흉), 无攸利(무유리).

「단전(彖傳)」에 이르길 "귀매괘는 천지의 큰 의리이며, 하늘과 땅이 교류하지 않으면 만물이 부흥하지 못한답니다. 여자가 시집가는 것은 인간사의 끝이며 시작인데, 기뻐하며 시집가는 것이 어린 누이이니, 섣불리 나아가면 흉하다는 것은 자리가 마땅치 않다는 것이며, 이로울 것이 없다는 것은 유(柔)가 강(剛)을 올라탔기 때문입니다"라고 했습니다.

彖曰(단왈): 歸妹(귀매), 天地之大義也(천지지대의야). 天地不交(천지불교), 而萬物不興(이만물불흥). 歸妹(귀매), 人之終始也(인지종시야), 說

以動(열이동), 所歸妹也(소귀매야). 征凶(정흉), 位不當也(위부당야), 无攸利(무유리), 柔乘剛也(유승강야).

「상전(象傳)」에 이르길 “연못 위에 우레가 있는 것이 귀매괘입니다. 군자가 이를 본받아 계속해서 끝마침의 폐단을 알아야 합니다”라고 했습니다.

象曰(상왈): 澤上有雷(택상유뢰), 歸妹(귀매). 君子以永終知敝(군자이영종지폐).

초구는 누이동생을 시집보내는데 손아래동서에게 보내니, 절름발이가 걸을 수 있어 가면 길하답니다.

「상전(象傳)」에 이르길 “누이동생을 시집보내는데 손아래동서에게 보내는 것은 오래 지속시키려 하는 것이며, 절름발이가 걸을 수 있으니 길하다는 것은 서로 계승한다”는 겁니다.

初九(초구), 歸妹以娣(귀매이제), 跛能履(파능리), 征吉(정길).

象曰(상왈): 歸妹以娣(귀매이제), 以恒也(이항야), 跛能履(파능리), 吉(길), 相承也(상승야).

구이는 애꾸눈으로 보는 것이니, 은둔자라도 바르게 하는 것이 이롭답니다.

「상전(象傳)」에 이르길 “은둔자라도 바르게 하는 것이 이롭다는 것은 떳떳함이 아직은 변하지 않았다”는 겁니다.

九二(구이), 眇能視(묘능시), 利幽人之貞(이유인지정).

象曰(상왈): 利幽人之貞(이유인지정), 未變常也(미변상야).

육삼은 누이동생이 시집가기를 기다리는 것이니, 도리어 손아래 동서에게 시집보낸답니다.

「상전(象傳)」에 이르길 "누이동생이 시집가기를 기다리는 것은 아직은 마땅한 자리가 아니기 때문"이라고 했습니다.

六三(육삼), 歸妹以須(귀매이수), 反歸以娣(반귀이제).

象曰(상왈): 歸妹以須(귀매이수), 未當也(미당야).

구사는 누이동생을 시집보내는데 혼기가 지난 것이니, 더디게 시집감에도 때가 있답니다.

「상전(象傳)」에 이르길 "혼기가 지난 것이니, 기다렸다가 행해야 합니다"라고 했습니다.

九四(구사), 歸妹愆期(귀매건기), 遲歸有時(지귀유시).

象曰(상왈): 愆期之志(건기지지), 有待而行也(유대이행야).

육오는 은나라 제을왕이 누이동생을 시집보내는데 그 임금의 소매가 누이동생의 소매보다 못하니, 달이 거의 보름달에 가까우면 길하답니다.

「상전(象傳)」에 이르길 "제을왕이 누이동생을 시집보내는데 그 임금의 소매가 누이동생의 소매보다 못하다는 것은 그 자리가 득중하였으니 존귀하게 행동해야 한다"는 겁니다.

六五(육오), 帝乙歸妹(제을귀매), 其君之袂(기군지몌), 不如其娣之袂

良(불여기제지메량). 月幾望(월기망), 吉(길).

象曰(상왈): 帝乙歸妹(제을귀매), 不如其娣之袂良也(불여기제지메량야), 其位在中(기위재중), 以貴行也(이귀행야).

상육은 여자가 광주리를 머리에 이는데 내용물도 없고, 사내가 양을 칼로 찌르는데도 피가 나오지 않으니 이로울 것이 없답니다. 「상전(象傳)」에 이르길 "상육이 내용물도 없다는 것은 빈 광주리만 계승했다"는 겁니다.

上六(상육), 女承筐无實(여승광무실), 士刲羊无血(사규양무혈), 无攸利(무유리).

象曰(상왈): 上六无實(상육무실), 承虛筐也(승허광야).

| 괘명(卦名) 한자어원풀이 |

돌아갈 歸(귀) 는 흙덩이 모양을 본뜬 부수(자형좌변 상부)와 발 지(止) 그리고 비 추(帚)로 이루어져 있습니다. 자칫 자형좌변 상부의 흙덩이 모양을 언덕 阜(부)에서 열 십(十)이 생략된 것으로 잘못 보기도 하는데, 阜(부)는 통나무나 흙을 깎아 만든 계단을 뜻하는 상형글자라는 점이 다르답니다. 발의 모양을 본떠 만든 자형인 止(지)는 멈춘다는 뜻도 있지만 여기서는 '가다'라는 의미로 쓰이고 있습니다. 帚(추)는 빗자루 모양을 본뜬 상형글자이지만, 조합된 부수 또한 나름의 뜻을 지니고 있답니다. 즉 자잘한 나뭇가지나 헝겊(巾)을 한데 묶어(冖) 만든 빗자루를 손으로 잡고(彐) 쓸거나 닦아낸다는 뜻이 담겨 있죠. 歸(귀)의 의미를 명확히 이해하려면 먼저 옛날

의 결혼 풍속을 알아야 할 것 같습니다. 남자는 장가를 들고 여자는 시집을 간다고 했습니다. 남자는 먼저 신부의 집에서 보통 3년 정도 처가살이를 하며 딸을 물려받은 보답을 해야 하는데, 즉 장가(丈家)는 장인 장모님의 집을 말합니다. 신부는 3년 동안 부모님의 품에서 살다 이제는 남편의 부모님이 계시는 시댁(媤宅: 시집)으로 되돌아가야 했습니다. 따라서 歸(귀)의 전체적인 의미는 흙덩이(자형좌변 상부)와 신부의 주된 역할이 될 빗자루(帚)를 들고서 간다(止)는 뜻인데, 시집을 간 신부는 좀처럼 다시 부모님 품으로 돌아갈 수 없어 시댁의 풍토에 적응하기 위한 방편(身土不二)으로 가져간 흙을 물에 조금씩 타서 마셨다고 합니다. 이러한 결혼 풍속 때문에 歸(귀)는 '돌아간다', '시집간다', '돌려보내다'는 등의 뜻을 지니게 되었답니다.

누이 妹(매) 는 여인이 다소곳이 기도하는 모습을 그려낸 여자 여(女)와 아닐 미(未)로 이루어졌습니다. 未(미)는 줄기 및 가지와 뿌리 모양을 상형한 나무 木(목)에서 가지 끝의 여린 싹(一)이 아직은 완전하게 자라지 않았다는 의미를 부여해 '아니다'라는 부정적인 의미뿐만 아니라 '아직은 -아니다'와 같이 아직은 성숙하지 않다는 의미를 나타내기도 합니다. 이에 따라 妹(매)는 아직은 여인으로서 성숙하지 않은(未) 여자(女)라는 데서 '손아래 누이', '막내여동생'을 뜻한답니다.

제 55 편

뇌화풍괘(雷火豐卦)

풍성하여 성대하여도 집안이 적막하면 안 된다

풍(豐)괘는 형통하나 왕만이 지극히 할 수 있으니, 근심할 것이 없으려면 마땅히 해가 중천에 떴을 때처럼 해야 합니다.

豐(풍), 亨(형), 王假之(왕격지: 지극할 격假), 勿憂(물우), 宜日中(의일중).

「단전(彖傳)」에 이르길 "풍괘는 크다는 뜻입니다. 밝음으로써 움직이기 때문에 풍이라 한답니다. 왕만이 지극히 할 수 있다는 것은 큰 것을 숭상하는 것이며, 근심할 것이 없으려면 마땅히 해가 중천에 떴을 때처럼 해야 한다는 것은 마땅히 천하를 고루 비춰야 한다는 것이고, 해가 중천에 뜨면 기울고 달도 가득 차면 줄어드니, 천지가 가득 차고 비우는 것은 시간과 함께 줄고 느는데, 하물며 사람은 어떻겠습니까? 하물며 귀신은 어떻겠습니까?"라고 했습니다.

彖曰(단왈): 豐(풍), 大也(대야). 明以動(명이동), 故豐(고풍). 王假之(왕가지), 尙大也(상대야), 勿憂(물우), 宜日中(의일중), 宜照天下也(의조천하야). 日中則昃(일중즉측), 月盈則食(월영즉식), 天地盈虛(천지영허), 與時消息(여시소식), 而況於人乎(이황어인호)? 況於鬼神乎(황어귀신호)?

「상전(象傳)」에 이르길 "우레와 번개가 모두 이르는 것이 풍괘이니, 군자가 이를 본받아서 감옥 수감자의 형량을 판결하고 형을 집행해야 합니다"라고 했습니다.

象曰(상왈): 雷電皆至(뇌전개지), 豐(풍), 君子以折獄致刑(군자이절옥치형).

초구는 그 짝이 되는 주인을 만나니, 비록 열흘이나마 허물이 없으니 그대로 나아가면 숭상 받는답니다.

「상전(象傳)」에 이르길 "비록 열흘이나마 허물이 없다는 것은 열흘이 지나면 재앙이 온다"는 겁니다.

初九(초구), 遇其配主(우기배주), 雖旬无咎(수순무구), 往有尙(왕유상).

象曰(상왈): 雖旬无咎(수순무구), 過旬災也(과순재야).

육이는 그 가림막이 풍성한지라 한낮에도 북두칠성을 보게 되며, 나아가면 의심과 질투를 받으니 믿음을 갖고서 감동을 시킨다면 길하답니다.

「상전(象傳)」에 이르길 "믿음을 갖고서 감동을 시킨다면 신의로써 뜻을 발휘합니다"라고 했습니다.

六二(육이), 豐其蔀(풍기부), 日中見斗(일중견두). 往得疑疾(왕득의질), 有孚發若(유부발약), 吉(길).

象曰(상왈): 有孚發若(유부발약), 信以發志也(신이발지야).

구삼은 두텁게 가리는 것이니 한낮에도 작은 별을 봅니다. 그 오른팔이 꺾이나 탓할 데도 없답니다.

「상전(象傳)」에 이르길 "두텁게 가리는 것은 큰일을 할 수 없다는 것이며, 그 오른팔이 꺾이는 것은 끝내는 쓸 수도 없다"는 겁니다.

九三(구삼), 豐其沛(풍기패), 日中見沫(일중견매). 折其右肱(절기우굉), 无咎(무구).

象曰(상왈): 豐其沛(풍기패), 不可大事也(불가대사야). 折其右肱(절기우굉), 終不可用也(종불가용야).

구사는 그 가림막이 두터운지라 한낮에도 북두칠성이 보이니, 온화한 주인을 만나면 길하답니다.

「상전(象傳)」에 이르길 "그 가림막이 두텁다는 것은 자리가 마땅하지 않다는 것이며, 한낮에도 북두칠성이 보인다는 것은 어두워서 밝지 않기 때문이고, 온화한 주인을 만난다는 것은 길하여 행하는 것"이라는 겁니다.

九四(구사), 豐其蔀(풍기부), 日中見斗(일중견두), 遇其夷主(우기이주), 吉(길).

象曰(상왈): 豐其蔀(풍기부), 位不當也(위부당야). 日中見斗(일중견두), 幽不明也(유불명야). 遇其夷主(우기이주), 吉行也(길행야).

육오는 훌륭한 인재(초구는 물론 육이와 구삼과 구사까지)를 오게 하면 경사와 명예가 있으니, 길하답니다.

「상전(象傳)」에 이르길 "육오가 길하다는 것은 경사가 있다"는 겁니다.

六五(육오), 來章(내장), 有慶譽(유경예), 吉(길).

象曰(상왈): 六五之吉(육오지길), 有慶也(유경야).

상육은 그 집을 성대하게 하고서도 그 집 안을 가리는지라, 그 집 안을 엿보니 고요해서 사람도 없고 3년 동안이나 보이지 않으니, 흉하답니다.

「상전(象傳)」에 이르길 "그 집을 성대하게 한다는 것은 하늘 끝까지 날아오른다는 것이며, 그 집 안을 엿보니 고요해서 사람도 없다는 것은 스스로 숨는다"는 겁니다.

上六(상육), 豐其屋(풍기옥), 蔀其家(부기가), 闚其戶(규기호), 闃其无人(격기무인), 三歲不覿(삼세부적), 凶(흉).

象曰(상왈): 豐其屋(풍기옥), 天際翔也(천제상야), 闚其戶(규기호), 闃其无人(격기무인), 自藏也(자장야).

| 괘명(卦名) 한자어원풀이 |

풍성할 豐(풍) 은 굽을 곡(曲)과 콩 두(豆)로 이루어져 있습니다. 豐

(풍)의 본래자형은 '豐(풍)'으로 제사용 그릇을 상형한 豆(두) 위에 또 다른 그릇(凵)을 올려 온갖 제물을 예쁘고(丰: 예쁠 봉) 단아하게(丰) 쌓아올린 데서 '풍성하다'는 뜻을 지니게 되었으며 禮(예)의 옛 글자랍니다. 후대로 오면서 현재의 자형으로 변했는데, 그다지 의미의 변화는 없답니다. 즉 豐(풍)의 구성요소인 曲(곡)은 대나무나 싸리나무로 만든 것처럼 비교적 큰 그릇을 뜻하고, 豆(두)는 뚜껑(一)을 덮어 따뜻한 국물을 담을 수 있는 발(䒑)이 달린 비교적 작은 그릇(口)을 의미한답니다. 따라서 豐(풍)은 제사상이나 음식상을 차릴 때, 옹기(曲)와 종기(豆) 같은 그릇에 음식물을 가득 차려낸다는 의미를 담아 풍성함을 뜻하고 있습니다.

제 56 편

화산려괘(火山旅卦)

정처 없이 유랑하는 데도 노잣돈은 필요하다

䷷

여(旅)괘는 조금은 형통하니, 유랑함에 바르게 해야 길하답니다.

旅(여), 小亨(소형), 旅貞吉(여정길).

「단전(彖傳)」에 이르길 "여괘가 조금은 형통하다는 것은 유(柔)가 밖에서 득중하고 강(剛)에 따르며, 있어야 할 곳에 멈추고 밝은 데 매이기 때문입니다. 이 때문에 조금이나마 형통하려면 유랑함에 바르게 해야 길하니 여괘의 때와 의의가 큽니다"라고 했습니다.

彖曰(단왈): 旅(여), 小亨(소형), 柔得中乎外而順乎剛(유득중호외이순호강), 止而麗乎明(지이려호명), 是以小亨(시이소형), 旅貞吉也(여정길야), 旅之時義大矣哉(여지시의대의재).

「상전(象傳)」에 이르길 "산 위에 불이 있는 것이 여괘랍니다. 군자가 이를 본받아서 형벌 내리는 것을 분명하게 하고 삼가며, 감옥에 계속 가둬둠이 없게 해야 합니다"라고 했습니다.

象曰(상왈): 山上有火(산상유화), 旅(여), 君子以明愼用刑而不留獄(군자이명신용형이불류옥).

초육은 나그네가 자질구레하게 구니, 이 때문에 재앙을 불러들이는 겁니다.

「상전(象傳)」에 이르길 "나그네가 자질구레하게 군다는 것은 뜻이 궁색하여 재앙이 있다"는 겁니다.

初六(초육), 旅瑣瑣(여쇄쇄), 斯其所取災(사기소취재).

象曰(상왈): 旅瑣瑣(여쇄쇄), 志窮災也(지궁재야).

육이는 나그네가 여관에 들어가서 자기의 노잣돈을 가슴에 품고서 어린 종의 충직함을 얻는답니다.

「상전(象傳)」에 이르길 "어린 종의 충직함을 얻는다는 것은 끝내 허물이 없다"는 겁니다.

六二(육이), 旅卽次(여즉차), 懷其資(회기자), 得童僕貞(득동복정).

象曰(상왈): 得童僕貞(득동복정), 終无尤也(종무우야).

구삼은 나그네가 여관을 불태워서 어린 종의 충직함을 잃으니, 위태롭답니다.

「상전(象傳)」에 이르길 "나그네가 그 여관을 불태운다는 것은 그 때문에 상해를 입고, 나그네 신분으로 아랫사람을 대하는 도리가 이와 같으니 그 의로움을 잃는다"는 겁니다.

九三(구삼), 旅焚其次(여분기차), 喪其童僕貞(상기동복정), 厲(려).

象曰(상왈): 旅焚其次(여분기차), 亦以傷矣(역이상의). 以旅與下(이려여하), 其義喪也(기의상야).

구사는 나그네가 처소에 머물면서 노잣돈과 도끼를 얻었으나, 구사인 내 마음은 불쾌하답니다.

「상전(象傳)」에 이르길 "나그네가 처소에서 머문다는 것은 아직 자리를 얻지 못했다는 것이며, 그 노잣돈과 도끼를 얻었으나 구사인 내 마음이 아직은 불쾌하다"는 겁니다.

九四(구사), 旅于處(여우처), 得其資斧(득기자부), 我心不快(아심불쾌).

象曰(상왈): 旅于處(여우처), 未得位也(미득위야), 得其資斧(득기자부), 心未快也(심미쾌야).

육오는 화살 한 대를 쏘아 꿩을 잡으니, 마침내 명예로운 명을 받게 됩니다.

「상전(象傳)」에 이르길 "마침내 명예로운 명을 받는다는 것은 윗자리에 있는 육오가 아랫사람과 함께하기 때문"이라고 했습니다.

六五(육오), 射雉一矢亡(사치일시망), 終以譽命(종이예명).

象曰(상왈): 終以譽命(종이예명), 上逮也(상체야).

상구는 새가 자기의 둥지를 불사르니 나그네가 먼저는 웃고 나중에는 울부짖으며, 유순한 덕인 소를 너무 쉽게 잃으니 흉하답니다.

「상전(象傳)」에 이르길 "나그네 신분으로 윗자리에 있으니 그 의로움이 불살라지는 것이고, 소를 너무 쉽게 잃는다는 것은 끝내 듣고 깨닫지 못한다"는 겁니다.

上九(상구), 鳥焚其巢(조분기소), 旅人先笑後號咷(여인선소후호도), 喪牛于易(상우우이), 凶(흉).

象曰(상왈): 以旅在上(이려재상), 其義焚也(기의분야), 喪牛于易(상우우이), 終莫之聞也(종막지문야).

| 괘명(卦名) 한자어원풀이 |

나그네 旅(여, 군사 려) 는 깃발 언(方+人)과 좇을 종(从)의 변형으로 이루어져 있습니다. 언(方+人)은 사람(人)이 나아가야 할 방향(方)을 알려주는 이정표와 같은 '깃발'을 말한답니다. 从(종)은 갑골문의 자형을 그대로 따르고 있는 글자로 두 사람(人)을 나란히 그려냈습니다. 즉 어떤 사람(人)이 앞서가는 다른 어떤 사람(人)을 따르고 있는 모양으로 추종자와 인도자 혹은 뜻이 맞는 사람끼리 어울린 모양을 그려내고 있는데, 현재 쓰이는 從(종)의 옛글자뿐만 아니라 요즘에는 이의 간체자(簡體字)로도 쓰이고 있답니다. 따라서 旅(여, 려)의 전체적인 의미는 군기나 깃발(方+人)을 따라 이동하는 많은 사람들(从)이라는 데서 '무리', '군사'라는 뜻이 생겼고, 또한 군대는 깃발을 앞세우고 자주 이동한다는 데서 '여행하다'의 뜻이 발생했으며, '나그네'의 뜻으로까지 확장되었답니다.

제 57 편

중풍손괘(重風巽卦)

지나치게 공손하고 순종하는 것은 부끄러운 일이다

손(巽)괘는 조금 형통하니, 나아갈 바가 있는 게 이로우며 대인을 만나는 게 이롭답니다.

巽(손), 小亨(소형), 利有攸往(이유유왕), 利見大人(이견대인).

「단전(彖傳)」에 이르길 "거듭된 손(巽)은 명을 펼쳐 나가는 것이고, 강(剛)이 중정함에도 공손함으로 뜻을 행하며, 유(柔)가 모두 강(剛)에 순종하기 때문에 조금 형통하고 나아갈 바가 있는 게 이로우며 대인을 만나는 게 이롭습니다"라고 했습니다.

彖曰(단왈): 重巽以申命(중손이신명), 剛巽乎中正而志行(강손호중정이지행), 柔皆順乎剛(유개순호강), 是以小亨(시이소형), 利有攸往(이유유왕), 利見大人(이견대인).

「상전(象傳)」에 이르길 "바람을 따르는 게 손괘이니, 군자가 이를 본받아서 명을 펴서 일을 실행합니다"라고 했습니다.

象曰(상왈): 隨風(수풍), 巽(손), 君子以申命行事(군자이신명행사).

초육은 나아가고 물러남이니, 무인의 바름이 이롭답니다.

「상전(象傳)」에 이르길 "나아가고 물러난다는 것은 자신의 뜻을 의심하는 것이고, 무인의 바름이 이롭다는 것은 뜻으로 다스린다"는 겁니다.

初六(초육), 進退(진퇴), 利武人之貞(이무인지정).

象曰(상왈): 進退(진퇴), 志疑也(지의야), 利武人之貞(이무인지정), 志治也(지치야).

구이는 겸손하여 평상 아래에 있으니, 박수와 무당을 활용하면 번거로운 듯하지만 길하고 허물이 없답니다.

「상전(象傳)」에 이르길 "번거로운 듯하지만 길하다는 것은 가운데를 얻는 득중하기 때문"이라고 했습니다.

九二(구이), 巽在牀下(손재상하), 用史巫紛若(용사무분약), 吉(길), 无咎(무구).

象曰(상왈): 紛若之吉(분약지길), 得中也(득중야).

구삼은 얼굴을 찡그리면서 공손히 하는 것이니, 궁색하답니다.

「상전(象傳)」에 이르길 "찡그리면서 공손히 하니 궁색하다는 것은 뜻이 곤궁하다"는 겁니다.

九三(구삼), 頻巽(빈손), 吝(린).

象曰(상왈): 頻巽之吝(빈손지린), 志窮也(지궁야).

육사는 후회하는 것이 사라지니, 사냥을 하여 삼품(제일품은 머리를, 제이품은 배를, 제삼품은 다리를 쏴서 잡는 것을 의미함)을 붙잡는답니다.

「상전(象傳)」에 이르길 "사냥을 하여 삼품을 잡는다는 것은 공로가 있다"는 겁니다.

六四(육사), 悔亡(회망), 田獲三品(전획삼품).

象曰(상왈): 田獲三品(전획삼품), 有功也(유공야).

구오는 바르면 길해서 후회가 없어지고 이롭지 않음이 없으니, 처음은 없지만 끝마침은 있답니다. 십간의 경(庚)일에 앞서 삼 일과 경일 이후 삼일을 지키면 길하답니다.

「상전(象傳)」에 이르길 "구오가 길하다는 것은 자리가 바르면서 득중하였기 때문"이라고 했습니다.

九五(구오), 貞吉(정길), 悔亡(회망), 无不利(무불리), 无初有終(무초유종), 先庚三日(선경삼일), 後庚三日(후경삼일), 吉(길).

象曰(상왈): 九五之吉(구오지길), 位正中也(위정중야).

상구는 자신을 낮추어 평상 아래에 있으니, 노잣돈과 도끼를 잃어버렸으니 바르더라도 흉하답니다.

「상전(象傳)」에 이르길 "자신을 낮추어 평상 아래에 있다는 것은 윗자리에서 궁색해진 것이고, 노잣돈과 도끼를 잃어버렸다는 것이 바르겠습니까? 흉하답니다!"라고 했습니다.

上九(상구), 巽在牀下(손재상하), 喪其資斧(상기자부), 貞凶(정흉).

象曰(상왈): 巽在牀下(손재상하), 上窮也(상궁야), 喪其資斧(상기자부), 正乎(정호), 凶也(흉야).

| 괘명(卦名) 한자어원풀이 |

공손할 巽(손) 은 무릎을 꿇고 앉아 있는 사람을 상형한 두 개의 절(卩)과 함께 공(共)으로 구성되었습니다. 여기서 共(공)은 스물 입(廿)과 두 손으로 받들 공(廾)으로 구성되었는데, 여기서는 두 개의 열 십(十)으로 짜여 20을 나타내는 廿(입)이 아니라 갑골문이나 금문에서처럼 어떤 물건의 모양을 나타내고 있답니다. 고대 사람들은 천원지방(天圓地方), 즉 '하늘은 둥글고 땅은 네모지다'고 믿어 하늘에 제사를 올릴 때는 하늘색을 닮은 비취색의 둥근 옥을 바치고, 땅에 제사를 지낼 때는 땅의 색깔인 네모난 황옥을 바쳐 풍년을 기원했습니다. 즉 옥이나 또 다른 제물(廿)을 두 손으로 받들어(廾) 바친다는 뜻이 담겨 있죠. 그런데 巽(손)의 갑골문은 꿇어앉은 두 사람이었는데, 금문과 소전을 거치면서는 제단을 의미하는 丌(기)가 첨가되었다가 후대로 오면서 共(공)으로 정착되었답니다. 이에 따라 巽(손)은 제단(共) 위에 바쳐진 두 사람(卩+卩)이 공손하게 앉아 있는 데서 '유순하다', '공손하다'는 의미를 부여했답니다.

제 58 편

중택태괘(重澤兌卦)

진실한 믿음에서 우러나는 기쁨이라야 옳다

䷹

태(兌)괘는 형통하니 바르게 함이 이롭답니다.

兌(태), 亨(형), 利貞(이정).

「단전(彖傳)」에 이르길 "태괘는 기쁨입니다. 강이 득중하고 유가 바깥에서 기뻐하는 마음으로써 바르게 함이 이로우니, 이를 본받아서 하늘에 순종하고 사람들과 호응하는 겁니다. 기쁨으로써 백성들을 앞서 이끌면 백성들이 그 수고로움을 잊고, 기뻐함으로써 어려운 일을 무릅쓰게 하면 백성들이 그 죽음마저 잊게 되며, 기쁨의 위대함이 백성을 힘써 따르게 합니다"라고 하였습니다.

彖曰(단왈): 兌(태), 說也(열야). 剛中而柔外(강중이유외), 說以利貞(열이리정), 是以順乎天而應乎人(시이순호천이응호인). 說以先民(열이선

민), 民忘其勞(민망기로), 說以犯難(열이범난), 民忘其死(민망기사), 說之大(열지대), 民勸矣哉(민권의재).

「상전(象傳)」에 이르길 "맑고 깨끗한 연못이 태괘이니, 군자가 이를 본받아서 벗들과 강론하고 익힙니다"라고 하였습니다.

象曰(상왈): 麗澤(려택), 兌(태). 君子以朋友講習(군자이붕우강습).

초구는 화합해서 기뻐하는 것이니 길하답니다.

「상전(象傳)」에 이르길 "화합해서 기뻐하는 것이 길하다는 것은 실행하는 데 의심하지 않기 때문"이라고 했습니다.

初九(초구), 和兌吉(화태길).

象曰(상왈): 和兌之吉(화태지길), 行未疑也(행미의야).

구이는 미더워 기뻐하니 길하고 후회도 없답니다.

「상전(象傳)」에 이르길 "미더워 기뻐하니 길하다는 것은 뜻을 믿기 때문"이라고 했습니다.

九二(구이), 孚兌(부태), 吉(길), 悔亡(회망).

象曰(상왈): 孚兌之吉(부태지길), 信志也(신지야).

육삼은 아래로 내려가서 기뻐하는 것이니 흉하답니다.

「상전(象傳)」에 이르길 "아래로 내려가서 기뻐하는 것이니 흉하다는 것은 자리가 마땅하지 않다"는 겁니다.

六三(육삼), 來兌(내태), 凶(흉).

象曰(상왈): 來兌之凶(내태지흉), 位不當也(위부당야).

구사는 기쁨을 계산하느라 편안하지 못한 것이니, 구오의 군주에 대한 절개를 지키고 병폐가 되는 자인 육삼을 미워하면 기쁨이 있을 겁니다.

「상전(象傳)」에 이르길 "구사의 기쁨은 경사가 있다"고 했습니다.

九四(구사), 商兌未寧(상태미녕), 介疾有喜(개질유희).

象曰(상왈): 九四之喜(구사지희), 有慶也(유경야).

구오는 깎아내리는 자인 상육을 믿으면 위태로움이 있을 겁니다.

「상전(象傳)」에 이르길 "깎아내리는 자인 상육을 믿는다는 것은 자리가 정당하기 때문"이라고 했습니다.

九五(구오), 孚于剝(부우박), 有厲(유려).

象曰(상왈): 孚于剝(부우박), 位正當也(위정당야).

상육은 이끌어서 기쁜 겁니다.

「상전(象傳)」에 이르길 "상육은 이끌어서 기쁘다는 것은 아직은 빛나지 않는다"는 겁니다.

上六(상육), 引兌(인태).

象曰(상왈): 上六引兌(상륙인태), 未光也(미광야).

| 괘명(卦名) 한자어원풀이 |

빛날 兌(태) 는 여덟 팔(八)과 형 형(兄)으로 구성되었습니다. 입(口)을 강조한 사람(儿)인 형은 아우를 말로써 타이르거나 또는 형제를 대표해 조상신(示)에게 축문을 아뢰는 사람(兄)이라는 뜻이 내포되어 있답니다. 그런데 여기서 兌(태)는 사람(儿)이 누군가에게 말하며 웃을 때 입(口)가에 지는 주름(八)을 나타낸 것으로, 특히 신에게 간절히 소원한 기도가 통했을 때 기뻐하는 모습이 담겨 있답니다. 그래서 '빛나다', '기뻐하다'는 뜻을 부여했답니다.

제 59 편

풍수환괘風水渙卦)

민심이 흩어지는 것을 막으려면 안정을 이루어야 한다

䷺

환(渙)괘는 형통하며 왕이 종묘를 모시는 데 지극하면, 큰 하천을 건너는 것이 이롭고 올바름이 이롭답니다.

渙(환), 亨(형). 王假有廟(왕가유묘), 利涉大川(이섭대천), 利貞(이정).

「단전(彖傳)」에 이르길 "환괘는 형통합니다. 강(剛)이 와서 곤궁하지 않고, 유가 밖에서 자리를 얻어 위와 뜻을 같이하기 때문이랍니다. 왕이 종묘를 모시는 데 지극한 것은 왕이 가운데 있기 때문이며, 큰 하천을 건너는 것이 이롭다는 것은 나무를 타서 공로가 있는 것입니다"라고 했습니다.

彖曰(단왈): 渙亨(환형), 剛來而不窮(강래이불궁), 柔得位乎外而上同(유득위호외이상동). 王假有廟(왕가유묘), 王乃在中也(왕내재중야). 利涉

大川(이섭대천), 乘木有功也(승목유공야).

「상전(象傳)」에 이르길 "바람이 물 위에서 부는 것이 환괘이니, 선왕이 이를 본받아 상제께 제사를 올리며 종묘를 세웁니다"라고 했습니다.

象曰(상왈): 風行水上(풍행수상), 渙(환), 先王以享于帝(선왕이향우제), 立廟(입묘).

초육은 구원을 하고 말이 건장하니 길하답니다.

「상전(象傳)」에 이르길 "초육이 길하다는 것은 때를 따르기 때문"이라고 했습니다.

初六(초육), 用拯馬壯(용증마장), 吉(길).

象曰(상왈): 初六之吉(초륙지길), 順也(순야).

구이는 민심이 흩어질 때에 그 기댈 곳인 초육으로 달려가면 후회가 없답니다.

「상전(象傳)」에 이르길 "민심이 흩어질 때에 그 기댈 곳인 초육으로 달려간다는 것은 원했던 것을 얻는다"는 겁니다.

九二(구이), 渙奔其机(환분기궤), 悔亡(회망).

象曰(상왈): 渙奔其机(환분기궤), 得願也(득원야).

육삼은 민심이 흩어질 때에 그 자신만은 후회가 없답니다.

「상전(象傳)」에 이르길 "민심이 흩어질 때에 그 자신만은 뜻이 밖에 있다"고 했습니다.

六三(육삼), 渙其躬(환기궁), 无悔(무회).

象曰(상왈): 渙其躬(환기궁), 志在外也(지재외야).

육사는 민심이 흩어질 때에 그 무리를 이루는 자라서 크게 길하고, 민심이 흩어질 때에 사람이 언덕처럼 모이는 것은 평범한 사람이 생각할 수 있는 것이 아닙니다. 언덕에 있으니 평온하게 생각하지 않는다는 겁니다.

「상전(象傳)」에 이르길 "민심이 흩어질 때에 그 무리를 이루는 자라서 크게 길하다는 것은 빛나고 크다"는 겁니다.

六四(육사), 渙其群(환기군), 元吉(원길), 渙有丘(환유구), 匪夷所思(비이소사).

象曰(상왈): 渙其群(환기군), 元吉(원길), 光大也(광대야).

구오는 민심이 흩어질 때 크게 호령하기를 땀에 젖듯이 하니, 민심이 흩어짐에 왕이 왕답게 처신해야만 허물이 없답니다.

「상전(象傳)」에 이르길 "왕이 왕답게 처신해야만 허물이 없다는 것은 올바르게 자리했기 때문"이라고 했습니다.

九五(구오), 渙汗其大號(환한기대호), 渙王居(환왕거), 无咎(무구).

象曰(상왈): 王居无咎(왕거무구), 正位也(정위야).

상구는 그 피를 흩어버리고 두려움에서 벗어나면 허물이 없답니다.

「상전(象傳)」에 이르길 "그 피를 흩어버린다는 것은 해로움을 멀리 한다"는 겁니다.

上九(상구), 渙其血(환기혈), 去逖出(거적출), 无咎(무구).

象曰(상왈): 渙其血(환기혈), 遠害也(원해야).

| 괘명(卦名) 한자어원풀이 |

흩어질 渙(환) 은 물 수(氵)와 빛날 환(奐)으로 이루어졌습니다. 氵(수)는 물줄기가 갈라지고 합해지는 강을 본뜬 水(수)를 간략히 세 개의 물방울로 표시한 것으로 자형의 좌변에 놓여 강이나 물의 뜻으로 쓰입니다. 또한 자형의 하변에 놓일 때는 氺(수)로 쓰이기도 하죠. 奐(환)은 산모의 가랑이 밑으로 갓난아이가 나오려 할 때 산파가 두 손을 뻗어 받으려 한 모양을 본뜬 상형글자랍니다. 즉 자형 상부의 '⺈' 모양은 산모를, '冂' 모양은 산모의 엉덩이를, '儿' 모양은 산모의 다리를 그리고 '大' 모양은 본디 두 손으로 뭔가를 받드는 모양을 본뜬 '두 손으로 받들 廾(공)'이 간략화된 것이죠. 즉 아이가 새로운 세상으로 나오는 모습을 '빛나는 모양' 또는 '성대한 모양'으로 '흩어지다'라는 뜻이 확장된 것이랍니다.

제 60 편

수택절괘(水澤節卦)

절도 있게 자신을 조절하고 제어해야 한다

䷻

절(節)괘는 형통하니, 고통스러운 절제는 바를 수가 없답니다.

節(절), 亨(형). 苦節(고절), 不可貞(불가정).

「단전(彖傳)」에 이르길 "절괘는 형통하다고 한 것은, 강(剛)과 유(柔)가 나뉘고 강이 득중(得中)하기 때문이랍니다. 고통스러운 절제가 바를 수가 없다는 것은 그 도가 곤궁해졌기 때문이며, 기뻐하면서 험난한 곳에서 행하고 지위에 합당하게 절도를 지키고 중정(中正)으로써 소통한답니다. 천지가 절도가 있기 때문에 사시가 이루어지며, 절도로써 제도하기 때문에 재물을 손상시키지 않고 백성들을 해롭게 하지도 않습니다"라고 했습니다.

彖曰(단왈): 節亨(절형), 剛柔分而剛得中(강유분이강득중). 苦節不可

貞(고절불가정), 其道窮也(기도궁야). 說以行險(열이행험), 當位以節(당위이절), 中正以通(중정이통). 天地節而四時成(천지절이사시성), 節以制度(절이제도), 不傷財(불상재), 不害民(불해민).

「상전(象傳)」에 이르길 "연못 위에 물이 있는 것이 절괘입니다. 군자가 이를 본받아 절도를 세우며 덕행을 논의합니다"라고 했습니다.

象曰(상왈): 澤上有水(택상유수), 節(절). 君子以制數度(군자이제수도), 議德行(의덕행).

초구는 방문 밖 뜰에 나가지 않으면 허물이 없답니다.

「상전(象傳)」에 이르길 "방문 밖 뜰에 나가지 않는다는 것은 통하고 막힌 것을 안다"는 겁니다.

初九(초구), 不出戶庭(불출호정), 无咎(무구).

象曰(상왈): 不出戶庭(불출호정), 知通塞也(지통색야).

구이는 방문 밖 뜰에도 나가지 않으니 흉하답니다.

「상전(象傳)」에 이르길 "방문 밖 뜰에도 나가지 않으니 흉하다는 것은 때를 잃음이 극에 달했다"는 겁니다.

九二(구이), 不出門庭(불출문정), 凶(흉).

象曰(상왈): 不出門庭凶(불출문정흉), 失時極也(실시극야).

육삼은 절제하지 않아서 탄식하지만, 허물은 없답니다.

「상전(象傳)」에 이르길 "절제하지 않아서 탄식하지만 또 누구를 탓하겠습니까!"라고 했습니다.

六三(육삼), 不節若(부절약), 則嗟若(즉차약), 无咎(무구).

象曰(상왈): 不節之嗟(부절지차), 又誰咎也(우수구야)!

육사는 편안하게 절제하니 형통하답니다.

「상전(象傳)」에 이르길 "편안하게 절제하니 형통하다는 것은 윗자리의 도를 계승한다"는 겁니다.

六四(육사), 安節(안절), 亨(형).

象曰(상왈): 安節之亨(안절지형), 承上道也(승상도야).

구오는 달갑게 절제하니 길하고 그대로 나아가면 숭상받음이 있답니다.

「상전(象傳)」에 이르길 "달갑게 절제하니 길하다는 것은 득중한 자리에 있기 때문"이라고 했습니다.

九五(구오), 甘節(감절), 吉(길), 往有尚(왕유상).

象曰(상왈): 甘節之吉(감절지길), 居位中也(거위중야).

상육은 고통스럽게 절제하는 것이니 고집하면 흉하고 고치면 후회가 없답니다.

「상전(象傳)」에 이르길 "고통스럽게 절제하니 고집하면 흉하다는 것은 그 도가 곤궁해졌다"는 겁니다.

上六(상육), 苦節(고절), 貞凶(정흉), 悔亡(회망).

象曰(상왈): 苦節貞凶(고절정흉), 其道窮也(기도궁야).

| 괘명(卦名) 한자어원풀이 |

마디 節(절) 은 대나무 모양을 상형한 대 죽(竹)과 곧 즉(卽)으로 구성되었습니다. 卽(즉)은 고소할 급(皀)과 병부 절(卩)로 이루어졌답니다. 皀(급)은 고소한 흰 쌀밥을 그릇 가득 담아 놓은 모양을 본뜬 글자임을 갑골문이나 금문을 보면 알 수 있습니다. 卩(절)은 나무를 쪼개 만든 신분을 알 수 있는 병부(兵符)나 신표(信標)를 뜻하기도 하지만, 여기서는 사람이 무릎을 꿇고 앉은 모양을 나타낸답니다. 즉 맛있는 냄새를 풍기는 밥그릇(皀) 앞으로 다가가 앉아(卩) 숟가락을 들고서 '곧' 밥을 먹으려는 모양을 그려내고 있어, 밥상 '가까이' 혹은 '다가가다'라는 뜻을 지니게 되었습니다. 이와는 반대의 뜻을 나타낸 글자로 이미 기(旣) 자가 있는데, 식사를 마치고서 밥상(皀)에서 고개를 돌린 모양(旡)을 그리고 있어 '이미', '벌써'라는 뜻을 지니게 되었답니다. 따라서 節(절)의 전체적인 의미는 대나무(竹)를 빌어 식물의 마디를, 즉(卽)을 빌어서는 동물의 관절이라는 뜻을 담은 데서 '마디'가 본뜻이며, '시기', '절제' 등의 뜻은 파생된 것이랍니다.

제 61 편

풍택중부괘(風澤中孚卦)

진실한 믿음이 천하에 미치게 하라

䷼

중부(中孚)괘는 돼지와 물고기까지 믿게 만들면 길하니, 큰 하천을 건너는 것이 이롭고 바르게 하는 것이 이롭답니다.

中孚(중부), 豚魚吉(돈어길), 利涉大川(이섭대천), 利貞(이정).

「단전(彖傳)」에 이르길 "중부괘는 부드러움인 유(柔)가 안에 있고 강건함인 강(剛)이 가운데 자리를 얻은 득중을 한 것입니다. 기뻐하고 공손해서 미더우니 마침내 나라가 교화된답니다. 돼지와 물고기까지 길하다는 것은 믿음이 돼지와 물고기까지 미친다는 겁니다. 큰 하천을 건너는 것이 이롭다는 것은 나무배를 타되 텅 비었다는 것이며, 중부괘가 바르게 하는 것이 이롭다는 것은 마침내 하늘에 호응한다는 것입니다"라고 했습니다.

彖曰(단왈): 中孚(중부), 柔在內而剛得中(유재내이강득중), 說而巽(열이손), 孚(부), 乃化邦也(내화방야). 豚魚吉(돈어길), 信及豚魚也(신급돈어야). 利涉大川(이섭대천), 乘木舟虛也(승목주허야), 中孚以利貞(중부이리정), 乃應乎天也(내응호천야).

「상전(象傳)」에 이르길 "연못 위에 바람이 있는 것이 중부괘이니, 군자가 이를 본받아서 감옥행에 대해 잘 의논하고 사형을 완화시켜야 합니다"라고 했습니다.

象曰(상왈): 澤上有風(택상유풍), 中孚(중부), 君子以議獄緩死(군자이의옥완사).

초구는 헤아리면 길하니, 다른 것이 있으면 편안하지 못하답니다.

「상전(象傳)」에 이르길 "초구는 헤아리면 길하다는 것은 뜻이 아직은 변하지 않았기 때문"이라고 했습니다.

初九(초구), 虞吉(우길), 有它不燕(유타불연).

象曰(상왈): 初九虞吉(초구우길), 志未變也(지미변야).

구이는 우는 학이 그늘에 있으니 그 새끼들이 화답합니다. 나에게 좋은 술이 있으니 그대와 더불어 나누고 싶습니다.

「상전(象傳)」에 이르길 "그 새끼들이 화답한다는 것은 마음속으로 원하기 때문"이라고 했습니다.

九二(구이), 鳴鶴在陰(명학재음), 其子和之(기자화지). 我有好爵(아유

호작), 吾與爾靡之(오여이미지).

象曰(상왈): 其子和之(기자화지), 中心願也(중심원야).

육삼은 상대인 상구를 얻어서 간혹 두드리고 간혹 그치고, 간혹 울고 간혹 노래한답니다.

「상전(象傳)」에 이르길 "간혹 두드리고 간혹 그친다는 것은 자리가 마땅치 않기 때문"이라고 했습니다.

六三(육삼), 得敵(득적), 或鼓或罷(혹고혹파), 或泣或歌(혹읍혹가).

象曰(상왈): 或鼓或罷(혹고혹파), 位不當也(위부당야).

육사는 달이 거의 보름달에 가까우니, 말(육사)의 짝이 없어지면 허물은 없답니다.

「상전(象傳)」에 이르길 "말의 짝이 없어진다는 것은 같은 무리를 버리고 위로 오른다"는 겁니다.

六四(육사), 月幾望(월기망), 馬匹亡(마필망), 无咎(무구).

象曰(상왈): 馬匹亡(마필망), 絕類上也(절류상야).

구오는 진실한 미더움을 갖고 천하의 민심을 결집시키면 허물이 없답니다.

「상전(象傳)」에 이르길 "미더움을 갖고 천하의 민심을 결집시키는 것은 자리가 정당하기 때문"이라고 했습니다.

九五(구오), 有孚攣如(유부련여), 无咎(무구).

象曰(상왈): 有孚攣如(유부련여), 位正當也(위정당야).

상구는 날갯짓하는 소리가 하늘에까지 오르려는 것이니, 고집하면 흉하답니다.

「상전(象傳)」에 이르길 "날갯짓하는 소리가 하늘에까지 오르려 하는 것이니, 어찌 오래가겠습니까"라고 하였답니다.

上九(상구), 翰音登于天(한음등우천), 貞凶(정흉).

象曰(상왈): 翰音登于天(한음등우천), 何可長也(하가장야).

| 괘명(卦名) 한자어원풀이 |

가운데 中(중) 은 간단한 자형임에도 다양한 의견이 제시되고 있답니다. 갑골문에 새겨진 모양은 어떠한 공간을 나타낸 '口' 모양에 긴 장대(丨)를 세워둔 모양인데, 장대의 상부에는 두세 가닥의 깃발도 함께 그려져 있습니다. 현재의 자형은 소전에서 보다 간략하게 이루어진 것이죠. 문제는 가운데 쓰인 '口' 모양에 대해 부족이 모여 사는 마을이라는 설, 바람의 방향을 측정하기 위한 판이라는 설, 장대의 그림자로 시간을 알기 위해 달아 놓은 나무틀이라는 설, 해의 변형으로 정오를 뜻한다는 설 등이 제기되고 있답니다. 필자가 보기에는 갑골문과 금문을 참조할 때, 마을(口)의 중앙광장에 부족의 상징인 깃발을 단 장대(丨)를 세웠다는 데서 '중앙', '가운데'라는 뜻을 지닌 것으로 유추할 수 있습니다.

미쁠 孚(부) 는 손톱 조(爫)와 아들 자(子)로 이루어졌습니다. 조(爫)에 대해 허신은 『설문(說文)』에서 "爪는 손으로 잡는다는 뜻이다. 손바닥이 아래로 향하게 하는 것을 '爪'라 하며 상형글자이다"라고 하였답니다. 子(자)는 강보에 싸인 아기를 본뜬 상형글자로 머리와 두 팔 그리고 하나의 다리로 묘사하고 있습니다. 다리를 하나로 그린 것은 아직 서서 걷지 못하는 '갓난아이'임을 나타내려 한 것이죠. 본뜻은 그러하였지만, 보통 장성하지 않은 아이들을 총칭하게 되었답니다. 이에 따라 孚(부)는 어미 새가 발톱(爫)으로 새끼(子)를 보살핀다거나 산모가 막 태어난 아기(子)를 두 손(爫)으로 미더움을 갖고서 안는다는 데서 '미쁘다', '기르다', '믿음'을 뜻하게 되었답니다.

제 62 편

뇌산소과괘(雷山小過卦)

작은 일이라도 지나치면 화(禍)를 자초한다

䷽

소과(小過)괘는 형통하며 곧음이 이롭답니다. 작은 일은 할 수 있지만 큰일은 할 수 없답니다. 나는 새가 소리를 남기니 위로 올라가면 마땅치 않고 마땅히 아래로 내려오면 크게 길하답니다.

小過(소과), 亨(형), 利貞(이정). 可小事(가소사), 不可大事(불가대사). 飛鳥遺之音(비조유지음), 不宜上(불의상), 宜下(의하), 大吉(대길).

「단전(彖傳)」에 이르길 "소과괘는 작은 일은 지나침이 있지만 형통한 것이니, 지나치되 곧음이 이롭다는 것은 때에 맞게 행한다는 겁니다. 유(柔)가 득중을 하였기 때문에 작은 일이 길하다는 겁니다. 강(剛)이 자리를 잃어 중도를 얻지 못하기 때문에 큰일을 할 수 없다는 겁니다. 하늘을 나는 새에게도 상(象)이 있답니다. 나는 새가 소리를 남기니 위로 올라가면 마땅치 않고 마땅히 아래로 내려오면 크게 길하다는 것은 위로 올라가면 이치를 거스르고 내려오면 이치를 따르기 때문입니다"라고 했습니다.

彖曰(단왈): 小過(소과), 小者過而亨也(소자과이형야), 過以利貞(과이리정), 與時行也(여시행야). 柔得中(유득중), 是以小事吉也(시이소사길야), 剛失位而不中(강실위이부중), 是以不可大事也(시이불가대사야). 有飛鳥之象焉(유비조지상언), 飛鳥遺之音(비조유지음), 不宜上(불의상), 宜下(의하), 大吉(대길), 上逆而下順也(상역이하순야).

「상전(象傳)」에 이르길 "산 위에 우레가 있는 것이 소과괘랍니다. 군자가 이를 본받아서 행실을 행하는 데 공손함을 조금 지나치게 하고, 상례를 치르는 데 슬픔을 조금 지나치게 하며, 재물을 쓰는 데 검소함을 조금 지나치게 해야 합니다"라고 했습니다.

象曰(상왈): 山上有雷(산상유뢰), 小過(소과). 君子以行過乎恭(군자이행과호공), 喪過乎哀(상과호애), 用過乎儉(용과호검).

초육은 나는 새이기 때문에 흉하답니다.

「상전(象傳)」에 이르길 "나는 새이기 때문에 흉하다는 것은 어떻게 할 수 없다"는 겁니다.

初六(초육), 飛鳥以凶(비조이흉).

象曰(상왈): 飛鳥以凶(비조이흉), 不可如何也(불가여하야).

육이는 할아버지를 지나치고 할머니를 만나는 것이니, 임금에게 도전하지 아니하고 신하를 만나면 허물이 없답니다.

「상전(象傳)」에 이르길 "임금에게 도전하지 않는 것은 신하의 본분을 넘어설 수 없기 때문"이라고 했습니다.

六二(육이), 過其祖(과기조), 遇其妣(우기비), 不及其君(불급기군), 遇其臣(우기신), 无咎(무구).

象曰(상왈): 不及其君(불급기군), 臣不可過也(신불가과야).

구삼은 지나칠 정도로 방비하지 않으면 쫓아와서 해칠 수 있기 때문에 흉하답니다.

「상전(象傳)」에 이르길 "쫓아와서 해칠 수 있는 것이 얼마나 흉하겠습니까!"라고 했답니다.

九三(구삼), 弗過防之(불과방지), 從或戕之(종혹장지), 凶(흉).

象曰(상왈): 從或戕之(종혹장지), 凶如何也(흉여하야)!

구사는 허물은 없으며, 지나치지 않아서 적당한 것입니다. 나아가면 위태로우니 반드시 경계하며 계속해서 고집하지 말아야 합니다.

「상전(象傳)」에 이르길 "지나치지 않아서 적당한 것은 자리가 마땅치 않기 때문이며, 나아가면 위태로우니 반드시 경계하라는 것은 끝내는 오래가지 못하기 때문"이라고 했습니다.

九四(구사), 无咎(무구), 弗過遇之(불과우지), 往厲必戒(왕려필계), 勿用永貞(물용영정).

象曰(상왈): 弗過遇之(불과우지), 位不當也(위부당야), 往厲必戒(왕려

필계), 終不可長也(종불가장야).

육오는 구름이 빽빽한데도 비가 내리지 않는 것은 내가 서쪽 교외로부터 왔기 때문이며, 육오인 공후가 저 구멍 속에 숨어 있는 육이를 쏘아서 잡았답니다.

「상전(象傳)」에 이르길 "구름이 빽빽한데도 비가 내리지 않는 것은 이미 위로 올라갔기 때문"이라고 했습니다.

六五(육오), 密雲不雨(밀운불우), 自我西郊(자아서교), 公弋取彼在穴(공익취피재혈).

象曰(상왈): 密雲不雨(밀운불우), 已上也(이상야).

상육은 이치에 맞지도 않고 과도한 것이니, 나는 새도 떠나버리니 흉하답니다. 이를 일러 하늘이 내리고 인간이 자초한 재앙이라 한답니다.

「상전(象傳)」에 이르길 "이치에 맞지도 않고 과도하다는 것은 너무 높이 치솟았다"는 겁니다.

上六(상육). 弗遇過之(불우과지), 飛鳥離之(비조리지), 凶(흉), 是謂災眚(시위재생).

象曰(상왈): 弗遇過之(불우과지), 已亢也(이항야).

| 괘명(卦名) 한자어원풀이 |

작을 小(소) 의 초기글자인 갑골문을 살펴보면, '작다'는 뜻을 지닌 '小(소)'는 세 개의 점으로, 少(소)는 네 개의 점으로 표시되었답니다. 두 글자 모두 작은 무언가를 표시한 것으로 새겨져 있죠. 이러한 小(소)에 대해 허신은 『설문(說文)』에서 "小는 사물이 아주 작다는 뜻이며 八로 구성되었다"고 하였습니다. 즉 어떤 사물(丨)을 반으로 나누었기(八) 때문에 작아졌다는 의미로 해석하고 있답니다. 또한 少(소)에 대해서는 小(소)를 의미요소로, '丿' 모양을 소리요소로 파악하였답니다. 일반적으로 小(소)는 어떠한 사물이 '작다'는 뜻으로 쓰이고, 少(소)는 '적다'는 의미로 구분하여 활용하고 있으나 고대에는 거의 동일한 의미로 쓰였답니다.

허물 過(과) 는 쉬엄쉬엄 갈 착(辶)과 입 비뚤어질 와(咼)로 이루어져 있습니다. 辶(착)의 본래자형은 辵(착)으로 가다(彳) 서다(止)를 반복하며 쉬엄쉬엄 가다는 뜻을 지녔답니다. 辵(착)이 자형 그대로 쓰이는 경우는 드물고 다른 글자와 합하여 새로운 글자로 불어날 때는 辶(착)으로 간략화되어 쓰이죠. 咼(와)는 살 발라낼 뼈 과(冎)와 입 구(口)로 구성되었습니다. 冎(과)에 대해 허신은 『설문(說文)』에서 "冎는 사람의 살을 도려내고 뼈만 남겨둠을 뜻하는 상형글자로 머리의 융기된 뼈를 말한다"고 하였답니다. 『열자(列子)』에 따르면 "염(炎)나라 사람들은 자신의 친척이 죽으면 살을 도려내어 버린다"고 하였습니다. 즉 사체(死體)의 살보다는 뼈를 중시하는 장례풍습 때문에, 아마도 유골(遺骨)이 곧 동기감응(同氣感應)에 따라 후손에게 영향을 미친다고 본 고대 동양 사람들의 사상적 맥락이 반영된 것이라 할 수 있죠. 이에 따라 살을 발라낸 앙상한 뼈(冎)만으로 된 입(口)은 비뚤어져 보인 데서 '입이 비뚤어지다'의 뜻을 지니게 되었답니다. 따라서 過(과)의 전체적인 의미는 입이 비뚤어진 사람의 입(咼)에서 나온 말은 심성이 곱지 못해 말 역시 잘못되어 나온다(辶)는 데서 '허물'의 뜻을 지니게 되었으며, 또한 그 말이 정도를 넘어선다는 데서 '지나치다'의 뜻도 함유하게 되었습니다.

제 63 편

수화기제괘(水火旣濟卦)

이미 이루어졌어도 올바름을 굳게 지켜야 한다

䷾

기제(旣濟)괘는 작은 일에 형통하니 올바르게 하는 것이 이롭고, 처음엔 길하고 끝에는 혼란스럽답니다.

旣濟(기제), 亨小(형소), 利貞(이정). 初吉終亂(초길종란).

「단전(彖傳)」에 이르길 "기제괘는 작은 일에 형통하니, 올바르게 하는 것이 이롭다는 것은 강유(剛柔)가 올바르고 자리에 합당하기 때문이랍니다. 처음에 길한 것은 유가 득중했기 때문이며, 끝에는 혼란스럽다는 것은 그 도가 궁색해졌기 때문입니다"라고 했습니다.

彖曰(단왈): 旣濟亨(기제형), 小者亨也(소자형야), 利貞(이정), 剛柔正而位當也(강유정이위당야). 初吉(초길), 柔得中也(유득중야), 終止則亂

(종지즉란), 其道窮也(기도궁야).

「상전(象傳)」에 이르길 "물이 불 위에 있는 것이 기제괘이니, 군자가 이를 본받아서 근심꺼리를 잘 생각해서 미리 막아야 합니다"라고 했습니다.

象曰(상왈): 水在火上(수재화상), 旣濟(기제), 君子以思患而豫防之(군자이사환이예방지).

초구는 수레를 끌면서 꼬리를 적실지라도 허물은 없답니다.

「상전(象傳)」에 이르길 "수레를 끈다는 것은 의리상 허물은 없다"는 겁니다.

初九(초구), 曳其輪(예기륜), 濡其尾(유기미), 无咎(무구).

象曰(상왈): 曳其輪(예기륜), 義无咎也(의무구야).

육이는 지어미가 수레의 가리개를 잃은 것이니, 쫓지 않아도 이레 만에 얻는답니다.

「상전(象傳)」에 이르길 "이레 만에 얻는 것은 중도로써 하기 때문"이라고 했습니다.

六二(육이), 婦喪其茀(부상기불), 勿逐(물축), 七日得(칠일득).

象曰(상왈): 七日得(칠일득) , 以中道也(이중도야).

구삼은 은나라의 고종이 서북쪽의 부족인 귀방을 정벌하여 삼년 만에야 이기니, 소인배는 등용하지 말아야 한답니다.

「상전(象傳)」에 이르길 "삼 년 만에야 이긴 것은 힘이 들어 고달팠다"는 겁니다.

九三(구삼), 高宗伐鬼方(고종벌귀방), 三年克之(삼년극지), 小人勿用(소인물용).

象曰(상왈): 三年克之(삼년극지), 憊也(비야).

육사는 배에 물이 스며드니 헌옷가지를 마련하고 종일토록 경계해야 한답니다.

「상전(象傳)」에 이르길 "종일토록 경계하는 것은 의심 가는 데가 있기 때문"이라고 했습니다.

六四(육사), 繻有衣袽(수유의녀), 終日戒(종일계).

象曰(상왈): 終日戒(종일계), 有所疑也(유소의야).

구오는 동쪽 이웃이 소를 잡는 것은 서쪽 이웃이 간략한 제사로써 실질적으로 복을 받는 것만 못하답니다.

「상전(象傳)」에 이르길 "동쪽 이웃이 소를 잡는 것은 서쪽 이웃이 때맞춰 제사지내는 것만 못하다는 것이며, 실질적으로 복을 받는 것은 크게 길하다"는 겁니다.

九五(구오), 東鄰殺牛(동린살우), 不如西鄰之禴祭(불여서린지약제), 實受其福(실수기복).

象曰(상왈): 東鄰殺牛(동린살우), 不如西鄰之時也(불여서린지시야), 實受其福(실수기복), 吉大來也(길대래야).

상육은 머리까지 적시니 위태롭답니다.

「상전(象傳)」에 이르길 "머리까지 적신다고 하니, 어찌 오래갈 수 있겠습니까!"라고 하였답니다.

上六(상육), 濡其首(유기수), 厲(려).

象曰(상왈): 濡其首厲(유기수려), 何可久也(하가구야)!

| 괘명(卦名) 한자어원풀이 |

이미 旣(기)는 고소할 급(皀)과 목멜 기(旡)로 이루어졌습니다. 皀(급)은 고소한 흰 쌀밥을 그릇 가득 담아 놓은 모양을 본뜬 글자임을 갑골문이나 금문을 보면 알 수 있답니다. 旡(기)에 대해 『설문(說文)』에서는 "음식이 기도를 막아서 숨을 쉴 수 없는 것을 '旡'라고 한다. 欠(흠)이 뒤집힌 모양으로 구성되었다"고 하였습니다. 갑골문에는 사람이 꿇어앉아 머리를 돌리고 있는 모양으로, 이미 밥(皀)을 다 먹고서 밥상에서 고개를 돌렸다(旡) 하여 '이미'라는 뜻이 부여되었답니다.

건널 濟(제)는 물 수(氵)와 가지런할 제(齊)로 구성되었습니다. 氵(수)는 물줄기가 갈라지고 합해지는 강을 본뜬 水(수)를 간략히 세 개의 물방울로 표시한 것으로 자형의 좌변에 놓여 강이나 물의 뜻으로 쓰입니다. 또한 자형의 하변에 놓일 때는 氺(수)로 쓰이기도 합니다. 齊(제)는 갑골문에는 창끝 모양 세 개가 나란히 그려져 있는데, 대부분 이것을 보리이삭과 같은 곡물로 해석하고 있습니다. 그러나 현재의 자형인 齊(제)를 눈여겨보면 그 해석이 매끄럽지 못하답니다. 刀(도)나 氏(씨) 그리고 중앙부의 辛(신) 모양은 모두가 도검류와 관련이 깊으며 자형하부는 그것을 가지런히 꽂을 수 있는 대(臺)라 할 수 있죠. 따라서 齊(제)의 의미는 창이나 도검류를 나무로 만든 형틀에 가지런히 꽂아놓은 모습이라 할 수 있답니다. 따라서 濟(제)의 전체적인 의미는 강물(氵)을 건널 때는 강바닥이 가지런한(齊) 곳으로 건너야 안전을 보장받을 수 있다는 뜻이 담겨 있습니다.

제 64 편

화수미제괘(火水未濟卦)

아직 이루어지지 않음은 또 다른 시작이다

䷿

미제(未濟)괘는 형통하나, 어린 여우가 과감하게 도랑을 건너다 그 꼬리를 적시니 이로울 것이 없답니다.

未濟(미제), 亨(형). 小狐汔濟(소호흘제), 濡其尾(유기미), 无攸利(무유리).

「단전(彖傳)」에 이르길 "미제괘가 형통한 것은 유(柔)가 득중(得中)하였기 때문이랍니다. 어린 여우가 과감하게 도랑을 건넜다는 것은 아직 위험한 가운데서 나오지 못했다는 겁니다. 그 꼬리를 적시니 이로울 것이 없다는 것은 계속해서 끝내지 못했다는 것이며, 비록 자리가 마땅치 않으나 강과 유가 호응하고 있습니다"라고 했습니다.

彖曰(단왈): 未濟亨(미제형), 柔得中也(유득중야). 小狐汔濟(소호흘제), 未出中也(미출중야). 濡其尾(유기미), 无攸利(무유리), 不續終也(불

속종야), 雖不當位(수부당위), 剛柔應也(강유응야).

「상전(象傳)」에 이르길 "불이 물 위에 있는 것이 미제괘이니, 군자가 이를 본받아 조심스럽게 사물을 분별함으로써 제자리에 머물게 해야 합니다"라고 했습니다.

象曰(상왈): 火在水上(화재수상), 未濟(미제), 君子以愼辨物居方(군자이신변물거방).

초육은 꼬리를 적시니, 궁색하답니다.

「상전(象傳)」에 이르길 "꼬리를 적시는 것은 또한 알지 못한 것이 극심하다"는 겁니다.

初六(초육), 濡其尾(유기미), 吝(린).

象曰(상왈): 濡其尾(유기미), 亦不知極也(역부지극야).

구이는 수레바퀴를 이끌듯이 하면 바르게 해서 길하답니다.

「상전(象傳)」에 이르길 "구이가 바르게 해서 길하다는 것은 중도로써 바르게 행하기 때문"이라고 했습니다.

九二(구이), 曳其輪(예기륜), 貞吉(정길).

象曰(상왈): 九二貞吉(구이정길), 中以行正也(중이행정야).

육삼은 아직은 때가 아니니 나아가면 흉하지만, 큰 하천을 건너는 것이 이롭답니다.

「상전(象傳)」에 이르길 "아직은 때가 아니니 나아가면 흉하다는 것은 자리가 마땅치 않다"는 겁니다.

六三(육삼), 未濟(미제), 征凶(정흉), 利涉大川(이섭대천).

象曰(상왈): 未濟征凶(미제정흉), 位不當也(위부당야).

구사는 바르게 하면 길해서 후회도 없어지니, 위엄스럽게 귀방을 정벌하여 삼 년이면 중원의 큰 나라에게 포상을 받게 된답니다.

「상전(象傳)」에 이르길 "바르게 하면 길해서 후회도 없다는 것은 뜻이 행해진다"는 겁니다.

九四(구사), 貞吉(정길), 悔亡(회망), 震用伐鬼方(진용벌귀방), 三年有賞于大國(삼년유상우대국).

象曰(상왈): 貞吉悔亡(정길회망), 志行也(지행야).

육오는 바르면 길하여 후회도 없을 것이니 군자의 빛이랍니다. 그러니 믿음이 있으면 길하답니다.

「상전(象傳)」에 이르길 "군자의 빛은 그 빛이 길합니다"라고 했습니다.

六五(육오), 貞吉无悔(정길무회), 君子之光(군자지광), 有孚(유부), 吉(길).

象曰(상왈): 君子之光(군자지광), 其暉吉也(기휘길야).

상구는 믿음을 가지고서 술을 마시면 허물이 없으며, 머리까지 적시면 믿음이 있을지라도 옳은 것을 잃는답니다.

「상전(象傳)」에 이르길 "술을 마시다 머리까지 적시는 것은 또한 절제할 줄 모른다"는 겁니다.

上九(상구), 有孚于飮酒(유부우음주), 无咎(무구). 濡其首(유기수), 有孚(유부), 失是(실시).

象曰(상왈): 飮酒濡首(음주유수), 亦不知節也(역부지절야).

| 괘명(卦名) 한자어원풀이 |

아닐 未(미) 는 나무 끝을 본뜬 상형글자입니다. 즉 나무(木)의 끝(一)은 아직 완전하게 자라지 않은 모양이어서 아직은 분명치 않기 때문에 '아니다'라는 부정의 뜻과 함께 미래적 뜻을 지닌 '아직은 -이 아니다'라는 의미를 지니게 되었답니다.

건널 濟(제) 는 물 수(氵)와 가지런할 제(齊)로 구성되었습니다. 氵(수)는 물줄기가 갈라지고 합쳐지는 강을 본뜬 水(수)를 간략히 세 개의 물방울로 표시한 것으로 자형의 좌변에 놓여 강이나 물의 뜻으로 쓰이며, 또한 자형의 하변에 놓일 때는 氺(수)로 쓰이기도 한답니다. 齊(제)는 갑골문에는 창끝 모양 세 개가 나란히 그려져 있습니다. 대부분 이것을 보리이삭과 같은 곡물로 해석하고 있는데, 현재의 자형인 齊(제)를 눈여겨보면 그 해석이 매끄럽지 못하다는 것을 알 수 있습니다. 도(刀)나 氏(씨) 그리고 중앙부의 辛(신) 모양은 모두가 도검류와 관련이 깊으며 자형하부는 그것을 가지런히 꽂을 수 있는 대(臺)라 할 수 있답니다. 따라서 齊(제)의 의미는 창이나 도검류를 나무로 만든 형틀에 가지런히 꽂아놓은 모습이라 할 수 있죠. 따라서 濟(제)의 전체적인 의미는 강물(氵)을 건널 때는 강바닥이 가지런한(齊) 곳으로 건너야 안전을 보장받을 수 있다는 뜻이 담겨 있답니다.

십익
十翼

제 1 편

계사상전
繫辭上傳

• • •

제1장 건곤의 정립과 팔괘

하늘은 높고 땅은 낮으니 역의 문호인 하늘인 건과 땅인 곤이 정해집니다. 땅은 낮고 하늘은 높음으로써 펼쳐지니 존귀함과 비천함이 자리를 잡게 됩니다. 움직임과 고요함에도 일정한 법칙이 있으니 굳셈과 부드러움으로 나뉘게 됩니다. 삶의 방법에 따라 끼리끼리 모이게 되고 사물의 빛깔인 물색에 따라 무리를 나누다 보니 길하거나 흉함이 생기게 된답니다. 하늘에서는 어떤 조짐인 상이 이루지고 그에 따라 땅에서는 형체가 이루어지다 보니 느릿한 변(變)과 빠른 화(化)인 변화가 나타나게 된답니다.

天尊地卑(천존지비), 乾坤定矣(건곤정의). 卑高以陳(비고이진), 貴賤位矣(귀천위의). 動靜有常(동정유상), 剛柔斷矣(강유단의). 方以類聚(방

이유취), 物以群分(물이군분), 吉凶生矣(길흉생의). 在天成象(재천성상), 在地成形(재지성형), 變化見矣(변화현의).

이 때문에 굳셈과 부드러움이 서로 갈마들고 팔괘가 서로 융합하며 움직여서 우레와 번개로 북돋우며 울리고, 바람과 비로써 윤택하게 하며, 해와 달이 운행하면서 한 번은 춥고 한 번은 더워서 하늘의 도인 건도가 남자를 이루고 땅의 도인 곤도가 여자를 이룹니다. 건은 큰 시작을 알아서 맡고 곤은 사물을 이루어 짓는답니다. 건은 쉬움으로 알아서 맡고 곤은 간단함으로써 능합니다.

是故(시고), 剛柔相摩(강유상마), 八卦相盪(팔괘상탕), 鼓之以雷霆(고지이뢰정), 潤之以風雨(윤지이풍우), 日月運行(일월운행), 一寒一暑(일한일서), 乾道成男(건도성남), 坤道成女(곤도성녀). 乾知大始(건지대시), 坤作成物(곤작성물). 乾以易知(건이이지), 坤以簡能(곤이간능).

쉬우면 쉽게 알아서 주관하고 간단하면 따르기가 쉽습니다. 쉽게 알아서 주관하면 친함이 있고 쉽게 따르면 공이 있답니다. 친함이 있으면 오래갈 수 있고 공이 있으면 커질 수 있습니다. 오래갈 수 있으면 어진 현인의 덕이고, 커질 수 있으면 현인의 덕업이랍니다.

易則易知(이즉이지: 知→주관하다), 簡則易從(간즉이종). 易知則有親(이지즉유친), 易從則有功(이종즉유공). 有親則可久(유친즉가구), 有功則可大(유공즉가대). 可久則賢人之德(가구즉현인지덕), 可大則賢人之業(가대즉현인지업).

쉽고 간단해서 천하의 이치를 얻으니, 천하의 이치를 얻으면 그 가운데서 지위를 이룰 겁니다.

易簡(이간), 而天下矣之理得矣(이천하의지리득의), 天下之理得(천하지리득), 而成位乎其中矣(이성위호기중의).

제2장 **괘체, 괘사와 효사**

성인인 복희씨가 괘를 그려내고, 문왕과 주공이 그 상을 보고서 괘사와 효사를 덧붙여 길함과 흉함을 밝히고 강함과 부드러움을 서로 미루어서 변화를 이끌어냈습니다.

聖人設卦(성인설괘), 觀象繫辭焉(관상계사언), 而明吉凶(이명길흉), 剛柔相推而生變化(강유상추이생변화).

이런 까닭에 길함과 흉함이란 잃고 얻는 상(象)이요, 후회하고 궁색함을 뜻하는 회린(悔吝)이란 근심하고 걱정하는 상이랍니다. 변화란 나아가고 물러나는 상이요, 강함과 부드러움인 강유(剛柔)란 낮과 밤의 상이랍니다. 육효의 움직임은 삼극(三極)의 도입니다.

是故(시고), 吉凶者(길흉자), 失得之象也(실득지상야), 悔吝者(회린자), 憂虞之象也(우우지상야). 變化者(변화자), 進退之象也(진퇴지상야), 剛柔者(강유자), 晝夜之象也(주야지상야). 六爻之動(육효지동), 三極之道也(삼극지도야).

이런 까닭에 군자는 역의 차서(次序)에 따라 편안히 효사의 뜻을 즐겨 새겼답니다. 이렇기 때문에 군자가 머무를 때는 그 상을 관찰하여 그 말을 즐겨 새긴답니다. 움직일 때는 그 변화를 관찰해서 그 점의 의미를 완미합니다. 이 때문에 하늘로부터 도움을 받아서 길하여 이롭지 않음이 없답니다.

是故(시고), 君子所居而安者(군자소거이안자), 易之序也(역지서야), 所樂而玩者(소락이완자), 爻之辭也(효지사야). 是故(시고), 君子居則觀其象(군자거즉관기상), 而玩其辭(이완기사). 動則觀其變(동즉관기변), 而玩其占(이완기점). 是以自天佑之(시이자천우지), 吉無不利(길무불리).

제3장 괘사와 효사의 의미

문왕이 지은 괘사를 단(彖)이라고 함은 상(象)을 말하는 것이며, 주공이 지은 효사를 효(爻)라 함은 변화를 말한 것이랍니다. 길하고 흉하다 함은 잃고 얻음을 말한 것이며, 뉘우치고 인색하다는 것은 작은 병폐가 있음을 말한 것이죠. 허물이 없다는 것은 허물을 잘 보완한다는 겁니다.

彖者(단자), 言乎象者也(언호상자야), 爻者(효자), 言乎變者也(언호변자야). 吉凶者(길흉자), 言乎其失得也(언호기실득야), 悔吝者(회린자), 言乎其小疵也(언호기소자야). 無咎者(무구자), 善補過也(선보과야).

이렇기 때문에 귀하고 천함은 나열(羅列)한 효의 자리에 달려 있고, 작고 큰 것을 변별하는 것은 괘에 달려 있습니다. 길함과 흉함을 분별하는 것은 괘사에 달려 있습니다.

是故(시고), 列貴賤者(열귀천자), 存乎位(존호위), 齊小大者(제소대자), 存乎卦(존호괘). 辯吉凶者(변길흉자), 存乎辭(존호사).

뉘우침과 인색함을 근심하는 것은 사소한 것에까지 미쳐야 하며, 움직여서 허물이 없도록 하는 것은 뉘우치는 반성에 달려 있답니다. 이 때문에 괘에는 작고 큰 것이 있어서 괘사에도 험하고 쉬운 말이 있습니다.

憂悔吝者(우회린자), 存乎介(존호개), 震無咎者(진무구자), 存乎悔(존호회). 是故(시고), 卦有小大(괘유소대), 辭有險易(사유험이).

이러한 말, 즉 계사라는 것은 각기 그 나아갈 바를 가리킨 것이랍니다.

辭也者(사야자), 各指其所之(각지기소지).

제4장 천문과 지리의 관찰

역이 천지와 더불어 기준으로 삼기 때문에 천지의 도를 빠짐없이 감쌀 수 있습니다.

易與天地準(역여천지준), 故能彌綸天地之道(고능미륜천지지도).

우러러선 하늘의 무늬인 천문을 보고, 몸을 구부려서는 땅의 이치인 지리를 살핍니다. 이렇기 때문에 그윽하여 보이지 않는 것과 밝게 보이는 것의 까닭을 알 수 있으며, 처음 시작을 근원으로 하여 마지막 끝을 돌이켜보기 때문에 죽고 사는 원리를 알 수 있답니다. 정과 기가 사물이 되고 넋인 혼이 노닐어서 변화가 일어나니 이 때문에 귀신의 실상을 알게 되는 겁니다.

仰以觀於天文(앙이관어천문), 俯以察於地理(부이찰어지리). 是故(시고), 知幽明之故(지유명지고), 原始反終(원시반종), 故知死生之說(고지사생지설). 精氣爲物(정기위물), 游魂爲變(유혼위변), 是故知鬼神之情狀(시고지귀신지정상).

천지와 더불어 서로 비슷하기 때문에 어긋남이 없답니다. 앎은 만사만물에 두루 미치고 도는 천하를 구제하기 때문에 지나치지 않습니다. 두루 행해도 흘러넘치지 아니하여 하늘을 즐기고 명을 알기 때문에 근심하지도 않습니다. 자신을 편안히 해서 어진 인에 돈독하기 때문에 만물을 사랑할 수 있습니다.

與天地相似(여천지상사), 故不違(고불위). 知周乎萬物(지주호만물), 而道濟天下(이도제천하), 故不過(고불과). 旁行而不流(방행이불류), 樂天知命(낙천지명), 故不憂(고불우). 安土敦乎仁(안토돈호인), 故能愛(고능애).

하늘과 땅의 조화를 본받고 그 범위에서 지나치지 않게 하며, 만물을 곡진히 이루어서 하나도 빠뜨리지 아니하고, 낮과 밤의 이치를 통해 알기 때문에 신은 일정한 방소(방향과 장소)가 없고 역은 정해진 몸체가 없음을 알게 된답니다.

范圍天地之化而不過(범위천지지화이불과), 曲成萬物而不遺(곡성만물이불유), 通乎晝夜之道而知(통호주야지도이지), 故神無方而易無體(고신무방이역무체).

제5장 음양의 도

한 번은 음(陰)하고 한 번은 양(陽)하는 것을 일러 도(道)라고 하니, 이를 잇는 것은 도덕적인 것을 뜻하는 선(善)이요, 이를 이룬 것은 본성을 의미하는 성(性)이랍니다.

一陰一陽之謂道(일음일양지위도), 繼之者善也(계지자선야), 成之者性也(성지자성야).

어진 자가 이를 보고서 인(仁)이라고 말하며, 지혜로운 자가 이를 보고서는 지(知)라고 말하는데, 일반 백성들은 날마다 쓰면서도 알지 못하기 때문에 군자의 도가 드물다(鮮: 드물 선)고 한 겁니다.

仁者見之謂之仁(인자견지위지인), 知者見之謂之知(지자견지위지지), 百姓日用不知(백성일용부지), 故君子之道鮮矣(고군자지도선의).

인(仁)을 드러내고 그 쓰임인 용(用)을 감춰서 만물을 북돋아 고동(鼓動)시키되, 성인과 더불어 근심하지 않기에 성대한 덕업에 이르렀답니다.

顯諸仁(현저인), 藏諸用(장저용), 鼓萬物而不與聖人同憂(고만물이불여성인동우), 盛德大業至矣哉(성덕대업지의재)!

풍부하게 갖고 있는 것을 대업(大業)이라 하고, 날로 새로워지는 것을 성덕(盛德)이라 합니다.

富有之謂大業(부유지위대업), 日新之謂盛德(일신지위성덕).

끊임없이 낳고 낳는 것을 일러 역(易)이라 하고, 그 상(象)을 이룬 것을 건(乾)이라 이르며, 법을 본받는 것을 일러 곤(坤)이라 하고, 그 수(數)를 끝까지 미루어서 미래를 아는 것을 점(占)이라 하며, 변화에 통하는 것을 일러 일(事)이라 하고, 음과 양으로도 헤아릴 수 없는 것을 신(神)이라 합니다.

生生之謂易(생생지위역), 成象之謂乾(성상지위건), 效法之謂坤(효법지위곤), 極數知來之謂占(극수지래지위점), 通變之謂事(통변지위사), 陰陽不測之謂神(음양불측지위신).

제6장 건곤과 음양의 역할

저 역(易)이 넓고도 큰지라 먼 곳에서도 막지 못한다 말하고, 가까운 곳에서는 고요해서 바르게 된다 말하며, 하늘과 땅 사이에서는 이미 갖추어졌다고 말합니다.

夫易(부역), 廣矣大矣(광의대의), 以言乎遠則不御(이언호원칙불어), 以言乎邇靜而正(이언호이정이정), 以言乎天地之間則備矣(이언호천지지간칙비의).

저 건(乾)은 수컷의 성징과 같이 고요함에는 전일하고, 움직임에는 곧기 때문에 큰 것이 생기는 겁니다. 저 곤(坤)은 암컷의 성징과 같이 고요함에는 닫히고, 움직임에는 열리기 때문에 넓음이 생겨나는 겁니다.(남녀 성기의 특징에 빗대고 있습니다.)

夫乾(부건), 其靜也專(기정야전), 其動也直(기동야직), 是以大生焉(시이대생언). 夫坤(부곤), 其靜也翕(기정야흡), 其動也辟(기동야벽), 是以廣

生焉(시이광생언).

넓고 큰 것은 하늘과 땅인 천지와 짝하고, 변하고 통하는 변통은 봄·여름·가을·겨울인 사시와 짝하며, 음양의 의의는 해와 달인 일월과 짝하고, 쉽고 간단한 이간인 선은 지극한 덕과 짝합니다.

廣大配天地(광대배천지), 變通配四時(변통배사시), 陰陽之義配日月(음양지의배일월), 易簡之善配至德(이간지선배지덕).

제7장 지혜의 숭상과 예의 낮춤

공자께서 말씀하시길, "역이 참으로 지극하구나!"라고 하였습니다. 저 역은 성인이 그로써 덕을 높이고 업을 넓히는 것이니, 지혜는 숭상하고 예는 낮춤으로써 쓰임으로 삼고, 숭상함은 하늘을 본받고 낮춤은 땅을 본받은 거랍니다. 하늘과 땅이 자리를 잡았기 때문에 그 가운데서 역이 실행되는 겁니다. 각각의 품성을 완성하고 간직할 것을 간직하게 하는 것이 사람으로서 마땅히 행해야 할 도의(道義)의 문이랍니다.

子曰(자왈): 「易其至矣乎(역기지의호)!」 夫易(부역), 聖人所以崇德而廣業也(성인소이숭덕이광업야), 知崇禮卑(지숭예비), 崇效天(숭효천), 卑法地(비법지). 天地設位(천지설위), 而易行乎其中矣(이역행호기중의). 成性存存(성성존존), 道義之門(도의지문).

제8장 천하의 지극한 도리

성인이 천하의 뒤섞인 도리를 봄에 있어서 그 생긴 꼴을 헤아려 그 사물의 마땅한 것을 본떴기 때문에 이를 이르길 상(象)이라 하였답니다. 또한 성인이 천하의 움직임을 봄에 있어서 그 모이고 통함을 관찰해 그 일정한 의식인 전례를 행하는 겁니다. 그리고 말씀을 붙여서 그 길흉을 판단한 것이니 이런 까닭으로 효사라 한답니다.

聖人有以見天下之賾(성인유이견천하지색), 而擬諸其形容(이의저기형용), 象其物宜(상기물의), 是故謂之象(시고위지상). 聖人有以見天下之動(성인유이견천하지동), 而觀其會通(이관기회통), 以行其典禮(이행기전례). 繫辭焉(계사언), 以斷其吉凶(이단기길흉), 是故謂之爻(시고위지효).

천하의 지극히 뒤섞인 도리를 말했으되 잘못 말하지 않았으며, 천하의 지극한 변화를 말했으되 혼란스럽게 하지는 않았습니다. 헤아려본 후에 말하고 따져본 뒤에 움직이니, 헤아리고 따져보아서 그 변화를 이루었답니다.

言天下之至賾(언천하지지색), 而不可惡也(이불가오야), 言天下之至動(언천하지지동), 而不可亂也(이불가란야). 擬之而後言(의지이후언), 議之而後動(의지이후동), 擬議以成其變化(의의이성기변화).

"우는 학이 그늘에 있거늘 그 새끼가 화답하는구나. 나에게 좋은 술이 있으니 그대와 더불어 나누고자 합니다.'(䷼풍택중부괘(風澤中孚卦)인 구이(九二)의 효사를 인용하였답니다.) 이에 공자께서 말씀하시길 "군자가 자기 집에 있으면서 선한 말을 하면 천 리 밖에서도 호응한다 하니, 하물며 그 가까운 곳에서야! 자기 집에 있으면서 선하지 않은 말을 하면 천 리 밖에서도 어겨버리니, 하물며 그 가까운 데에서야! 말이 내 몸에서 나오면 백성들에게 더해지며, 행실 또한 가까운 데서 유발되어 먼 곳에서 나타나니, 말과 행실인 언행은 군자의 지도리이면서 기틀인 추기이니, 추기의 움직임이 영화와 치욕의 주된 원인이 됩니다. 그러니 언행은 군자가 천지를 움직이는 원인이 되니 삼가 조심하지 않을 수 있겠습니까?"라고 하였답니다.

「鳴鶴在陰(명학재음), 其子和之(기자화지), 我有好爵(아유호작), 吾與爾靡之(오여이미지).」子曰(자왈):「君子居其室(군자거기실), 出其言(출기언), 善則千里之外應之(선즉천리지외응지), 況其邇者乎(황기이자호)! 居其室(거기실), 出其言(출기언), 不善(불선), 千里之外違之(천리지외위지), 況其邇者乎(황기이자호)! 言出乎身(언출호신), 加乎民(가호민), 行發乎邇(행발호이), 見乎遠(견호원), 言行君子之樞機(언행군자지추기), 樞機之發(추기지발), 榮辱之主也(영욕지주야). 言行(언행), 君子之所以動天地也(군자지소이동천지야), 可不愼乎(가불신호)?」

䷌천화동인괘(天火同人卦)의 구오(九五)의 효사에는 "먼저 부르짖어 울고 뒤에는 웃는다"고 했습니다. 이에 대해 공자께서 말씀하시길 "군자의 도는 간혹 나아가기도 하고 간혹 머물기도 하며, 간혹은 침묵하기도 하고 간혹 말하기도 하니, 두 사람이 마음을 같이 하니 그 날카로움이 쇠를 끊기도 합니다. 같은 마음의 말은 난초의 향기와도 같답니다"라고 하였답니다.

同人(동인) , 先號咷而後笑(선호도이후소).」子曰(자왈):「君子之道(군자지도), 或出或處(혹출혹처), 或默或語(혹묵혹어), 二人同心(이인동

심), 其利斷金(기리단금), 同心之言(동심지언), 其臭如蘭(기취여란).」

䷛택풍대과괘(澤風大過卦)의 초육(初六)의 효사에는 "제사를 지내기 위해 자리를 까는데 흰 띠를 쓰니 허물이 없다"고 했는데, 이에 대해 공자께서 말씀하시길 "진실로 저 땅에 두더라도 괜찮거늘 흰 띠를 써서 까니 어찌 허물이 있겠습니까? 신중하고 삼감에 지극한 겁니다. 무릇 흰 띠란 사물은 하찮은 것이지만 쓰는 것을 소중히 할 수도 있습니다. 이 방법을 신중하게 활용해 나간다면 그에 따라 잃는 것은 없을 겁니다"라고 하였죠.

「初六(초육), 藉用白茅(자용백모), 無咎(무구).」 子曰(자왈): 「苟錯諸地而可矣(구착저지이가의), 席用白茅(석용백모), 何咎之有(하구지유)? 愼之至也(신지지야). 夫茅之爲物薄(부모지위물박), 而用可重也(이용가중야). 愼斯術也以往(신사술야이왕), 其無所失矣(기무소실의).」

䷎지산겸괘(地山謙卦)의 구삼(九三)의 효사에는 "힘쓰면서도 겸손한 군자가 끝마침이 있으니 길하다"고 했는데, 이에 대해 공자께서 말씀하시길 "수고로웠어도 자랑하지 아니하며, 공이 있으면서도 덕으로 여기지 않는 것은 후덕함이 지극한 겁니다. 또한 공이 있으면서도 아랫사람에게 그 공을 돌립니다. 덕은 성대해야 하고 예는 공손해야 함을 말하는 것이니, 겸손하다는 것은 공손함으로써 그 자리를 보존하는 것이랍니다"라고 했답니다.

「勞謙君子(노겸군자), 有終吉(유종길).」 子曰(자왈): 「勞而不伐(노이불벌), 有功而不德(유공이부덕), 厚之至也(후지지야), 語以其功下人者也

(어이기공하인자야). 德言盛(덕언성), 禮言恭(예언공), 謙也者(겸야자), 致恭以存其位者也(치공이존기위자야).」

䷀중천건괘(重天乾卦)의 상구(上九)의 효사에는 "높이 있는 용이니 뉘우침이 있다"고 했는데 이에 대해 공자께서 말씀하시길 "존귀해도 자리가 없으며 높아도 백성이 없고, 어진 사람인 현인이 아랫자리에 있어도 도움이 안 되기 때문에 움직이면 뉘우침이 있습니다"라고 했습니다.

「亢龍有悔(항룡유회).」 子曰(자왈): 「貴而無位(귀이무위), 高而無民(고이무민), 賢人在下位而無輔(현인재하위이무보), 是以動而有悔也(시이동이유회야).」

䷻수택절괘(水澤節卦)의 초구(初九)의 효사에는 "집안의 뜰에도 나가지 않으니 허물이 없다"고 했는데 이에 대해 공자께서 말씀하시길 "혼란이 발생하는 것은 언어가 그 계단이 되는 것이기에, 임금이 주도면밀하지 않으면 신하를 잃게 되며, 신하가 주도면밀하지 않으면 자신을 잃게 되고, 기밀을 지켜야 될 일에 주도면밀하지 않으면 해로움이 되기 때문에 군자는 조신하고 주도면밀함을 지키기 위해 집안의 뜰에도 나가지 않습니다"라고 했습니다.

「不出戶庭(불출호정), 無咎(무구).」 子曰(자왈): 「亂之所生也(난지소생야), 則言語以爲階(즉언어이위계), 君不密則失臣(군불밀즉실신), 臣不密則失身(신불밀즉실신), 幾事不密則害成(기사불밀즉해성), 是以君子愼密而不出也(시이군자신밀이불출야).」

공자께서 말씀하시길 "역을 지으신 분들께서도 그 도둑을 알고 있었을까요? 역 ䷧뇌수해괘(雷水解卦)의 육삼(六三)에 '등에 져야 할 것(마대를 가리킴)이 말에 올라타 버렸으니 도적이 이르게 되겠구나'라고 하였습니다. 등에 마대를 지는 것은 소인이 할 일인데, 소인이 군자의 말을 타버렸으니 도둑이 되어 빼앗을 것을 생각한 것이죠. 윗사람에게 거만하게 굴고 아랫사람에게는 포악하게 구는 건 또 다른 도적이 자신을 칠 거라는 걱정을 하고 있다는 거죠. 창고 지키기를 게을리 하는 건 도적을 부르는 것이고, 얼굴을 아름답게 꾸미는 건 음란한 짓을 부르는 거랍니다. 그래서 역에도 이르길 '등에 져야 할 것이 또 올라타 버렸으니 도적을 불러 이르게 한 것이다'라며, 바로 도적을 부른 겁니다"라고 했습니다.

子曰(자왈): 「作易者其知盜乎(작역자기지도호)? 易曰(역왈): 『負且乘(부차승), 致寇至(치구지).』 負也者(부야자), 小人之事也(소인지사야). 小人而乘君子之器(소인이승군자지기), 盜思奪矣(도사탈의), 上慢下暴(상만하폭), 盜思伐之矣(도사벌지의). 慢藏誨盜(만장회도), 冶容誨淫(야용회음). 易曰(역왈): 『負且乘(부차승), 致寇至(치구지).』 盜之招也(도지초야).」

제9장 천지 변화의 수

하늘은 하나에 땅은 둘이요, 하늘은 셋에 땅은 넷이요, 하늘은 다섯에 땅은 여섯이요, 하늘은 일곱에 땅은 여덟이요, 하늘은 아홉에 땅은 열이랍니다. 그래서 하늘의 수가 다섯이요, 땅의 수가 다섯이니, 다섯 자리가 서로 얻어서 각각 합함이 있게 된답니다. 그 결과 하늘의 수인 천수가 이십오요, 땅의 수인 지수가 삼십으로 천지의 수는 오십오가 됩니다. 이것이 변화를 이루고 귀신의 일을 실행케 하는 겁니다.

天一地二(천일지이), 天三地四(천삼지사), 天五地六(천오지육), 天七地八(천칠지팔), 天九地十(천구지십). 天數五(천수오), 地數五(지수오), 五位相得而各有合(오위상득이각유합). 天數二十有五(천수이십유오), 地數三十(지수삼십), 凡天地之數(범천지지수), 五十有五(오십유오). 此所以成變化而行鬼神也(차소이성변화이행귀신야).

크게 펼치는 수가 오십이지만 실제로 쓰이는 것은 사십구랍니다. 이를 둘로 나누어서 양의(兩儀)를 본뜨고, 하나를 넷째와 새끼손가락 사이에 걸어서 천지인삼재를 형상하며, 넷씩 세어서 봄·여름·가을·겨울이라는 사시를 형상화하고, 나머지를 손가락 사이에 끼워서 윤달을 형상화합니다. 오년 만에 두 번의 윤달이 있기 때문에 다시 끼운 후에 괘를 찾는 거랍니다.

大衍之數五十(대연지수오십), 其用四十有九(기용사십유구). 分而爲二以象兩(분이위이이상양), 掛一以象三(괘일이상삼), 揲之以四以象四時(설지이사이상사시), 歸奇於扐以象閏(귀기어륵이상윤). 五歲再閏(오세재윤), 故再扐而後掛(고재륵이후괘).

하늘을 뜻하는 건의 책수가 216이며, 땅을 의미하는 곤의 책수는 144랍니다. 모두 360이니 1년의 날수인 일수에 해당한답니다. 두 편, 즉 역경 상하경의 책수가 11,520이니 만물의 수에 해당합니다.

乾之策(건지책), 二百一十有六(이백일십유육), 坤之策(곤지책), 百四十有四(백사십유사). 凡三百有六十(범삼백유육십), 當期之日(당기지일). 二篇之策(이편지책), 萬有一千五百二十(만유일천오백이십), 當萬物之數也(당만물지수야).

이렇기 때문에 네 번씩 운영해서 역을 이루고 18번 변해서 대성괘를 이루며, 8괘는 소성괘가 됩니다. 이끌어 펼치며 모든 일에 적용해 펴나가면 천하의 가능한 일을 다 마칠 겁니다.

是故(시고), 四營而成易(사영이성역), 十有八變而成卦(십유팔변이성괘), 八卦而小成(팔괘이소성). 引而伸之(인이신지), 觸類而長之(촉류이장지), 天下之能事畢矣(천하지능사필의).

도를 밝히고 덕행을 신묘하게 합니다. 이런 까닭으로 신과 더불어 응대할 수 있으며 신을 도울 수 있습니다. 이에 공자께서 말씀하시길 "변화의 도를 아는 자는 신(神)이 하는 걸 알고 있습니다!" 라고 했답니다.

顯道神德行(현도신덕행), 是故可與酬酢(시고가여수초), 可與佑神矣(가여우신의). 子曰(자왈): 「知變化之道者(지변화지도자), 其知神之所爲乎(기지신지소위호)!」

제10장 성인의 도는 네 가지

이 역에는 성인의 도가 넷이 있습니다. 역으로써 말하는 자는 그 말씀을 숭상하고, 역으로써 행동하는 자는 그 변화를 숭상하며, 기물을 짓는 자는 그 상을 숭상하고, 역의 복서로 점을 치려는 자는 그 점을 숭상합니다.

是有聖人之道四焉(시유성인지도사언), 以言者尙其辭(이언자상기사), 以動者尙其變(이동자상기변), 以制器者尙其象(이제기자상기상), 以卜筮者尙其占(이복서자상기점).

이로써 군자가 장차 할 일이 있으며 앞으로 무언가를 행할 때 말로써 묻거든, 그 명을 받음이 메아리가 울리는 것 같아서 먼 데나 가까운 데나 그윽한 데나 깊은 데나 할 것 없이 마침내는 다가올 일을 알게 되는데, 천하에 지극히 바르고 맑은 사람이 아니면 그 누가 이에 참여할 수 있겠습니까?

是以君主子將以有爲也(시이군주자장이유위야), 將以有行也(장이유행야), 問焉而以言(문언이이언), 其受命也如嚮(기수명야여향), 無有遠近幽深(무유원근유심), 遂知來物(수지래물), 非天下之至精(비천하지지정), 其孰能與於此(기숙능여어차).

셋과 다섯으로써 변하며 여러 가지가 뒤섞여 모여 그 변화를 통해 마침내는 천지의 무늬를 이루고, 그 수를 가늠해 마침내는 천하의 상이 정해지는 겁니다. 천하의 지극한 변화에 통달하지 않으면 그 누가 이에 참여할 수 있겠습니까?

參五以變(삼오이변), 錯綜其數(착종기수), 通其變(통기변), 遂成天地之文(수성천지지문), 極其數(극기수), 遂定天下之象(수정천하지상). 非天下之至變(비천하지지변), 其孰能與於此(기숙능여어차)?

역은 사사로운 생각도 없으며 인위적으로 하고자 함도 없이 고요히 움직이지 않다가 느낌만으로 마침내 천하의 연고에 통하는 거랍니다. 천하의 지극히 신묘한 사람이 아니라면 그 누가 이에 참여할 수 있겠습니까?

易無思也(역무사야), 無爲也(무위야), 寂然不動(적연부동), 感而遂通天下之故(감이수통천하지고). 非天下之至神(비천하지지신), 其孰能與於此(기숙능여어차).

무릇 역은 성인이 그 깊이를 다하여 그 기미를 연구한 것입니다. 오직 심오하기 때문에 천하의 뜻에 통할 수 있었으며, 오직 기미했기 때문에 천하의 일을 이룰 수 있었답니다. 오직 신묘했기 때문에 빨리하지 않아도 신속했으며, 행하지 아니했어도 이른 거랍니다. 이에 공자께서 이르시길 "역에는 성인의 도가 넷이 있습니다"라고 한 것은 이를 두고 말씀한 거랍니다.

夫易(부역), 聖人之所以極深而研幾也(성인지소이극심이연기야). 惟深也(유심야), 故能通天下之志(고능통천하지지), 惟幾也(유기야), 故能成天下之務(고능성천하지무). 惟神也(유신야), 故不疾而速(고부질이속), 不行而至(불행이지). 子曰(자왈): 「易有聖人之道四焉者(역유성인지도사언자)」, 此之謂也(차지위야).

제11장 성인의 업적

공자께서 말씀하시길 "대체 역은 무엇 때문에 만든 겁니까? 무릇 역은 만물을 열어 생성시킴을 알리고 업무를 이루어서 천하의 도를 뒤덮나니 이와 같을 뿐이랍니다. 이런 까닭에 성인이 천하세상의 뜻을 통찰하여 천하세상의 사업을 정하며 천하세상의 의문을 판단한답니다.

子曰(자왈): 「夫易何爲者也(부역하위자야)? 夫易開物成務(부역개물성무), 冒天下之道(모천하지도), 如斯而已者也(여사이이자야). 是故(시고), 聖人以通天下之志(성인이통천하지지), 以定天下之業(이정천하지업), 以斷天下之疑(이단천하지의).

이렇기 때문에 시초의 덕은 원만해서 신령스럽고, 괘의 덕은 방정해서 지혜가 담겨 있습니다. 육효의 뜻은 음양의 변화를 통해 알려준답니다. 성인은 이로써 마음을 닦아서 물러나 은밀한 곳에 감추며, 길하고 흉한 일에 백성들과 더불어 한마음으로 걱정합니다. 신묘하게 다가올 미래를 미리 알고 지혜로써 지나간 일을 갈무리해 버리니 그 누가 이에 참여할 수 있겠습니까? 옛적에 총명하여 예지가 있고 신묘한 무예가 있었으나 사람을 다치게 하진 않았던 성인이시여!

是故(시고), 蓍之德(시지덕), 圓而神(원이신), 卦之德(괘지덕), 方以知(방이지). 六爻之義(육효지의), 易以貢(역이공). 聖人以此洗心(성인이차세심), 退藏於密(퇴장어밀), 吉凶與民同患(길흉여민동환). 神以知來(신이지래), 知以藏往(지이장왕), 其孰能與於此哉(기숙능여어차재)? 古之聰明叡知神武而不殺者夫(고지총명예지신무이불살자부)!

이로써 하늘의 도를 밝히고 백성의 사정을 잘 살펴, 이에 신의 물건인 역을 일으켜서 백성들이 먼저 쓰도록 앞세운 거랍니다. 성인은 이러한 것으로써 심신을 재계하여 그 덕을 신령스럽고 밝게 해야 한답니다.

是以(시이), 明於天之道(명어천지도), 而察於民之故(이찰어민지고), 是與神物以前民用(시여신물이전민용). 聖人以此齋戒(성인이차재계), 以神明其德夫(이신명기덕부).

이렇기 때문에 문을 닫는 것을 일러 곤(坤)이라 하고, 문을 여는 것을 일러 건(乾)이라 한답니다. 한 번 닫고 한 번 여는 것을 일러 변(變)이라 하고, 가고 오는 데 막히지 않는 것을 일러 통(通)이라 하며, 나타난 것을 일러 상(象)이라 하고, 형체 있는 것을 기(器)라 이르며, 제조하여 쓰는 것을 일러 법(法)이라 하고, 들고 남에 이롭게 활용하여 백성들이 모두 쉽게 쓰는 것을 일러 신(神)이라 한답니다.

是故(시고), 闔戶謂之坤(합호위지곤), 辟戶謂之乾(벽호위지건). 一闔一辟謂之變(일합일벽위지변), 往來不窮謂之通(왕래불궁위지통), 見乃謂之象(현내위지상), 形乃謂之器(형내위지기), 制而用之(제이용지), 謂之法(위지법), 利用出入(이용출입), 民咸用之(민함용지), 謂之神(위지신).

이런 까닭에 역에는 태극이 있게 되며, 이 태극이 음양이라는 양의를 낳고, 양의가 태음·소양·소음·태양이라는 사상을 낳으며, 이 사상이 일건천天☰·이태택澤☱·삼리화火☲·사진뇌雷☳·오손풍風☴·육감수水☵·칠간산山☶·팔곤지地☷라는 팔괘를 낳고, 이 팔괘가 길흉을 정하며, 이 길흉이 만물을 이룬답니다.

是故(시고), 易有太極(역유태극), 是生兩儀(시생양의), 兩儀生四象(양의생사상), 四象生八卦(사상생팔괘), 八卦定吉凶(팔괘정길흉), 吉凶生大業(길흉생대업).

이 때문에 본떠 만든 상인 법상이 천지보다 큰 것이 없고, 변하고 통하는 것인 변통이 봄·여름·가을·겨울인 사시보다 큰 것이 없으며, 형상을 드러내 밝음을 나타낸 것으로 해와 달보다 큰 것이 없고, 숭고함에 있어 부귀보다 큰 것이 없답니다.

是故(시고), 法象莫大乎天地(법상막대호천지), 變通莫大乎四時(변통막대호사시), 縣象著明莫大乎日月(현상저명막대호일월), 崇高莫大乎富貴(숭고막대호부귀).

물건을 갖추어 활용토록 하면서 형상을 세우고 기물을 만들어 천하를 이롭게 함이 성인보다 클 수 없습니다. 깊은 이치를 탐구하고 은미한 것을 탐색하며 깊이 있는 것을 찾아내고 원대한 데까지 이르러서 천하의 길흉을 정하고, 천하가 힘쓰고 힘쓰도록 하는 것으로 점칠 때 활용하는 톱 풀과 거북 껍질인 시구보다 큰 것이 없답니다.

備物致用(비물치용), 立象成器以爲天下利(입상성기이위천하리), 莫大乎聖人(막대호성인). 探賾索隱(탐색색은), 鉤深致遠(구심치원), 以定天下之吉凶(이정천하지길흉), 成天下之亹亹者(성천하지미미자), 莫大乎蓍龜(막대호시구).

이런 까닭에 하늘이 신령한 물건인 신물을 내니 성인이 이를 본받고 또 천지가 변화하거늘 성인이 이를 본받은 겁니다. 하늘이 상을 드리워서 길흉을 드러내 보이니 이 또한 성인이 형상화하였습니다. 하수에서 하도가 나오고 낙수에서 낙서가 나오자 성인이 이를 본받았답니다.

是故(시고), 天生神物(천생신물), 聖人則之(성인칙지), 天地變化(천지변화), 聖人效之(성인효지). 天垂象(천수상), 見吉凶(현길흉), 聖人象之(성인상지). 河出圖(하출도), 洛出書(낙출서), 聖人則之(성인칙지).

역에 태음·소양·소음·태양이라는 사상이 있음은 보여주는 것이고, 괘사나 효사와 같은 말씀을 붙인 것은 마땅함을 알려준 것이며, 길흉을 정하는 것은 결단하게 하는 거랍니다"라고 하셨답니다.

易有四象(역유사상), 所以示也(소이시야), 繫辭焉(계사언), 所以告也(소이고야), 定之以吉凶(정지이길흉), 所以斷也(소이단야).」

제12장 성인의 말씀이 괘효사에 담겨

역에 이르길 "하늘로부터 도움이 내리는지라 길하여 이롭지 않음이 없다"고 한 것에 대해 공자께서 말씀하시길 "우(佑)라는 것은 하늘이 돕는 것이니 하늘이 돕는다는 것은 순리인 순(順) 때문이요, 사람이 돕는 것은 미더움인 신(信)으로 인한 것이랍니다. 신(信)을 이행하고 순(順)을 생각하고 또 어진 사람을 숭상하는 겁니다. 이 때문에 하늘로부터 도움이 내리는지라 길하여 이롭지 않음이 없다고 한 겁니다"라고 했답니다.

易曰(역왈): 「自天佑之(자천우지), 吉無不利(길무불리).」 子曰(자왈): 「佑者助也(우자조야), 天之所助者(천지소조자), 順也(순야), 人之所助者(인지소조자), 信也(신야). 履信思乎順(이신사호순), 又以尙賢也(우이상현야). 是以自天佑之(시이자천우지), 吉無不利也(길무불리야).」

공자께서 말씀하시길 "글로는 말을 모두 전하지 못하며 말로도 뜻을 모두 전하지 못하니, 그렇다면 성인의 뜻을 볼 수 없다는 것일까요?"라고 했습니다. 이어 또 공자께서 말씀하시길 "성인이 상을 세움으로써 뜻을 다했으며, 괘를 베풂으로써 참과 거짓을 다 보여주었고, 말씀을 붙여 놓음으로써 그 말씀을 다했으며, 변하고 통하게 함으로써 이로움을 다하게 했고, 두드리고 춤추게 함으로써 신명을 다하도록 하였습니다"라고 했습니다.

子曰(자왈): 「書不盡言(서부진언), 言不盡意(언부진의), 然則聖人之意(연즉성인지의), 其不可見乎(기불가견호)?」 子曰(자왈): 「聖人立象以盡意(성인입상이진의), 設卦以盡情僞(설괘이진정위), 繫辭焉以盡其言(계사언이진기언), 變而通之以盡利(변이통지이진리), 鼓之舞之以盡神(고지무지이진신).」

건과 곤은 역의 핵심이 갈무리된 고갱이랍니다. 건곤이 배열됨에 역이 그 가운데에 서 있으니, 건곤이 허물어지면 역을 보지 못하고, 역을 볼 수 없게 되면 건곤이 어떤 경우에는 거의 그치게 될 겁니다.

乾坤其易之縕邪(건곤기역지온야). 乾坤成列(건곤성렬), 而易立乎其

中矣(이역립호기중의), 乾坤毁(건곤훼), 則無以見易(즉무이견역), 易不可見(역불가견), 則乾坤或幾乎息矣(즉건곤혹기호식의).

이렇기 때문에 하늘의 법칙을 형용한 것을 일러 도(道)라 하고, 땅의 법칙을 형용한 것을 기(器)라 이르며, 화(化)해서 마름질하듯 조절하는 것을 일러 변(變)이라 하고, 미루어 행하게 하는 것을 일러 통(通)이라 하며, 이를 들어 펼쳐서 천하의 백성들에게 베푸는 것을 일러 사업(事業)이라 한답니다.

是故(시고), 形而上者謂之道(형이상자위지도), 形而下者謂之器(형이하자위지기), 化而裁之謂之變(화이재지위지변), 推而行之謂之通(추이행지위지통), 擧而錯之天下之民(거이착지천하지민), 謂之事業(위지사업).

이러한 까닭에 저 상(象)이라는 건 성인이 천하세상의 심오한 노리를 보아서 그 생김새에 어울리게 그 사물의 가장 마땅한 모양을 본뜨기 때문에 상(象)이라 이른 겁니다. 성인이 천하의 움직임을 보아 그 모이고 통함을 관찰하여 그 법도인 전례(典禮)를 행하며, 말씀을 부쳐 그 길흉을 판단하였기 때문에 효(爻)라 이른 겁니다.

是故(시고), 夫象(부상), 聖人有以見天下之賾(성인유이견천하지색), 而擬諸其形容(이의저기형용), 象其物宜(상기물의), 是故謂之象(시고위지상). 聖人有以見天下之動(성인유이견천하지동), 而觀其會通(이관기회통), 以行其典禮(이행기전례), 繫辭焉(계사언), 以斷其吉凶(이단기길흉), 是故謂之爻(시고위지효).

천하세상의 심오한 도리를 완전히 담아낸 것이 괘에 있고, 천하세상을 고무시켜 움직이는 것은 괘효사에 담겨 있으며, 화하여 마름질하듯 조절하는 것은 변(變)에 달려 있고, 미루어서 행하게 하는 건 통(通)에 달려 있습니다. 신명스럽게 밝히는 것은 그 사람에게 달려 있고, 말없이 묵묵히 믿고 이루는 것은 덕행에 달려 있습니다.

極天下之賾者(극천하지색자), 存乎卦(존호괘), 鼓天下之動者(고천하지동자), 存乎辭(존호사), 化而裁之(화이재지), 存乎變(존호변), 推而行之(추이행지), 存乎通(존호통). 神而明之(신이명지), 存乎其人(존호기인), 默而成之(묵이성지), 不言而信(불언이신), 存乎德行(존호덕행).

제 2 편

계사하전
繫辭下轉

• • •

제1장 길흉회린의 발생

팔괘가 배열을 이루니 상이 그 가운데 있습니다. 그로 인하여 거듭되니 효가 그 가운데 있고, 강건함인 강(剛)과 부드러움인 유(柔)가 서로 갈마드니 변함이 그 가운데 있으며, 말씀을 붙여 명하니 움직임이 그 가운데 있답니다.

八卦成列(팔괘성렬), 象在其中矣(상재기중의). 因而重之(인이중지), 爻在其中矣(효재기중의), 剛柔相推(강유상추), 變在其中矣(변재기중의), 繫辭焉而命之(계사언이명지), 動在其中矣(동재기중의).

길하고 흉하며 후회스럽고 궁색한 것은 움직이는 데서 나오고, 강건하고 부드러운 것은 근본을 세우는 것이며, 변화하고 서로 통하는 변통은 때에 맞게 나아가는 겁니다.

吉凶悔吝者(길흉회린자), 生乎動者也(생호동자야), 剛柔者(강유자), 立本者也(입본자야), 變通者(변통자), 趣時者也(취시자야).

길흉에는 바름이 이기는 것이니 천지의 도를 바르게 관찰해야 합니다. 일월의 도는 바르게 밝혀주는 거랍니다. 천하의 움직임은 바름으로 하나가 되는 것이랍니다.

吉凶者(길흉자), 貞勝者也(정승자야), 天地之道(천지지도), 貞觀者也(정관자야). 日月之道(일월지도), 貞明者也(정명자야). 天下之動(천하지동), 貞夫一者也(정부일자야).

저 건은 굳세니 사람에겐 쉬운 것으로 가르치고, 저 곤은 유순하니 사람에겐 간략한 것으로 알려준답니다. 효라는 것은 이것을 본받는 것이요, 상이라는 것은 이것을 형상화한 것이랍니다.

夫乾(부건), 確然示人易矣(확연시인이의/쉬울 이易), 夫坤(부곤), 隤然示人簡矣(퇴연시인간의), 爻也者(효야자), 效此者也(효차자야). 象也者(상야자), 像此者也(상차자야).

효와 상은 안에서 움직이고 길흉은 밖에서 나타나며, 공과 업은 변하는 데서 나타나고, 성인의 뜻은 말씀에서 나타난답니다.

爻象動乎內(효상동호내), 吉凶見乎外(길흉현호외), 功業見乎變(공업현호변), 聖人之情見乎辭(성인지정현호사).

천지의 큰 덕은 낳음인 생(生)이요, 성인의 큰 보배는 자리인 위(位)라 한답니다. 무엇으로 자리를 지킬까요? 바로 어짊인 인자함이랍니다. 어떻게 사람을 모을까요? 바로 재물이랍니다. 재물을 다스리고 말을 바르게 하며, 백성들이 잘못되는 걸 금하는 것을 바로 의(義)라고 한답니다.

天地之大德曰生(천지지대덕왈생), 聖人之大寶曰位(성인지대보왈위). 何以守位曰仁(하이수위왈인). 何以聚人曰財(하이취인왈재). 理財正辭(이재정사), 禁民爲非曰義(금민위비왈의).

제2장 근취저물과 원취저물

옛날 포희씨(복희씨)가 천하세상을 다스릴 때 고개를 들어 우러러서는 하늘에서 형상을 관찰하였고, 고개를 숙여 구부려서는 땅의 법식을 관찰하였답니다. 새와 짐승의 모양새와 땅의 마땅함을 관찰하면서 가까이는 자신의 몸에서 취하고 멀리는 다른 사물에서 취하였고, 이에 따라 비로소 팔괘를 그려서 신명의 덕을 통함으로써 만물의 실정에 따라 분류하였답니다. 노끈을 매어서 그물을 만들어 사냥하고 물고기를 잡았으니, 대개 불을 상징하는 리괘(離卦)에서 취하였답니다.

古者包羲氏之王天下也(고자포희씨지왕천하야), 仰則觀象於天(앙즉관상어천), 俯則觀法於地(부즉관법어지), 觀鳥獸之文(관조수지문), 與地之宜(여지지의). 近取諸身(근취저신), 遠取諸物(원취저물), 於是始作八卦(어시시작팔괘), 以通神明之德(이통신명지덕), 以類萬物之情(이류만물지정). 作結繩而爲網罟(작결승이위망고), 以佃以漁(이전이어), 蓋取諸離

(개취저리).

포희씨가 죽고 신농씨가 등장하여 나무를 깎아 땅을 가는 보습을 만들고 나무를 구부려 쟁기를 만들어서 밭 갈고 김매는 이로움으로써 천하 사람을 가르치니, 대개 저 익괘(益卦)에서 취하였답니다.

包羲氏沒(포희씨몰), 神農氏作(신농씨작), 斲木爲耜(착목위사), 揉木爲耒(유목위뢰), 耒耨之利(뇌누지리), 以教天下(이교천하), 蓋取諸益(개취저익).

해가 중천에 뜨는 한낮에 시장을 열어 천하의 백성을 이르게 하였고, 천하의 재물을 모아서 교역케 하여 집으로 돌아갈 땐 각자가 얻고자 한 것들을 얻게 하였으니, 대개 저 서합괘(噬嗑卦)에서 취하였답니다.

日中爲市(일중위시), 致天下之民(치천하지민), 聚天下之貨(취천하지화), 交易而退(교역이퇴), 各得其所(각득기소), 蓋取諸噬嗑(개취저서합).

신농씨가 죽고 그 뒤를 이어 황제와 요임금·순임금이 등장하여 사물의 변화에 소통하게 하여 백성들로 하여금 게으르지 않게 하였으며, 신묘한 교화를 통해 백성으로 하여금 마땅히 따르게 하였답니다. 역이란 궁하면 변화하고, 변하게 되면 통하고, 소통하게 되면 오래가는 법이랍니다. 이 때문에 하늘로부터 도움이 내려 길하여 이롭지 않음이 없으니, 황제와 요임금과 순임금이 의복을 갖추고서 천하세상을 다스리니, 대개 저 건괘(乾卦)와 곤괘(坤卦)에서 취한 겁니다.

神農氏沒(신농씨몰), 黃帝(황제), 堯(요), 舜氏作(순씨작), 通其變(통기변), 使民不倦(사민불권), 神而化之(신이화지), 使民宜之(사민의지). 易窮則變(역궁즉변), 變則通(변즉통), 通則久(통즉구). 是以自天佑之(시이자천우지), 吉無不利(길무불리), 黃帝(황제), 堯(요), 舜(순), 垂衣裳而天下治(수의상이천하치), 蓋取諸乾坤(개취저건곤).

나무를 잘라 쪼개서 배를 만들고, 나무를 깎아 노를 만들어 배와 노의 이로움으로써 가지 못했던 곳을 건너게 하여 먼 데까지 이르게 함으로써 천하를 이롭게 하니, 대개 저 환괘(渙卦)에서 취한 거랍니다.

刳木爲舟(고목위주), 剡木爲楫(섬목위즙), 舟楫之利(주즙지리), 以濟不通(이제불통), 致遠以利天下(치원이리천하), 蓋取諸渙(개취저환).

소를 길들이고 말을 타고서 무거운 짐을 끌고 먼 곳에까지 이르러서 천하를 이롭게 하니, 대개 저 수괘(隨卦)에서 취한 거랍니다.

服牛乘馬(복우승마), 引重致遠(인중치원), 以利天下(이리천하), 蓋取諸隨(개취저수).

문을 중문으로 해놓고 순라꾼이 야경을 돌며 두 개의 막대를 두

드려 경고음을 내는 딱따기를 쳐서 사나운 도적을 대비하니, 대개 저 예괘(豫卦)에서 취한 거랍니다.

重門擊柝(중문격탁), 以待暴客(이대폭객), 蓋取諸豫(개취저예).

나무를 잘라 공이를 만들고 땅을 파서 절구를 만들어 공이와 절구의 이로움으로써 만민이 배고픔으로부터 구제되니, 대개 저 소과괘(小過卦)에서 취한 거랍니다.

斷木爲杵(단목위저), 掘地爲臼(굴지위구), 臼杵之利(구저지리), 萬民以濟(만민이제), 蓋取諸小過(개취저소과).

나무를 휘어 활을 만들고 나무를 깎아서 화살을 만들어서 활과 화살의 이로움으로써 천하에 위엄을 보이니, 대개 저 규괘(睽卦)에서 취한 것이랍니다.

弦木爲弧(현목위호), 剡木爲矢(섬목위시), 弧矢之利(호시지리), 以威天下(이위천하), 蓋取諸睽(개취저규).

상고시대엔 움집에서 살고 들판에서 거처했는데, 후세 성인이 궁궐과 집으로 바꿔서 위로 동량을 올리고 아래로 처마를 내려 바람과 비를 막았으니, 대개 저 대장괘(大壯卦)에서 취한 거랍니다.

上古穴居而野處(상고혈거이야처), 後世聖人易之以宮室(후세성인역지이궁실), 上棟下宇(상동하우), 以待風雨(이대풍우), 蓋取諸大壯(개취저대장).

그 옛날에 장례를 치를 땐 섶나무를 두텁게 싸서 들판 가운데서 장사지내며 봉분을 하지도 않고 나무도 심지 않았고 상례기간도 일정치 않았는데, 후세에 성인이 속 널과 겉 널인 관곽으로 바꾸었으니, 대개 저 대과괘(大過卦)에서 취한 것이랍니다.

古之葬者(고지장자), 厚衣之以薪(후의지이신), 葬之中野(장지중야), 不封不樹(불봉불수), 喪期無數(상기무수), 後世聖人易之以棺槨(후세성인역지이관곽), 蓋取諸大過(개취저대과).

상고시대에는 노끈을 맨 결승문자로 다스렸답니다. 후세에 성인이 사물을 나타내는 글자인 서계로 바꾸어서 백관이 이로써 다스리며 만민이 이로써 관찰하였는데, 대개 저 쾌괘(夬卦)에서 취한 거랍니다.

上古結繩而治(상고결승이치), 後世聖人易之以書契(후세성인역지이서계), 百官以治(백관이치), 萬民以察(만민이찰), 蓋取諸夬(개취저쾌).

제3장 길흉과 회린이 나타남

이런 까닭에 역은 상(象)이라고 한 겁니다. 상은 비슷하게 본뜬 거라는 거죠. 단(彖)은 재덕을 말한 겁니다. 효(爻)는 천하세상의 움직임을 본받는 것이기 때문에 길흉이 나오고 후회와 인색함인 회린이 나타나는 겁니다.

是故(시고), 易者象也(역자상야). 象也者(상야자), 像也(상야). 彖者材也(단자재야). 爻也者(효야자), 效天下之動也(효천하지동야). 是故(시고), 吉凶生(길흉생), 而悔吝著也(이회린저야).

제4장 음괘와 양괘의 의미

양괘는 음이 많고 음괘는 양이 많은데, 그 까닭은 무엇 때문이겠습니까? 양괘는 홀수인 기수이고 음괘는 짝수인 우수이기 때문이랍니다. 그 덕행은 어떻습니까? 양은 한 임금에 두 백성이니 군자의 도이고, 음은 두 임금에 하나의 백성이니 소인의 도인 겁니다.

陽卦多陰(양괘다음), 陰卦多陽(음괘다양), 其故何也(기고하야)? 陽卦奇(양괘기), 陰卦耦(음괘우). 其德行何也(기덕행하야)? 陽一君而二民(양일군이이민), 君子之道也(군자지도야), 陰二君而一民(음이군이일민), 小人之道也(소인지도야).

제5장 군자의 마음가짐

역에 이르길 "서로 자주 왕래하다 보면 벗도 네 생각을 따른다"고 했는데, 이에 대해 공자께서 "천하 사람들이 무엇을 생각하고 무엇을 염려하겠습니까? 천하 사람들이 돌아가는 곳은 같아도 가는 길이 다르며, 이르는 것은 하나지만 생각은 백 가지이니 천하 사람들이 무엇을 생각하고 무엇을 염려하겠습니까?"라고 했답니다.

易曰(역왈): 「憧憧往來(동동왕래), 朋從爾思(붕종이사).」 子曰(자왈): 「天下何思何慮(천하하사하려)? 天下同歸而殊途(천하동귀이수도), 一致而百慮(일치이백려), 天下何思何慮(천하하사하려)?」

해가 가면 달이 오고 달이 가면 해가 오는 것이니, 해와 달이 서로 밀어서 밝아지는 겁니다. 추위가 가면 더위가 오고 더위가 가면 추위가 오는 것이니, 추위와 더움이 서로 밀어서 일 년인 한 해를 이룬답니다. 가는 것은 굽힘이고 오는 건 펴짐이니, 굽힘과 펴짐이 서로 교감해서 이로움이 생기는 거랍니다.

日往則月來(일왕즉월래), 月往則日來(월왕즉일래), 日月相推而明生焉(일월상추이명생언). 寒往則暑來(한왕즉서래), 暑往則寒來(서왕즉한래), 寒暑相推而歲成焉(한서상추이세성언). 往者屈也(왕자굴야), 來者信也(내자신야), 屈信相感而利生焉(굴신상감이리생언).

자벌레가 굽히는 것은 펴기 위한 것이랍니다. 용과 뱀이 숨는 것은 몸을 보존하기 위해서죠. 의리를 정밀하게 해서 신(神)에 들어감은 쓰임을 이루는 겁니다. 쓰임을 이롭게 하여 몸을 편안히 하는 것은 덕을 숭상하는 것이죠. 이를 지나치면 알지 못하니 신(神)을 궁구해서 변화하는 것을 아는 것이 덕을 풍성하게 하는 거랍니다.

尺之屈(척확지굴), 以求信也(이구신야). 龍蛇之蟄(용사지칩), 以存身也(이존신야). 精義入神(정의입신), 以致用也(이치용야). 利用安身(이용안신), 以崇德也(이숭덕야). 過此以往(과차이왕), 未之或知也(미지혹지야). 窮神知化(궁신지화), 德之盛也(덕지성야).」

역에 이르길 "돌에 걸려 곤궁해지며 가시덤불에 웅거하다가 자기 집에 들어가더라도 자기 아내를 보지 못하니 흉하다"고 했는데, 이에 대해 공자께서 "곤궁할 바가 아닌데 곤궁하니 이름이 반드시 더럽혀지고, 의거할 곳이 아닌데 의거하니 몸이 반드시 위태로워지게 됩니다. 이미 더럽혀지고 또 위태로워져 죽을 때에 이르렀으니 아내를 볼 수나 있겠습니까?"라고 하였습니다.

易曰(역왈):「困于石(곤우석), 據于蒺藜(거우질려), 入于其宮(입우기궁), 不見其妻凶(불견기처흉).」子曰(자왈):「非所困而困焉(비소곤이곤언), 名必辱(명필욕). 非所據而據焉(비소거이거언), 身必危(신필위). 旣辱且危(기욕차위), 死期將至(사기장지), 妻其可得見邪(처기가득견사)?」

역에 이르길 "공(公)이 높은 담 위에 앉아 있는 송골매를 쏘아서 잡으니 이롭지 않음이 없다"고 했는데, 이에 대해 공자께서는 "송골매는 새이고 활과 화살은 도구이며 쏘는 자는 사람이니, 군자가 도구를 몸에 감춰서 때를 기다려 움직이면 어찌 이롭지 않음이 있겠습니까? 움직임이 막히지 않으니, 그래서 잡을 수 있는 겁니다. 도구를 만든 뒤에 움직여야 함을 말하고 있는 거죠"라고 했습니다.

易曰(역왈):「公用射隼(공용사준), 于高墉之上(우고용지상), 獲之無不利(획지무불리).」子曰(자왈):「隼者禽也(준자금야), 弓矢者器也(궁시자기야), 射之者人也(사지자인야), 君子藏器於身(군자장기어신), 待時而動(대시이동), 何不利之有(하불리지유)? 動而不括(동이불괄), 是以出而有獲(시이출이유획). 語成器而動者也(어성기이동자야).」

공자께서 말씀하시길 "소인은 어질지 않음을 부끄러워하지 않으며, 의롭지 아니함을 두려워하지도 않습니다. 이롭지 않으면 힘쓰지도 않으며 위엄스럽지 않으면 무서워하지도 않는답니다. 조금이라도 징계해서 크게 경계시킴이 소인에게는 복이 됩니다. 역에 이르길 '형틀을 신겨서 발꿈치를 묶어두니 허물이 없다'고 한 건 이를 두고 한 말이랍니다"라고 했답니다.

子曰(자왈):「小人不恥不仁(소인불치불인), 不畏不義(불외불의). 不見利不勸(불견리불권), 不威不懲(불위부징). 小懲而大誡(소징이대계), 此小人之福也(차소인지복야). 易曰(역왈):『履校滅趾(리교멸지), 無咎(무구).』此之謂也(차지위야).」

선을 쌓지 않으면 명성을 이루지 못하고, 악을 쌓지 않으면 몸을 해치게 하진 않을 겁니다. 소인은 작은 선은 쓸모없다 생각하여 하지도 아니하며, 작은 악은 별것 아니라고 생각하여 버리지도 않습니다. 그러므로 악이 쌓이게 되면 가릴 수도 없으며 죄가 커지면 풀어낼 수도 없답니다. 역에 이르길 "형틀을 짊어져서 귀가 없어지니 흉하다"고 했답니다.

善不積(선부적), 不足以成名(부족이성명), 惡不積(악부적), 不足以滅身(부족이멸신). 小人以小善爲無益(소인이소선위무익), 而弗爲也(이불위야), 以小惡爲無傷(이소악위무상), 而弗去也(이불거야). 故惡積而不可掩(고악적이불가엄), 罪大而不可解(죄대이불가해). 易曰(역왈):「何校滅耳(하교멸이: 何→짊어질 荷), 凶(흉).」

공자께서 말씀하시길 "위태롭게 여기는 것은 그 자리를 안전하게 하는 것이며, 망할까 염려하는 것은 있는 것을 보존하려는 겁니다. 어지러움을 염려하는 것은 다스리려는 것이랍니다. 이런 까닭에 군자는 편안해도 위태로움을 잊지 않으며, 다스리되 혼란할 때를 잊지 않는답니다. 이로써 몸이 편안하고 나라를 보존할 수 있다고 한 겁니다. 역에 이르길 '망할까 망할까 싶어야 수북한 뽕나무에 맨다'"라고 하였답니다.

子曰(자왈): 「危者(위자), 安其位者也(안기위자야), 亡者(망자), 保其存者也(보기존자야). 亂者(난자), 有其治者也(유기치자야). 是故(시고), 君子安而不忘危(군자안이불망위), 存而不忘亡(존이불망망), 治而不忘亂(치이불망란). 是以(시이), 身安而國家可保也(신안이국가가보야). 易曰(역왈): 『其亡其亡(기망기망), 繫于苞桑(계우포상).』」

공자께서 말씀하시길 "덕은 적은데 지위는 높으며, 아는 것은 적은데 큰일을 도모하고, 능력은 부족한데 책임이 무거우면 재앙이 미치지 않을 이가 드물게 됩니다. 역에 이르길 '솥의 발이 부러져 공의 밥을 엎으니 그 몸이 젖어 흉하다'고 했으니, 그 책임을 감당하지 못함을 말한 겁니다"라고 했습니다.

子曰(자왈): 「德薄而位尊(덕박이위존), 知小而謀大(지소이모대), 力小而任重(역소이임중), 鮮不及矣(선불급의). 易曰(역왈): 『鼎折足(정절족), 覆公餗(복공속), 其形渥(기형악), 凶(흉).』 言不勝其任也(언불승기임야).」

공자께서 말씀하시길 "기미를 알아채는 것은 신령함입니다. 군자는 윗사람과 사귀되 아첨하지 않으며, 아랫사람과 사귀되 함부로 모독하지 않으니 그 기미를 알아채는 겁니다. 기미는 아직은 움직임이 미미한 것이니 길한 것이 먼저 나타나는 법입니다. 군자는 기미를 보고 나서는 종일토록 기다리지 않는답니다. 역에 이르길 '절개가 돌처럼 굳은지라 종일토록 기다리지 않으니 바르고 길하다'고 하였으며, 절개가 돌과 같으니 어찌 종일토록 기다리겠습니까. 판단해서 할 겁니다. 군자는 미미한 것도 알고 밝게 드러난 것도 알며, 부드러운 것도 알고 강건한 것도 아니 수많은 사람들이 우러러보는 겁니다"라고 하였습니다.

子曰(자왈): 「知幾其神乎(지기기신호). 君子上交不諂(군자상교불첨), 下交不瀆(하교부독), 其知幾乎(기지기호). 幾者動之微(기자동지미), 吉之先見者也(길지선현자야). 君子見幾而作(군자견기이작), 不俟終日(부사종일). 易曰(역왈): 『介于石(개우석), 不終日(부종일), 貞吉(정길).』 介如石焉(개여석언), 寧用終日(영용종일). 斷可識矣(단가식의). 君子知微知彰(군자지미지창), 知柔知剛(지유지강), 萬夫之望(만부지망).」

공자께서 말씀하시길 "안씨의 아들인 안연이 거의 이에 가까울 겁니다. 선하지 않음이 있으면 결코 모르는 게 없었으며, 알면 결단코 다시는 행하지 않았답니다. 역에 이르길 '머지않아 회복될 것이며, 크게 후회하진 않을 테니 원래부터 길하다'고 하였습니다"라고 하였답니다.

子曰(자왈): 「顏氏之子(안씨지자), 其殆庶幾乎(기태서기호). 有不善未嘗不知(유불선미상부지), 知之未嘗復行也(지지미상복행야). 易曰(역왈): 『不遠復(불원복), 无祇悔(무기회), 元吉(원길).』」

천지의 상서로운 기운인 인온(絪縕)으로 인해 만물이 화하여 성숙해지고, 남녀가 정기를 화합함에 만물이 화하여 생겨납니다. 역에 이르길 '세 사람이 길을 가게 되면 한 사람은 줄고, 한 사람이 길을 가게 되면 그 벗을 얻는다'고 하였는데, 하나로 합치함을 말한 겁니다.

天地絪縕(천지인온), 萬物化醇(만물화순), 男女構精(남녀구정), 萬物化生(만물화생). 易曰(역왈): 『三人行(삼인행), 則損一人(즉손일인), 一人行(일인행), 則得其友(즉득기우).』 言致一也(언치일야).

공자께서 말씀하시길 "군자는 자신의 몸을 편안히 한 후에야 움직이며, 자신의 마음을 편안하게 한 후에야 말을 하고, 그 사귐을 안정한 이후에야 추구한답니다. 군자가 이 세 가지를 닦기 때문에 온전하게 되는 겁니다. 위태롭게 움직이면 백성들이 함께하지 않고, 두려움에 떨며 말하면 백성들이 호응하지 않으며, 사귐도 없이 추구하면 백성들이 더불어 하지도 않고, 더불어 함도 없이 한다면 곧 상해를 가하는 자가 나타나게 된답니다. 그래서 역에 이르길 '이로울 게 없다. 혹 공격당하고 마음가짐이 항상 일정치 못하리니, 흉하다'고 한 겁니다"라고 하였답니다.

子曰(자왈): 「君子安其身而後動(군자안기신이후동), 易其心而後語(이기심이후어), 定其交而後求(정기교이후구). 君子修此三者(군자수차삼자), 故全也(고전야). 危以動(위이동), 則民不與也(즉민불여야), 懼以語(구이어), 則民不應也(즉민불응야), 無交而求(무교이구), 則民不與也(즉민불여야). 莫之與(막지여), 則傷之者至矣(즉상지자지의). 易曰(역왈): 『莫益之(막익지), 或擊之(혹격지), 立心勿恒(입심물항), 凶(흉).』」

제6장 역을 밝히고 숨겨둔 이유

공자께서 말씀하시길 "건곤은 저 역의 문이랍니다! 건은 양기의 사물이며, 곤은 음기의 사물입니다. 음과 양이 덕을 융합해 강건함인 강과 부드러움인 유가 몸체에 있게 되어 천지의 수를 체현하며, 신명의 덕으로 소통케 한답니다. 그 일컫는 이름들이 뒤섞여 잡다한 것 같아도 경계를 뛰어넘지는 않습니다. 그 종류를 돌이켜보면 쇠퇴해진 세상의 뜻도 담긴 겁니다"라고 하였습니다.

子曰(자왈): 「乾坤其易之門邪(건곤기역지문사)! 乾陽物也(건양물야), 坤陰物也(곤음물야). 陰陽合德(음양합덕), 而剛柔有體(이강유유체), 以體天地之撰(이체천지지찬), 以通神明之德(이통신명지덕). 其稱名也(기칭명야), 雜而不越(잡이불월). 於稽其類(어계기류), 其衰世之意邪(기쇠세지의사)?」

공자께서 말씀하시길 "저 역은 지나간 것을 밝히고 다가오는 것을 살피며, 은미한 일을 드러내고 그윽한 이치를 밝힙니다. 그리고 괘효를 풀어서 이름에 마땅하게 하며 사물을 분별하여 말을 바르게 하니, 괘효사에서 판단하면 곧 갖추어진답니다. 그 일컫는 명칭은 작으나 그 종류를 의미하는 것은 크며, 그 뜻은 원대하고 그 말은 문리가 있고, 그 말이 곡진하면서도 법도에 들어맞는답니다. 그 일을 펴놓았으되 이치는 숨겨놓았으니, 묻고 싶고 알고 싶은 백성의 답답함을 구제해 줌으로써 잃고 얻음의 응보관계를 밝혀두었답니다"라고 하였습니다.

子曰(자왈): 「夫易(부역), 彰往而察來(창왕이찰래), 而微顯闡幽(이미

현천유), 開而當名(개이당명), 辨物正言(변물정언), 斷辭則備矣(단사즉비의). 其稱名也小(기칭명야소), 其取類也大(기취류야대), 其旨遠(기지원), 其辭文(기사문), 其言曲而中(기언곡이중), 其事肆而隱(기사사이은), 因貳以濟民行(인이이제민행), 以明失得之報(이명실득지보).」

제7장 각 괘의 활용

역은 아주 오래전에 만들어진 것인가요? 이를 만든 자에게는 반드시 우환이 있었을까요? 이런 까닭에 이괘(履卦)는 덕의 기반이며, 겸괘(謙卦)는 덕의 자루이고, 복괘(復卦)는 덕의 근본이며, 항괘(恒卦)는 덕의 견고함이고, 손괘(損卦)는 덕의 닦음이며, 익괘(益卦)는 덕의 넉넉함이고, 곤괘(困卦)는 덕의 분별함이며, 정괘(井卦)는 덕의 대지이고, 손괘(巽卦)는 덕의 지음이랍니다.

易之興也(역지흥야), 其於中古乎(기어중고호)? 作易者(작역자), 其有憂患乎(기유우환호)? 是故(시고), 履(이), 德之基也(덕지기야), 謙(겸), 德之柄也(덕지병야), 復(복), 德之本也(덕지본야), 恒(항), 德之固也(덕지고야), 損(손), 德之修也(덕지수야), 益(익), 德之裕也(덕지유야), 困(곤), 德之辨也(덕지변야), 井(정), 德之地也(덕지지야), 巽(손), 德之制也(덕지제야).

이괘(履卦)는 서로 어울려 화하면서도 지극하고, 겸괘(謙卦)는 존귀하면서도 빛이 나며, 복괘(復卦)는 작으면서도 사물을 분별하고, 항괘(恒卦)는 섞이면서도 싫어하지 않으며, 손괘(損卦)는 어려움을 먼저 겪되 나중에는 쉬어지고, 익괘(益卦)는 길러 넉넉하게 해주되

베풀지는 아니하며, 곤괘(困卦)는 궁하되 통하고, 정괘(井卦)는 제자리에 있되 마침내 머물 곳을 옮겨가며, 손괘(巽卦)는 일컫되 숨긴답니다.

履(이), 和而至(화이지), 謙(겸), 尊而光(존이광), 復(복), 小而辨於物(소이변어물), 恒(항), 雜而不厭(잡이불염), 損(손), 先難而後易(선난이후이), 益(익), 長裕而不設(장유이불설), 困(곤), 窮而通(궁이통), 井(정), 居其所而遷(거기소이천), 巽(손), 稱而隱(칭이은).

이괘(履卦)로써는 화를 행하고, 겸괘(謙卦)로써는 예를 갖추며, 복괘(復卦)로써는 자신을 알게 하고, 항괘(恒卦)로써는 덕을 한결같이 하며, 손괘(損卦)로써는 해로움을 멀리하게 하고, 익괘(益卦)로써는 이로움을 일으키며, 곤괘(困卦)로써는 원망을 적게 하고, 정괘(井卦)로써는 의로움을 분별케 하며, 손괘(巽卦)로써는 권리를 행하게 한답니다.

履(리), 以和行(이화행), 謙(겸), 以制禮(이제례), 復(복), 以自知(이자지), 恒(항), 以一德(이일덕), 損(손), 以遠害(이원해), 益(익), 以興利(이흥리), 困(곤), 以寡怨(이과원), 井(정), 以辨義(이변의), 巽(손), 以行權(이행권).

제8장 역이 갖춘 방도와 영원한 법칙

역에 쓰인 글들은 멀리할 수는 없으며, 이루어진 도 또한 상황에 따라 여러 번 바뀐답니다. 변동해서 한곳에 머물지 않고 여섯 자리에 두루 유주하면서 오르고 내림에도 일정함이 없으며, 강함과 부드러움이 서로 바뀌니 어떤 법칙으로도 요약할 수 없고, 오직 가는 대로 변할 뿐이랍니다.

易之爲書也不可遠(역지위서야불가원), 爲道也屢遷(위도야루천). 變動不居(변동불거), 周流六虛(주류육허), 上下無常(상하무상), 剛柔相易(강유상역), 不可爲典要(불가위전요), 唯變所適(유변소적).

나가고 들어옴을 법도로써 하며 안팎으로 두려움을 알게 하고, 또한 우환과 그것이 생기는 까닭을 밝혀 두었으며 스승의 도움 없이도 부모가 와서 돌봐주는 것과 같답니다.

其出入以度(기출입이도), 外內使知懼(외내사지구), 又明於憂患與故(우명어우환여고), 無有師保(무유사보), 如臨父母(여림부모).

처음에 괘사와 효사를 따라서 그 방도를 헤아려보면 이미 영원한 법칙을 갖추고 있습니다. 진실로 참된 사람이 아니면 도가 헛되이 실행되지도 않는답니다.

初率其辭(초솔기사), 而揆其方(이규기방), 旣有典常(기유전상). 苟非其人(구비기인), 道不虛行(도불허행).

제9장 **괘효의 본말**

역의 글들에서는 처음인 시원을 살피고 마침인 끝을 궁구해서 괘의 본바탕으로 삼는답니다. 괘의 육효가 서로 섞이는 것은 오로지 그때와 사물이랍니다.

易之爲書也(역지위서야), 原始要終(원시요종), 以爲質也(이위질야).

六爻相雜(육효상잡), 唯其時物也(유기시물야).

그 처음인 초효는 알기 어렵고 그 위의 상효는 알기 쉬우니, 근본(本)과 끝인 말(末)이랍니다. 처음 말한 것을 기본으로 해서 나머지 효들에 견주어보면 마침내는 끝을 이루어 마친답니다. 만약 저 잡다한 사물 속에서 덕을 가리는 것과 옳고 그름인 시비를 분별하는 것은 중효(中爻)가 아니면 갖추어 놓을 수 없답니다.

其初難知(기초난지), 其上易知(기상이지), 本末也(본말야). 初辭擬之(초사의지), 卒成之終(졸성지종). 若夫雜物撰德(약부잡물찬덕), 辨是與非(변시여비), 則非其中爻不備(즉비기중효불비).

아! 길함과 흉함인 길흉과 삶과 죽음인 존망을 알려 한다면 살면서도 알 수 있습니다. 지혜로운 자는 그 단사(彖辭)만을 관찰하고서도 반 이상은 알 수 있을 겁니다.

噫(희)! 亦要存亡吉凶(역요존망길흉), 則居可知矣(즉거가지의). 知者觀其彖辭(지자관기단사), 則思過半矣(즉사과반의).

이효와 사효가 공로는 같아도 자리가 달라서 그 선(善)함이 같지 아니하니, 이효는 영예로움이 많고 사효는 두려움이 많은 것은 왕의 자리인 오효와 가깝기 때문이랍니다. 부드러움인 유의 도는 오효와 먼 것이 이롭지는 않지만 허물이 없을 수 있는 것은, 부드러움을 중(中)으로 쓰기 때문이랍니다. 삼효와 오효가 공은 같아도 자리가 달라서 삼효에는 흉함이 많고 오효에 공이 많은 것은 존귀함과 비천함인 귀천에 차등이 있기 때문입니다. 유약함은 위태롭고 그 강건함만이 이겨낼 겁니다!

二與四(이여사), 同功而異位(동공이이위), 其善不同(기선부동), 二多譽(이다예), 四多懼(사다구), 近也(근야). 柔之爲道(유지위도), 不利遠者(불리원자), 其要無咎(기요무구), 其用柔中也(기용유중야). 三與五(삼여오), 同功而異位(동공이이위), 三多凶(삼다흉), 五多功(오다공), 貴賤之等也(귀천지등야). 其柔危(기유위), 其剛勝邪(기강승사)!

제10장 천도와 인도와 지도

역을 이루는 글들은 넓고 커서 세상의 이치를 다 갖추어서 천도(天道)가 있으며, 인도(人道)가 있고, 지도(地道)가 있으니 삼재를 두루 겸해서 두 번 거듭한답니다. 그러므로 여섯이니, 여섯이란 다른 것이 아니라 삼재의 도랍니다. 도가 변동하는 것을 효라 일컬었고, 효에 차등이 있기 때문에 만물이라 일컬었으며, 사물이 서로 섞이므로 무늬라 일컬었고, 무늬를 이룸이 합당하지 못해서 길흉이 생겨난답니다.

易之爲書也(역지위서야), 廣大悉備(광대실비), 有天道焉(유천도언), 有人道焉(유인도언), 有地道焉(유지도언), 兼三才而兩之(겸삼재이량지). 故六(고육), 六者非它也(육자비타야), 三才之道也(삼재지도야). 道有變動(도유변동), 故曰爻(고왈효), 爻有等(효유등), 故曰物(고왈물), 物相雜(물상잡), 故曰文(고왈문), 文不當(문부당), 故吉凶生焉(고길흉생언).

제11장 역의 도

역이 흥한 시기는 은나라의 말엽과 주나라의 덕이 흥성하던 때가 아닙니까? 문왕이 폭군인 주왕에게 고난을 당했을 때일 겁니다. 이런 까닭에 그 말씀이 위태로우나 그로 인해 위태롭게 여기는 자를 평안하게 하고, 소홀하게 여기는 자를 쓰러뜨렸답니다. 그 도가 심히 커서 온갖 사물을 폐하지는 아니하나, 처음부터 끝까지 두려움으로써 한다면 중요한 것에는 허물이 없을 것이니 이를 일러 역의 도라 한답니다.

易之興也(역지흥야), 其當殷之末世(기당은지말세), 周之盛德邪(주지성덕사)? 當文王與紂之事邪(당문왕여주지사사). 是故其辭危(시고기사위), 危者使平(위자사평), 易者使傾(이자사경), 其道甚大(기도심대), 百物不廢(백물불폐), 懼以終始(구이종시), 其要無咎(기요무구), 此之謂易之道也(차지위역지도야).

제12장 괘사와 효사의 의의

저 건(乾)은 천하의 지극한 강건함이니 덕행이 항상 쉬어서 험난한 것을 안답니다. 저 곤(坤)은 천하의 지극한 순함이니 덕행이 항상 간략하여서 험하고 막힌 것을 압니다. 그러니 능히 백성의 마음을 기쁘게 하고, 능히 제후들의 염려를 연구하여 천하의 길흉을 정하며, 천하가 힘써야 할 일을 이루어낸답니다. 이렇기 때문에 변화하고 이루어지고, 길한 일에 상서로움이 있으며, 상에 관한 일에서 기물을 알고 그 일을 점쳐서 다가오는 것을 안답니다.

夫乾(부건), 天下之至健也(천하지지건야), 德行恒(덕행항), 易以知險

(이이지험). 夫坤(부곤), 天下之至順也(천하지지순야), 德行恒簡以知阻(덕행항간이지조). 能說諸心(능열저심), 能研諸侯之慮(능연제후지려), 定天下之吉凶(정천하지길흉), 成天下之亹亹者(성천하지미미자). 是故(시고), 變化云爲(변화운위), 吉事有祥(길사유상), 象事知器(상사지기), 占事未來(점사미래).

하늘과 땅인 천지가 자리를 잡음에 성인이 공능을 이루고, 사람들에게 본보기가 되고 귀신에게 본을 보임으로써 백성들이 공능 있는 이와 함께한답니다.

天地設位(천지설위), 聖人成能(성인성능), 人謀鬼謀(인모귀모), 百姓與能(백성여능).

팔괘는 상으로써 고하여 알려주고, 효와 단사로는 실정을 말하고 있으니, 강건함과 부드러움인 강유가 뒤섞여 길흉을 볼 수 있답니다.

八卦以象告(팔괘이상고), 爻彖以情言(효단이정언), 剛柔雜居(강유잡거), 而吉凶可見矣(이길흉가견의).

변동은 이로움으로써 말하고, 길흉은 본성으로 옮겨갑니다. 이런 까닭에 사랑함과 미워함이 서로 부딪쳐서 길흉이 생겨나며, 멀리서든 가까이서든 서로 취함에 뉘우침과 인색함인 회린이 생기고, 참과 거짓이 서로 감응하여 이로움과 해로움인 이해가 생긴답니다. 무릇 역의 본성에 가깝게 해도 서로 얻지 못하면, 곧 흉하거나 혹은 해로우며 혹은 뉘우치고 혹은 인색하게 된답니다.

變動以利言(변동이리언), 吉凶以情遷(길흉이정천). 是故(시고), 愛惡相攻而吉凶生(애오상공이길흉생), 遠近相取而悔吝生(원근상취이회린생), 情僞相感而利害生(정위상감이리해생). 凡易之情(범역지정), 近而不相得則凶(근이불상득즉흉), 或害之(혹해지), 悔且吝(회차린).

장차 배반할 자는 그 말에 부끄러워하는 기색이 있고, 마음속으로 의심하는 자는 그 말이 이리저리 갈라지고, 길한 사람의 말은 적고, 조급한 사람의 말은 많아지며, 남의 선을 모함하는 사람은 그 말이 헤엄치듯 유영하고, 올바름을 잃은 자는 그 말이 비굴해진답니다.

將叛者(장반자), 其辭慚(기사참), 中心疑者其辭枝(중심의자기사지), 吉人之辭寡(길인지사과), 躁人之辭多(조인지사다), 誣善之人其辭游(무선지인기사유), 失其守者其辭屈(실기수자기사굴).

제 3 편

설괘전
說卦傳

• • •

제1장 역을 지음과 시초점

옛날 성인이 역을 지음에 신명이 그윽하게 도와 시초를 내고, 하늘은 셋으로 땅은 둘로 수에 의지합니다. 음양의 변화를 관찰하여 괘를 세우고, 강유를 펼쳐서 효를 내게 됩니다. 도덕에 화순하고 이로움을 따르며, 이치를 궁구하고 본성을 다함으로써 명에 이르게 된답니다.

昔者(석자), 聖人之作易也(성인지작역야), 幽贊神明而生蓍(유찬신명이생시), 參天兩地而倚數(삼천양지이의수). 觀變於陰陽(관변어음양), 而立卦(이립괘), 發揮於剛柔(발휘어강유), 而生爻(이생효). 和順於道德(화순어도덕), 而理於義(이리어의), 窮理盡性(궁리진성), 以至於命(이지어명).

제2장 역이 여섯 자리인 까닭

옛날 성인이 역을 지은 것은 장차 그로써 성명의 이치를 따르고자 함이랍니다. 이로써 하늘의 도인 천도를 세워 음과 양이라 하고, 땅의 도인 지도를 세워 부드러움과 강건함인 유와 강이라 하였으며, 사람의 도인 인도를 세워 어짊과 의로움인 인과 의라 하였답니다. 삼재를 겸해서 두 번 하기 때문에 역이 여섯 획으로 괘를 이룹니다. 음을 나누고 양을 나누며, 유와 강을 차례로 쓰기 때문에 역이 여섯 자리로 이룸을 드러낸답니다.

昔者(석자), 聖人之作易也(성인지작역야), 將以順性命之理(장이순성명지리). 是以立天之道(시이립천지도), 曰陰與陽(왈음여양), 立地之道(입지지도), 曰柔與剛(왈유여강), 立人之道(입인지도), 曰仁與義(왈인여의). 兼三才而兩之(겸삼재이양지), 故易六畫而成卦(고역육획이성괘). 分陰分陽(분음분양), 迭用柔剛(질용유강), 故易六位而成章(고역육위이성장).

제3장 역을 역수한 까닭

천지가 자리를 정하고, 산과 못이 기운을 통하며, 우레와 바람이 서로 부딪치고, 물과 불이 서로 쏘지 아니하며, 팔괘가 서로 섞이니, 가는 것을 헤아림은 순리를 따르고, 오는 것을 앎은 거스르는 것이기 때문에 역은 역수(逆數)라 한답니다.

天地定位(천지정위), 山澤通氣(산택통기), 雷風相薄(뇌풍상박), 水火不相射(수화불상사), 八卦相錯(팔괘상착), 數往者順(수왕자순), 知來者逆(지래자역), 是故(시고), 易逆數也(역역수야).

제4장 팔괘의 역할

우레☳로써 움직이고, 바람☴으로써 흩어지며, 비☵로써 적시고, 해☲로써 말리며, 산☶으로써 그치게 하고, 연못☱으로써 기쁘게 하며, 건(乾)☰으로써 임금을 삼고, 곤(坤)☷으로써 품어 감춘답니다.

雷以動之(뇌이동지), 風以散之(풍이산지), 雨以潤之(우이윤지), 日以烜之(일이훤지), 艮以止之(간이지지), 兌以說之(태이열지), 乾以君之(건이군지), 坤以藏之(곤이장지).

제5장 간방에서 끝나면서 시작됨

임금인 제(帝)가 정동쪽인 진방에서 나와, 동남쪽인 손방에서 가지런히 하며, 정남쪽인 리방에서 서로 보고, 남서방인 곤방에서 수고롭게 일을 하며, 정서쪽인 태방에서 기뻐하고, 서북쪽인 건방에서 싸우고, 정북쪽인 감방에서 힘쓰며, 북동쪽인 간방에서 이룬답니다.

帝出乎震(제출호진), 齊乎巽(제호손), 相見乎離(상견호리), 致役乎坤(치역호곤), 說言乎兌(열언호태), 戰乎乾(전호건), 勞乎坎(노호감), 成言乎艮(성언호간).

만물이 진에서 나오는데 진은 동방이랍니다. 손에서 가지런히 하니 손은 동남방이며, 제(齊)라는 것은 만물이 깨끗하고 가지런한 것을 말한 것이랍니다.

萬物出乎震(만물출호진), 震東方也(진동방야). 齊乎巽(제호손), 巽東

南也(손동남야), 齊也者(제야자), 言萬物之潔齊也(언만물지결제야).

이(離)라는 것은 밝음이며 만물이 모두 서로 보는 것이니 남방의 괘랍니다. 성인이 왕을 뜻하는 남쪽을 향하고서 천하 사람들의 의견을 경청하고는 밝은 것을 향하여 다스리니, 대체적으로 이러한 이괘에서 취한 것이랍니다.

離也者(이야자), 明也(명야), 萬物皆相見(만물개상견), 南方之卦也(남방지괘야). 聖人南面而聽天下(성인남면이청천하), 嚮明而治(향명이치), 蓋取諸此也(개취저차야).

곤(坤)이라는 것은 땅이며, 만물이 모두 길러지는 것이기 때문에 "곤에서 노역을 이룬다"고 하는 겁니다.

坤也者(곤야자), 地也(지야), 萬物皆致養焉(만물개치양언), 故曰(고왈):「致役乎坤(치역호곤).」

태(兌)는 바로 가을을 뜻하며, 만물이 기뻐하는 것이기 때문에 "태에서 기뻐한다"라고 한 거랍니다.

兌(태), 正秋也(정추야), 萬物之所說也(만물지소열야), 故曰(고왈):「說言乎兌(열언호태).」

"건(乾)에서 싸운다"고 함은 건은 서북방의 괘이니 음과 양이 서로 부딪힘을 말한 것이랍니다.

戰乎乾(전호건), 乾(건), 西北之卦也(서북지괘야), 言陰陽相薄也(언음

양상박야).

감(坎)은 물을 뜻하면서 정북방의 괘이니, 수고를 위로하는 괘이나 만물이 돌아가는 곳이기 때문에 "감에서 수고한다"고 한 겁니다.

坎者(감자), 水也(수야), 正北方之卦也(정북방지괘야), 勞卦也(노괘야), 萬物之所歸也(만물지소귀야), 故曰(고왈):「勞乎坎(노호감).」

간(艮)은 동북방의 괘이니 만물이 마침을 이루는 곳이면서 동시에 시작함을 이루는 곳이기 때문에 "간에서 이룬다고 말한다"는 겁니다.

艮(간), 東北之卦也(동북지괘야), 萬物之所成終而所成始也(만물지소성종이소성시야), 故曰(고왈):「成言乎艮(성언호간).」

제6장 팔괘의 기능

신이라고 하는 것은 만물을 묘하게 함을 말한 것이랍니다. 만물을 움직이는 것으로 우레☳만큼 빠른 것이 없고, 만물을 뒤흔드는 것으로는 바람☴보다 빠른 것이 없으며, 만물을 말리는 것으로는 불☲보다 잘 말리는 것이 없고, 만물을 기쁘게 하는 것으로는 연못☱보다 기쁘게 하는 것이 없으며, 만물을 적시는 것으로 물☵보다 윤택하게 하는 건 없답니다.

神也者(신야자), 妙萬物而爲言者也(묘만물이위언자야). 動萬物者(동만물자), 莫疾乎雷(막질호뢰), 橈萬物者(요만물자), 莫疾乎風(막질호풍),

燥萬物者(조만물자), 莫熯乎火(막한호화), 說萬物者(열만물자), 莫說乎澤(막열호택), 潤萬物者(윤만물자), 莫潤乎水(막윤호수).

만물을 끝마치면서 만물을 시작하게 하는 것으로 간(艮)만큼 흥성한 것은 없답니다. 그러므로 물과 불이 서로 따라 미치며, 우레와 바람이 서로 거스르지 않고, 산과 연못이 기운을 통한 후에야 변화하여 만물을 다 이룰 수 있답니다.

終萬物始萬物者(종만물시만물자), 莫盛乎艮(막성호간). 故水火相逮(고수화상체), 雷風不相悖(뇌풍불상패), 山澤通氣(산택통기), 然後能變化(연후능변화), 旣成萬物也(기성만물야).

제7장 팔괘의 성질

건☰은 강건하고, 곤☷은 유순하며, 진☳은 움직이고, 손☴은 들어가며, 감☵은 빠져들고, 이☲는 통과하고, 간☶은 그치고, 태☱는 기뻐함이랍니다.

乾(건), 健也(건야), 坤(곤), 順也(순야), 震(진), 動也(동야), 巽(손), 入也(입야), 坎(감), 陷也(함야), 離(이), 麗也(려야), 艮(간), 止也(지야), 兌(태), 說也(열야).

제8장 팔괘를 동물에 비유

건은 말이 되고, 곤은 소가 되며, 진은 용이 되고, 손은 닭이 되며, 감은 돼지가 되고, 이는 꿩이 되며, 간은 개가 되고, 태는 양이 된답니다.

乾爲馬(건위마), 坤爲牛(곤위우), 震爲龍(진위룡), 巽爲雞(손위계), 坎爲豕(감위시), 離爲雉(이위치), 艮爲狗(간위구), 兌爲羊(태위양).

제9장 팔괘를 인체에 비유

건은 머리가 되고, 곤은 배가 되며, 진은 발이 되고, 손은 넓적다리가 되며, 감은 귀가 되고, 이는 눈이 되며, 간은 손이 되고, 태는 입이 된답니다.

乾爲首(건위수), 坤爲腹(곤위복), 震爲足(진위족), 巽爲股(손위고), 坎爲耳(감위이), 離爲目(이위목), 艮爲手(간위수), 兌爲口(태위구).

제10장 부모와 아들딸에 비유

건은 하늘이기 때문에 아버지라 일컫고, 곤은 땅이기에 어머니라 부르며, 진은 첫 번째 구하여 아들을 얻었기 때문에 장남이라고 일컫고, 손은 첫 번째 구하여 딸을 얻었기 때문에 장녀라 부르며, 감은 두 번째 구하여 얻은 아들이기 때문에 중남이라 이르고, 이는 두 번째 구하여 얻은 딸이기 때문에 중녀라 칭하며, 간은 세 번째 구하여 얻은 아들이기 때문에 소남이라 부르며, 태는 세 번째 구하여 얻은 딸이기에 소녀라고 칭한답니다.

乾天也(건천야), 故稱父(고칭부), 坤地也(곤지야), 故稱母(고칭모), 震一索而得男(진일색이득남), 故謂之長男(고위지장남), 巽一索而得女(손일색이득녀), 故謂之長女(고위지장녀), 坎再索而得男(감재색이득남), 故謂之中男(고위지중남), 離再索而得女(이재색이득녀), 故謂之中女(고위지중녀), 艮三索而得男(간삼색이득남), 故謂之少男(고위지소남), 兌三索

而得女(태삼색이득녀), 故謂之少女(고위지소녀).

제11장 각 괘의 변신

건괘☰는 하늘이 되고, 둥근 것이 되며, 임금이 되고, 아버지가 되며, 옥이 되고, 쇠가 되며, 차가운 것이 되고, 얼음이 되며, 크게 붉은 것이 되고, 늙은 말이 되며, 좋은 말이 되고, 수척한 말이 되며, 얼룩말이 되고, 모과가 된답니다.

乾爲天(건위천), 爲圜(위환), 爲君(위군), 爲父(위부), 爲玉(위옥), 爲金(위금), 爲寒(위한), 爲冰(위빙), 爲大赤(위대적), 爲老馬(위노마), 爲良馬(위양마), 爲瘠馬(위척마), 爲駁馬(위박마), 爲木果(위목과).

곤괘☷는 땅이 되고, 어머니가 되며, 베가 되고, 가마솥이 되며, 인색함이 되고, 고른 것이 되며, 새끼소와 어미 소가 되고, 큰 수레가 되며, 무늬가 되고, 무리가 되며, 자루가 되고, 땅에서는 검은 빛이 된답니다.

坤爲地(곤위지), 爲母(위모), 爲布(위포), 爲釜(위부), 爲吝嗇(위인색), 爲均(위균), 爲子母牛(위자모우), 爲大輿(위대여), 爲文(위문), 爲衆(위중), 爲柄(위병), 其於地也爲黑(기어지야위흑).

진괘☳는 우레가 되고, 용이 되며, 현황이 되고, 펴는 것이 되며, 큰 길이 되고, 장자가 되며, 결단하고 조급함이 되고, 푸른 대나무가 되며, 갈대가 되고, 그 말에는 잘 우는 것이 되며, 발이 흰 것이 되고, 발이 젖는 것이 되며, 이마에 흰 털이 많은 것이 된답니다. 그

심는 것은 도리어 생겨남이 되고, 그 궁극에는 굳셈이 되며, 번성하고 고운 것이 됩니다.

震爲雷(진위뢰), 爲龍(위룡), 爲玄黃(위현황), 爲旉(위부), 爲大涂(위대도), 爲長子(위장자), 爲決躁(위결조), 爲蒼莨竹(위창랑죽), 爲萑葦(위추위), 其於馬也(기어마야), 爲善鳴(위선명), 爲馵足(위주족), 爲的顙(위적상). 其於稼也(기어가야), 爲反生(위반생), 其究爲健(기구위건), 爲蕃鮮(위번선).

손괘☴는 나무가 되고, 바람이 되며, 장녀가 되고, 먹줄이 되며, 목공이 되고, 흰색이 되며, 긴 것이 되고, 높은 것이 되며, 진퇴가 되고, 과단성이 없음이 되며, 냄새가 됩니다. 사람에게는 털이 적음이 되고, 이마가 넓음이 되며, 눈에 흰자위가 많음이 되고, 시장에서 세 배 가까운 이득을 얻음이 되며, 그 궁극에는 조급한 괘가 된답니다.

巽爲木(손위목), 爲風(위풍), 爲長女(위장녀), 爲繩直(위승직), 爲工(위공), 爲白(위백), 爲長(위장), 爲高(위고), 爲進退(위진퇴), 爲不果(위불과), 爲臭(위취). 其於人也(기어인야), 爲寡髮(위과발), 爲廣顙(위광상), 爲多白眼(위다백안), 爲近利市三倍(위근리시삼배), 其究爲躁卦(기구위조괘).

감괘☵는 물이 되고, 도랑이 되며, 숨어 엎드림이 되고, 굽은 것을 바로 잡음이 되며, 활과 바퀴가 되고, 사람에게는 근심을 더하게 되며, 심장병이 되고, 귀앓이가 되며, 혈괘가 되고, 붉은색이 되며, 말에게는 아름다운 등줄기가 되고, 급한 마음이 되며, 머리를 떨굼이 되고, 얇은 발꿈치가 되며, 끄는 것이 되고, 수레에는 병통이 많음이 되며, 통함이 되며, 달이 되고, 도적이 되며, 나무에게는 굳고 심줄이 많음이 된답니다.

坎爲水(감위수), 爲溝瀆(위구독), 爲隱伏(위은복), 爲矯輮(위교유), 爲弓輪(위궁륜), 其於人也(기어인야), 爲加憂(위가우), 爲心病(위심병), 爲耳痛(위이통), 爲血卦(위혈괘), 爲赤(위적), 其於馬也(기어마야), 爲美脊(위미척), 爲亟心(위극심), 爲下首(위하수), 爲薄蹄(위박제), 爲曳(위예), 其於輿也(기어여야), 爲多眚(위다생), 爲通(위통), 爲月(위월), 爲盜(위도), 其於木也(기어목야), 爲堅多心(위견다심).

이괘☲는 불이 되고, 해가 되며, 번개가 되고, 중녀가 되며, 갑옷과 투구가 되고, 창과 병사가 되며, 사람에게는 큰 복부가 되고, 건괘가 되며, 자라가 되고, 게가 되며, 소라가 되고, 조개가 되며, 거북이가 되고, 나무에게는 속이 텅 비고 윗가지가 마른 것이 된답니다.

離爲火(이위화), 爲日(위일), 爲電(위전), 爲中女(위중녀), 爲甲冑(위갑주), 爲戈兵(위과병), 其於人也(기어인야), 爲大腹(위대복), 爲乾卦(위건괘), 爲鱉(위별), 爲蟹(위해), 爲蠃(위라), 爲蚌(위방), 爲龜(위구), 其於木也(기어목야), 爲科上槁(위과상고).

간괘☶는 산이 되고, 지름길이 되며, 작은 돌이 되고, 작은 문과 큰 문이 되며, 과일과 풀 열매가 되고, 내시가 되며, 손가락이 되고,

개가 되며, 쥐가 되고, 부리가 검은 부류의 짐승이 되며, 나무에게는 굳어서 마디가 많음이 된답니다.

艮爲山(간위산), 爲徑路(위경로), 爲小石(위소석), 爲門闕(위문궐), 爲果蓏(위과라), 爲閽寺(위혼사), 爲指(위지), 爲狗(위구), 爲鼠(위서), 爲黔喙之屬(위검훼지속), 其於木也(기어목야), 爲堅多節(위견다절).

태괘☱는 연못이 되고, 소녀가 되며, 무당이 되고, 입과 혀가 되며, 헐고 끊어짐이 되고, 붙는 것을 결단하는 것이 되며, 땅에서는 굳셈과 소금이 되고, 첩이 되며, 양이 된답니다.

兌爲澤(태위택), 爲少女(위소녀), 爲巫(위무), 爲口舌(위구설), 爲毁折(위훼절), 爲附決(위부결), 其於地也(기어지야), 剛鹵(강로), 爲妾(위첩), 爲羊(위양).

제 4 편

서괘전상
序卦傳上

● ● ●

천지가 있은 뒤에 만물이 생기니 하늘과 땅 사이에 가득 찬 것은 오직 만물이랍니다. 그러므로 둔(屯, ䷂)으로써 받으니, 둔은 가득 참이니 둔은 만물이 처음으로 생김을 뜻한답니다.

有天地(유천지), 然後萬物生焉(연후만물생언), 盈天地之間者唯萬物(영천지지간자유만물). 故受之以屯(고수지이둔), 屯者盈也(둔자영야), 屯者物之始生也(둔자물지시생야).

만물이 나면 반드시 어리기 때문에 몽(蒙, ䷃)으로 받으니, 몽은 사물의 어린 것이랍니다. 사물이 어리면 기르지 않을 수 없기 때문에 수(需, ䷄)로써 받습니다. 수는 음식의 도이며, 음식에는 반드시 송사가 있기 때문에 송(訟,)으로써 받는답니다.

物生必蒙(물생필몽), 故受之以蒙(고수지이몽), 蒙者物之稚也(몽자물지치야). 物稚不可不養也(물치불가불양야), 故受之以需(고수지이수), 需者飮食之道也(수자음식지도야). 飮食必有訟(음식필유송), 故受之以訟(고수지이송).

송사에는 반드시 무리로써 일어나기 때문에 사(師, ䷆)로써 받았고 사는 무리이니, 무리는 반드시 돕는 것이 있기 때문에 비(比, ䷇)로써 받는데 비는 돕는다는 겁니다. 도우면 반드시 쌓는 것이 있기 때문에 소축(小畜, ䷈)으로 받는답니다.

訟必有衆起(송필유중기), 故受之以師(고수지이사), 師者衆也(사자중야), 衆必有所比(중필유소비), 故受之以比(고수지이비), 比者比也(비자비야). 比必有所畜(비필유소축), 故受之以小畜(고수지이소축).

물건이 쌓인 뒤에는 예(禮)가 있기 때문에 이(履, ䷉)로써 받는답니다. 예절을 지켜 태평한 후에는 편안해지기 때문에 태(泰, ䷊)로써 받았고, 태는 통한다는 것이지만 사물이 끝까지 통할 수는 없기 때문에 비(否, ䷋)로써 받았답니다.

物畜然後有禮(물축연후유예), 故受之以履(고수지이이). 履而泰(이이태), 然後安(연후안), 故受之以泰(고수지이태), 泰者通也(태자통야), 物不可以終通(물불가이종통), 故受之以否(고수지이비).

사물은 끝까지 막힐 수만은 없기 때문에 동인(同人, ䷌)으로 받았답니다. 사람과 더불어 같이하는 자는 만물이 반드시 그에게 돌아가기 때문에 대유(大有, ䷍)로 받습니다. 크게 가진 자라도 가득 채울 수는 없기 때문에 겸(謙, ䷎)으로 받는답니다.

物不可以終否(물불가이종부), 故受之以同人(고수지이동인). 與人同者物必歸焉(여인동자물필귀언), 故受之以大有(고수지이대유). 有大者不可以盈(유대자불가이영), 故受之以謙(고수지이겸).

크게 갖고도 겸손할 수 있다면 반드시 즐거움이 따르기 때문에 예(豫, ䷏)로써 받았답니다. 즐거움에는 반드시 따름이 있기 때문에 수(隨, ䷐)로써 받았습니다. 기쁨으로써 사람을 따르는 자는 반드시 사건이나 사고와 같은 일이 있기 때문에 고(蠱, ䷑)로써 받았는데, 고는 곧 일이랍니다.

有大而能謙必豫(유대이능겸필예), 故受之以豫(고수지이예). 豫必有隨(예필유수), 故受之以隨(고수지이수). 以喜隨人者必有事(이희수인자필유사), 故受之以蠱(고수지이고), 蠱者事也(고자사야).

일이 있은 뒤에는 커질 수 있기 때문에 임(臨, ䷒)으로 받았는데, 임 또한 큰 것이랍니다. 사물이 커진 후에라야 볼 수 있기 때문에 관(觀, ䷓)으로써 받았습니다. 볼 수 있는 다음에는 합할 수 있기 때문에 서합(噬嗑, ䷔)으로 받았답니다. 합(嗑)은 합한다는 의미입니다.

有事而後可大(유사이후가대), 故受之以臨(고수지이림), 臨者大也(임자대야). 物大然後可觀(물대연후가관), 故受之以觀(고수지이관). 可觀而後有所合(가관이후유소합), 故受之以噬嗑(고수지이서합), 嗑者合也(합자합야).

사물이란 게 꼭 합해 있지는 않기 때문에 비(賁, ䷕)로써 받았는데, 비는 꾸민다는 뜻입니다. 꾸밈을 이룬 후에 형통하면 다한 것이기 때문에 박(剝, ䷖)으로 받았답니다. 박은 깎는다는 의미입니다.

物不可以苟合而已(물불가이구합이이), 故受之以賁(고수지이비), 賁者飾也(비자식야). 致飾然後亨則盡矣(치식연후형즉진의), 故受之以剝(고수지이박), 剝者剝也(박자박야).

사물이란 게 끝내 다할 수만은 없기에 박이 위에서 궁해져 아래로 되돌아오기 때문에 복(復, ䷗)으로 받았답니다. 회복되면 망령되지는 않기 때문에 무망(无妄, ䷘)으로 받았습니다. 망령됨이 없어진 뒤에야 쌓을 수 있기 때문에 대축(大畜, ䷙)으로 받았답니다.

物不可以終盡(물불가이종진), 剝窮上反下(박궁상반하), 故受之以復(고수지이복). 復則不妄矣(복즉불망의), 故受之以无妄(고수지이무망). 有无妄然後可畜(유무망연후가축), 故受之以大畜(고수지이대축).

사물이 쌓인 뒤에야 기를 수 있기 때문에 이(頤, ䷚)로써 받았고, 이는 기른다는 뜻입니다. 기르지 않으면 움직일 수 없기 때문에 대과(大過, ䷛)로써 받았답니다. 사물이란 게 끝내 지나칠 수만은 없기 때문에 감(坎, ䷜)으로써 받았습니다. 감은 빠진다는 의미랍니다. 빠지게 되면 반드시 걸리는 게 있기 때문에 이(離, ䷝)로써 받았습니다. 이는 걸린다는 뜻이죠.

物畜然後可養(물축연후가양), 故受之以頤(고수지이이), 頤者養也(이자양야). 不養則不可動(불양즉불가동), 故受之以大過(고수지이대과). 物

不可以終過(물불가이종과), 故受之以坎(고수지이감), 坎者陷也(감자함야). 陷必有所麗(함필유소려), 故受之以離(고수지이이), 離者麗也(이자려야).

제 5 편

서괘전하
序卦傳下

• • •

하늘과 땅인 천지가 있은 후에야 만물이 있게 되고, 만물이 있은 뒤에야 남자와 여자가 있게 됩니다. 남녀가 있은 뒤에야 남편과 아내라는 부부가 있게 되며, 부부가 있은 후에야 아버지와 아들이라는 부자가 있게 됩니다. 부자가 있은 뒤에야 임금과 신하라는 군신이 있게 되며, 군신이 있은 후에야 위와 아래인 상하관계가 있게 됩니다. 상하가 있은 뒤에야 예의를 차리게 된답니다.

有天地然後有萬物(유천지연후유만물), 有萬物然後有男女(유만물연후유남녀), 有男女然後有夫婦(유남녀연후유부부), 有夫婦然後有父子(유부부연후유부자), 有父子然後有君臣(유부자연후유군신), 有君臣然後有上下(유군신연후유상하), 有上下然後禮義有所錯(유상하연후례의유소착).

남녀 간의 도리는 느낌이 없으면 할 수도 없기 때문에 함(咸, ䷞)으로써 받는데, 함은 느낌을 말합니다. 부부의 도는 오래하지 않을 수 없기 때문에 항(恒, ䷟)으로써 받으며, 항은 오래간다는 의미랍니다.

男女之道(남녀지도), 不能无感也(불능무감야), 故受之以咸(고수지이함), 咸者感也(함자감야). 夫婦之道(부부지도), 不可以不久也(불가이불구야), 故受之以恒(고수지이항), 恒者久也(항자구야).

사물은 한곳에만 오래 머물 수만은 없기 때문에 둔(遯, ䷠)으로 받으며, 둔은 물러간다는 뜻입니다. 사물은 끝내 물러갈 수만은 없기 때문에 대장(大壯, ䷡)으로 받았답니다.

物不可以久居其所(물불가이구거기소), 故受之以遯(고수지이둔), 遯者退也(둔자퇴야). 物不可以終遯(물불가이종둔), 故受之以大壯(고수지이대장).

사물이란 게 끝까지 장성할 수만은 없기 때문에 진(晉, ䷢)으로 받았습니다. 진은 나아간다는 의미랍니다. 나아가기만 하면 반드시 상처받기 때문에 명이(明夷, ䷣)로 받았으며, 이는 상처라는 뜻입니다.

物不可以終壯(물불가이종장), 故受之以晉(고수지이진), 晉者進也(진자진야). 進必有所傷(진필유소상), 故受之以明夷(고수지이명이), 夷者傷也(이자상야).

밖에서 상처받은 자는 반드시 자기 집으로 되돌아오기 때문에 가인(家人, ䷤)으로 받았답니다. 집안의 도인 가도가 궁벽해지면 반드시 어긋나기 때문에 규(睽, ䷥)로 받았습니다. 규는 어긋난다는 뜻이랍니다.

傷於外者必反其家(상어외자필반기가), 故受之以家人(고수지이가인). 家道窮必乖(가도궁필괴), 故受之以睽(고수지이규), 睽者乖也(규자괴야).

어긋나면 반드시 어려움이 있기 때문에 건(蹇, ䷦)으로 받았습니다. 건은 어렵다는 뜻이랍니다. 사물은 끝내 어려울 수만은 없는 것이기 때문에 해(解, ䷧)로 받았답니다. 해는 느긋해져 풀어진다는 뜻이죠. 느긋해지면 반드시 잃는 바가 있기 때문에 손(損, ䷨)으로 받았죠.

乖必有難(괴필유난), 故受之以蹇(고수지이건), 蹇者難也(건자난야). 物不可以終難(물불가이종난), 故受之以解(고수지이해), 解者緩也(해자완야). 緩必有所失(완필유소실), 故受之以損(고수지이손).

계속해서 덜어냄이 그치지 않는다면 반드시 더해질 때도 있기 때문에 익(益, ䷩)으로 받았답니다. 더하는 것을 그치지 않으면 반드시 터지기 때문에 쾌(夬, ䷪)로 받았고, 쾌는 제방 등이 터진다는 의미랍니다. 터지게 되면 반드시 만나는 바가 있기 때문에 구(姤, ䷫)로 받았는데, 구는 만남이란 뜻입니다.

損而不已必益(손이불이필익), 故受之以益(고수지이익). 益而不已必決(익이불이필결), 故受之以夬(고수지이쾌), 夬者決也(쾌자결야). 決必有

所遇(결필유소우), 故受之以姤(고수지이구), 姤者遇也(구자우야).

사물이란 서로 만나게 된 후에는 모이기 때문에 췌(萃, ䷬)로 받았습니다. 췌는 모인다는 뜻이죠. 모여서 위로 오르는 것을 승(升, ䷭)이라 하였기 때문에 승으로 받았답니다. 위로 오르는 것을 그치지 않으면 반드시 곤궁해지기 때문에 곤(困, ䷮)으로 받았죠.

物相遇而後聚(물상우이후취), 故受之以萃(고수지이췌), 萃者聚也(췌자취야). 聚而上者謂之升(취이상자위지승), 故受之以升(고수지이승). 升而不已必困(승이불이필곤), 故受之以困(고수지이곤).

위에서 곤궁한 자는 반드시 아래로 되돌아오기 때문에 정(井, ䷯)으로써 받았답니다. 우물인 정(井)의 도는 고치지 않을 수 없기 때문에 혁(革, ䷰)으로 받았죠. 사물을 고치는 것으로 솥을 뜻하는 정(鼎, ䷱)만 한 것이 없기 때문에 정으로 받았습니다.

困乎上者必反下(곤호상자필반하), 故受之以井(고수지이정). 井道不可不革(정도불가불혁), 故受之以革(고수지이혁). 革物者莫若鼎(혁물자막약정), 故受之以鼎(고수지이정).

솥과 같은 기구를 맡은 자로는 큰아들인 장자만 한 이가 없기 때문에 진(震, ䷲)으로 받았답니다. 진은 움직인다는 뜻입니다. 사물은 끝내 움직일 수 없게 되면 멈추게 되기 때문에 간(艮, ䷳)으로 받았습니다. 간은 멈춘다는 의미랍니다.

主器者莫若長子(주기자막약장자), 故受之以震(고수지이진), 震者動也

(진자동야). 物不可以終動(물불가이종동), 止之(지지), 故受之以艮(고수지이간). 艮者止也(간자지야).

사물은 끝내 멈출 수 없기 때문에 점(漸, ䷴)으로 받았는데, 점은 나아간다는 뜻이랍니다. 나아가면 반드시 돌아가는 곳이 있게 되기 때문에 귀매(歸妹, ䷵)로 받았답니다. 그 돌아갈 곳을 얻은 자는 반드시 커지기 때문에 풍(豐, ䷶)으로 받았고, 풍은 크다는 뜻입니다.

物不可以終止(물불가이종지), 故受之以漸(고수지이점), 漸者進也(점자진야). 進必有所歸(진필유소귀), 故受之以歸妹(고수지이귀매). 得其所歸者必大(득기소귀자필대), 故受之以豐(고수지이풍), 豐者大也(풍자대야).

큰 것을 다한 자는 반드시 거처를 잃기 때문에 여(旅, ䷷)로 받았답니다. 나그네는 받아들여주는 데가 없기 때문에 손(巽, ䷸)으로 받았는데, 손은 들어간다는 의미입니다.

窮大者必失其居(궁대자필실기거), 故受之以旅(고수지이려). 旅而无所容(여이무소용), 故受之以巽(고수지이손), 巽者入也(손자입야).

들어간 후에는 기뻐하기 때문에 태(兌, ䷹)로 받았는데, 태는 기뻐한다는 뜻입니다. 기뻐한 후에는 흩어지기 때문에 환(渙, ䷺)으로 받았으며, 환은 떠난다는 의미입니다. 사물이 끝내는 떠날 수만은 없기 때문에 절(節, ䷻)로 받았고, 절도가 있어 믿기 때문에 중부(中孚, ䷼)로 받았답니다.

入而後說之(입이후열지), 故受之以兌(고수지이태), 兌者說也(태자열야). 說而後散之(열이후산지), 故受之以渙(고수지이환), 渙者離也(환자리야). 物不可以終離(물불가이종리), 故受之以節(고수지이절), 節而信之(절이신지), 故受之以中孚(고수지이중부).

그 믿음이 있는 자는 반드시 실행하기 때문에 소과(小過, ䷽)로 받는답니다. 다른 사물을 초월하는 자는 반드시 구제를 받기 때문에 기제(旣濟, ䷾)로 받았습니다. 사물이 곤궁할 수만은 없기 때문에 아직은 구제받지 못했다는 의미의 미제(未濟, ䷿)를 받아 끝마쳤답니다.

有其信者必行之(유기신자필행지), 故受之以小過(고수지이소과). 有過物者必濟(유과물자필제), 故受之以旣濟(고수지이기제). 物不可窮也(물불가궁야), 故受之以未濟終焉(고수지이미제종언).

제 6 편

잡괘전
雜卦傳

• • •

건(乾)은 강건하고 곤(坤)은 부드러우며, 비(比)는 즐겁고 사(師)는 근심이라는 의미를 담고 있답니다.

乾剛(건강), 坤柔(곤유), 比樂(비락), 師憂(사우).

임(臨)과 관(觀)은 혹은 주고 혹은 구한다는 뜻을 내포하고 있습니다.

臨(임), 觀之義(관지의), 或與或求(혹여혹구).

둔(屯)은 나타나되 그 거처를 잃지 않고, 몽(蒙)은 섞이되 드러난다는 의미가 내포되어 있답니다.

屯見而不失其居(둔현이부실기거), 蒙雜而著(몽잡이저).

진(震)은 일어남이요, 간(艮)은 그침이고, 손(損)과 익(益)은 성하고 쇠함의 시작이라는 의미를 함유하고 있습니다.

震起也(진기야), 艮止也(간지야), 損益盛衰之始也(손익성쇠지시야).

대축(大畜)은 때이며, 무망(無妄)은 재앙이라는 의미를 함축하고 있습니다.

大畜時也(대축시야), 無妄災也(무망재야).

췌(萃, 모을 췌)는 모이고 승(升)은 오지 않음이며, 겸(謙)은 가볍고 예(豫)는 게으름을 뜻한답니다.

萃聚(췌취), 而升不來也(이승불래야), 謙輕(겸경), 而豫怠也(이예태야).

서합(噬嗑)은 먹는 것이며, 비(賁)는 색깔이 없음을 뜻한답니다.

噬嗑食也(서합식야), 賁無色也(비무색야).

태(兌)는 나타나는 것이고 손(巽)은 엎드린다는 뜻이랍니다.

兌見(태현), 而巽伏也(이손복야).

수(隨)는 연고가 없고, 고(蠱)는 경계한다는 의미랍니다.

隨無故也(수무고야), 蠱則飭也(고즉칙야).

박(剝)은 헤어짐이고, 복(復)은 되돌아옴을 뜻한답니다.

剝爛也(박란야), 復反也(복반야).

진(晉)은 낮을 뜻하고 명이(明夷)는 베는 것이랍니다.
晉晝也(진주야), 明夷誅也(명이주야).

정(井)은 통하는 것이고, 곤(困)은 서로 만남을 의미합니다.
井通(정통), 而困相遇也(이곤상우야).

함(咸)은 빠른 것이며, 항(恒)은 오래하는 걸 뜻한답니다.
咸速也(함속야), 恒久也(항구야).

환(渙)은 떠나는 것이며, 절(節)은 그치는 것을 의미합니다.
渙離也(환리야), 節止也(절지야).

해(解)는 느슨하게 풀어주는 것이며, 건(蹇)은 어려운 것을 뜻한답니다.
解緩也(해완야), 蹇難也(건난야).

규(睽)는 밖이며, 가인(家人)은 안을 의미합니다.
睽外也(규외야), 家人內也(가인내야).

비(否)와 태(泰)는 그 부류가 반대랍니다.
否泰反其類也(부태반기류야).

대장(大壯)은 그친다는 것이고, 둔(遯)은 물러간다는 의미를 담고 있습니다.

大壯則止(대장즉지), 遯則退也(둔즉퇴야).

대유(大有)는 무리이고, 동인(同人)은 친함을 의미합니다.

大有衆也(대유중야), 同人親也(동인친야).

혁(革)은 옛것을 버림이고, 정(鼎)은 새것을 취함을 말하는 겁니다.

革去故也(혁거고야), 鼎取新也(정취신야).

소과(小過)는 지나감이며, 중부(中孚)는 믿음이라는 뜻입니다.

小過過也(소과과야), 中孚信也(중부신야).

풍(豊)은 연고가 많은 것이며, 친한 사람이 적은 것은 나그네(旅)를 뜻합니다.

豊多故(풍다고), 親寡旅也(친과려야).

이(離)는 불타서 위로 올라가는 것이며, 감(坎)은 아래로 흘러 내려감을 의미합니다.

離上(이상), 而坎下也(이감하야).

소축(小畜)은 적은 것이며, 이(履)는 처하지 않는다는 뜻입니다.

小畜寡也(소축과야), 履不處也(이불처야).

수(需)는 앞으로 나아가지 않는 것이며, 송(訟)은 친하지 아니함을 의미합니다. 대과(大過)는 엎어짐을 뜻한답니다.

需不進也(수부진야), 訟不親也(송불친야). 大過顚也(대과전야).

구(姤)는 만나는 것이며, 부드러움인 유(柔)가 강건함인 강(剛)을 만남을 의미합니다.

姤遇也(구우야), 柔遇剛也(유우강야).

점(漸)은 여자가 시집을 가는 것이며, 남자를 기다려서 감을 뜻한답니다.

漸女歸(점녀귀), 待男行也(대남행야).

이(頤)는 바른 것을 기르는 것이며, 기제(旣濟)는 정함을 의미한답니다.

頤養正也(이양정야), 旣濟定也(기제정야).

귀매(歸妹)는 여자의 마침이며, 미제(未濟)는 남자의 곤궁함을 뜻합니다.

歸妹女之終也(귀매녀지종야), 未濟男之窮也(미제남지궁야).

쾌(夬)는 결단하는 것이며 강건함인 강이 부드러움인 유를 결단하는 것이니, 군자의 도는 커지고 소인의 도는 걱정스럽게 된다는 의미가 내포되어 있답니다.

夬決也(쾌결야), 剛決柔也(강결유야), 君子道長(군자도장), 小人道憂也(소인도우야).

부록

[일러두기]

주역점(占)을 통해 현재 닥친 고민이나 그 해결책을 알고 싶은 분은 이 책의 저자 최상용 박사의 이메일 choisy1227@naver.com으로 제반 인적사항은 물론 알고 싶은 내용을 알려주시고 상담 일자를 잡으시길 바랍니다.

주역점 치는 법

점은 언제 치는 게 좋을까요?

점은 언제 치는 게 가장 좋을까요? 결론적으로 말하면 잠에서 깨어난 새벽이나 이른 아침이 좋답니다. 점(卜)과 관련된 한자로 높을 탁(卓)과 바깥 외(外)가 있는데, 어떤 의미를 담고 있을까요?

높을 卓(탁)은 점 복(卜)과 새벽 조(早)로 이루어져 있습니다. 卜(복)은 갑골문이나 금문 그리고 소전, 현재의 자형과 별 차이 없이 거의 원형 그대로 전해져 오는 글자 중의 하나랍니다. 대부분 그 해석을 거북이의 배딱지나 소의 견갑골을 불에 구울 때 만들어지는 잔금으로 보고 있는데, 그렇게 보기에는 갈라진 균열이 너무 단순합니다. 그 단순한 금을 보고서 하늘의 계시를 얻는다는 것은 무언가 설득력이 부족합니다. 필자의 생각으로는 거북이의 목을 끈에 매달아 불에 굽는 모양으로 '丨'은 거북이 몸체이며 옆으로 그은 '一'은 가열된 몸체에서 '빡' 하며 터지는 소리요소일 겁니다. 그렇게 해서 점을 볼 수 있는 금이 생긴 모양을 담은 글자가 바로 '무언가 조짐을 알 수 있다'는 뜻의 兆(조) 자이죠. 早(조)는 태양을 본뜬 해 일(日)과 열 십(十)으로 구성되었는데, 자형하부의 十(십)을 해가 뜬 높이를 가늠하여 시간을 알 수 있는 '측량 막대'로 해석합니다. 그러나 아침 朝(조)를 보면 해(日)를 중심으로 상하에 풀 초(艹)의 생략형으로 십(十)을 배치하고 달(月)을 첨가하여 '아직 해는 수풀 속에 잠겨 있고 달은 서녘하늘가에 걸려 있는 새벽'을 뜻한 데서 볼 수 있듯, 早(조)는 이제 막 수풀(十) 속을 벗어나 떠오르는 해(日)의 운행 시점을 본뜬 것임을 알 수 있답니다. 따라서 卓(탁)의 전체적인 의미는 해가 뜰 무렵인 이른 아침(早)에 점(卜)을 보아야만 신의 계시를 탁월하게 알아낼 수 있다는 뜻이 담겨 있답니다. 그렇다면 외(外)에는 어떠한 의미가 담겨 있는지 알아볼까요?

밖 外(외)는 저녁 석(夕)과 점 복(卜)으로 이루어져 있습니다. 夕(석)은 해가 서산으로 지고 반달이 동쪽 산허리에 걸친 모양이라 할 수 있답니다. 갑골문에는 반달 모양으로 그려져 있어 月(월)이나 夕(석)의 구분이 뚜렷하지 않았습니다. 그러다 후대로 오면서 月(월)은 달 자체를, 夕(석)은 밤을 뜻하게 되었고, 밤을 뜻하는 夜(야)가 새로 만들어지자 夕(석)은 또다시 해질녘으로 세분화되었죠. 卜(복)은 거북이를 불에 굽기 위해 올가미를 씌워 옆에서 본 것을 상형화한 글자로 특히 복갑(腹甲)의 갈라진 금을 보고서 점을 쳤답니다. 그 갈라진 금(卜)을 보고서 말(口)해 주는 게 바로 점(占)이죠. 이러한 행위는 해 뜰 무렵인 이른 아침(早)에 점(卜)을 보아야만 신의 계시를 탁월(卓)하게 알아낼 수 있는 것이지, 신성한 기운이 사라진 밤(夕)에 보는 점(卜)은 계시에서 벗어난다(外)고 여겼답니다.

● 산가지로 점치는 법

많은 사람들이 불확실한 미래에 대해 궁금해 합니다. 그래서 인류가 출현한 이래로 다양한 방법을 통해 이를 해결하려 했는데, 그것이 바로 점(占)이랍니다. 동서양 공히 여러 방법이 있어 왔는데, 한중일 등 동양에서는 주역점이 그 방편 중의 하나였습니다. 예나 지금이나 심도 있게 공부한 사람들은 주역에 담긴 철학적 의미뿐만 아니라 과학적이고 체계적인 방식을 연구하고 또 토론하기도 합니다.

주역점을 치기 위해서는 기본적인 도구가 필요합니다. 바로 대나무로 만든 산가지죠. 왜 옛사람들은 대나무로 점을 쳤을까요? 쉽게 구할 수도 있었지만 신성한 정보를 얻기 위해서는 텅 비운 마음과 한결같은 올곧음이 필요했을 겁니다. 그래서 신점을 치는 무당들도 정보를 얻는 안테나로써 대나무를 활용하기도 합니다.

먼저 산가지 50개가 필요합니다. 산가지를 구하기 어렵다면 김밥을 쌀 때 흔히 사용하는 대나무 가지를 쪼개 만든 김말이용 도구를 해체해 활용해도 좋습니다.

① 먼저 50개의 산가지 중에서 하나를 잡아서 앉은 자리의 앞자

리에 한 일(一)로 놓는데, 이는 만물 생성의 씨앗이라 할 수 있는 태극(太極)을 상징한답니다.

② 그런 다음 나머지 49개의 산가지를 무심하게 양손으로 나누고, 오른손에 들린 산가지를 바닥에 내려놓습니다. 동양학의 우음좌양(右陰左陽) 사상에 따라 왼손은 양을 뜻한다고 하여 하늘을, 오른손은 음을 나타낸다고 하여 땅을 상징하는데, 이는 곧 음양인 양의(兩儀)를 나타낸답니다.

③ 바닥에 내려놓은 산가지 중에서 하나를 집어 왼손 새끼손가락과 네 번째 손가락 사이에 끼우는데, 이는 곧 땅에서 나고 돌아가는 사람을 상징한답니다.

④ 산가지 하나를 왼손에 끼운 채, 하늘을 상징하는 왼손에 쥐고 있는 산가지들을 4개씩 세어 내려놓는데, 이는 사시인 춘하추동의 변화인 생장수렴(生長收斂)을 의미합니다. 4개씩 세다 마지막에 남은 산가지 1~4개를 왼손의 중지와 4지인 약지 사이에 끼웁니다.

⑤ 다음엔 땅을 상징하는 오른손에 들려 있다가 바닥에 내려놓은 산가지들을 네 개씩 세다가 1~4개가 남으면 이를 왼손의 검지와 중지 사이에 끼웁니다.

⑥ 이제 왼손가락들 사이에 끼웠던 산가지를 한데 모아 세어보면 5~9개가 되는데, 이 산가지들은 태극을 상징하는 산가지(맨 처음에 한 일(一)로 놓은 산가지) 위에 걸어놓는데, 이것을 1변(變)이라고 한답니다. 이는 곧 천·지·인을 뜻하는 삼재(三才)로부터 유래한 거죠.

⑦ 1변을 마치고 나면 산가지의 개수는 40개 또는 44개가 남는

데, 이것을 잡아 2변의 과정을 시작합니다. 또다시 점치는 목적을 명확히 한 다음 양손에 나누어 음양이라는 양의를 표하고 오른손의 산가지는 다시 바닥에 내려놓습니다.

⑧ 음인 땅을 상징하는 오른쪽 바닥의 산가지 중 하나를 뽑아 왼손 새끼손가락에 끼우고, 하늘을 상징하는 왼손에 든 산가지를 4개씩 내려놓다가 1~4개가 남으면 그 산가지를 왼손 약지와 중지 사이에 끼웁니다. 그리고 오른쪽 바닥의 산가지를 4개씩 세어 분리한 다음 1~4개가 남으면 왼손 검지와 중지 사이에 끼웁니다. 이렇게 왼손에 끼워 놓은 산가지를 모으면 4개 또는 8개가 되는데, 이를 한 일(一)로 놓아둔 태극에 두 번째로 걸어 둡니다. 이것이 바로 2변(變)이랍니다.

⑨ 2변을 마치고 나면, 바닥에 남은 산가지를 점치는 목적을 떠올리며 좌우 양손으로 나누어 잡고 오른손의 산가지를 바닥에 내려놓습니다. 그리고 오른쪽 바닥의 산가지 중 하나를 집어 왼손 새끼손가락에 끼우고, 왼손에 잡았던 산가지를 4개씩 내려놓다가 1~4개가 남으면 왼손 약지와 중지 사이에 끼웁니다. 그 다음으로 오른쪽 바닥에 내려놓은 산가지를 4개씩 분리하다가 1~4개가 남으면 검지와 중지 사이에 끼우는데, 마지막으로 왼손 손가락 사이에 끼웠던 산가지를 세어보면 4개 또는 8개가 되는데, 이것을 한 일(一)로 놓아둔 태극에 세 번째로 걸어놓습니다. 이게 바로 3변이랍니다.

⑩ 이렇게 3변의 결과를 태극에 걸고 나서 바닥에 남은 산가지를 네 개씩 나누다 보면 묶음의 개수가 6·7·8·9 중에 하나로 나타나

는데, 이 숫자가 바로 사상(四象)을 상징한답니다. 이렇게 3변을 통해 괘의 효를 정하는데, ①번부터 ⑨번의 과정을 되풀이하면서 여섯 개의 효를 뽑습니다. 효는 초효부터 상효까지 차례대로 뽑아 64괘 중 하나의 괘체(卦體)를 완성하는 겁니다.

각 효의 사상(四象) 표기

이렇게 3변을 마쳤을 때 바닥에 내려놓은 산가지를 4개씩 묶은 수로써 사상을 표기하는데, 6(태음太陰, 노음老陰), 7(소양少陽), 8(소음少陰), 9(태양太陽, 노양老陽)라는 숫자 중 하나가 됩니다. 이를 간단히 도표로 정리해 보겠습니다.

산가지 4개씩 묶음의 수	6	7	8	9
효의 사상(四象)	태음太陰, 노음老陰 (변하는 음陰)	소양少陽 (변하지 않는 양陽)	소음少陰 (변하지 않는 음陰)	태양太陽, 노양老陽 (변하는 양陽)
효의 모양	--♥	–	--	–♡

이렇게 변하는 효인 변효(變爻: 6과 9)와 변하지 않는 효인 불변효(不變爻: 7과 8)로 구분할 수 있습니다.

● 동전으로 점치는 법

산가지로 주역점을 치자면 30여 분가량이 소요됩니다. 그래서 급박한 상황에선 쉽고 빠르게 100원이나 500원짜리 동전을 던져 점을 치는 척전법(擲錢法)을 활용하기도 합니다. 그 방법은 다음과 같답니다.

① 마음속으로 그림이 있는 면은 양(陽)이 되고 숫자가 있는 면은 음(陰)이 된다고 생각하면서, 준비한 3개의 동전을 손에 쥐고 가볍게 바닥에 던집니다.

② 던진 동전의 면을 보고서 사상(四象)을 결정하는데, 다음 도표와 같답니다.

동전의 면	효의 사상(四象)	숫자	효의 표기
동전 면이 모두 그림일 때	태양太陽, 노양老陽	9	━♡
그림 하나에 숫자가 둘일 때	소양少陽	7	━
동전 면이 모두 숫자일 때	태음太陰, 노음老陰	6	--♥
그림 둘에 숫자가 하나일 때	소음少陰	8	--

③ 산가지로 치는 점과 마찬가지로 여섯 효로 이루어진 괘체(卦體)를 얻기 위해서는 여섯 번 동전을 던져 알아내야 합니다.

④ 산가지 점과 마찬가지로 변효(變爻)와 불변효(不變爻)를 알아내고 본괘(本卦)와 지괘(之卦)를 정한답니다.

● 다급한 상황에서 간단히 점치는 법

예나 지금이나 전쟁이나 다급한 상황은 늘 있게 마련입니다. 이때 옛사람들은 어떻게 했을까요? 이 역시 한자를 풀어보면 거기에

답이 있답니다. 무리 중(衆)에는 어떠한 의미가 담겨 있을까요?

무리 衆(중)은 초기글자인 갑골문에서는 태양(日) 아래서 일하고 있는 사람들(亻亻亻)을 나타내 '많다', 사람의 '무리'를 뜻하였는데, 후대로 오면서 해(日)가 피 혈(血)로 바뀌고 세 명의 사람도 형체를 잃어버렸습니다. 인문학적인 해석을 더해 풀어봅니다. 『설문해자(說文解字)』에서는 "血은 제사를 지낼 때 올리는 희생의 피를 말한다. 皿(명)으로 구성되었고, 一(일)은 그릇에 담긴 피를 본뜬 것이다"라고 하였는데, 고대에는 제사를 지낼 때는 희생 동물의 피를 그릇에 가득 담아 바쳤답니다. 특히 촌각을 다투는 전쟁에 앞서 승리를 기원하며 毛血盤(모혈반)제사를 지냈는데, 즉 살아 있는 동물에서 자른 꼬리털(毛)과 피(血)를 쟁반(盤)에 담아 소 한 마리를 잡아 지내는 천제(天祭)를 대신하여 간략히 지냈죠. 즉 전쟁에 앞서 촌각을 다투며 간단히 모혈반(血)제사를 올리려고 운집한 장병들(亻亻亻)의 모습을 담아 '무리'라는 뜻을 부여했을 것으로 추측한답니다.

마찬가지로 점(占) 역시 간단히 치는 법이 있답니다.

① 먼저 50개의 산가지 중에서 사람을 상징하는 하나를 잡아서 왼손 새끼손가락과 네 번째 손가락 사이에 끼웁니다.

② 그리고 남은 49개의 산가지를 양(陽)을 상징하는 왼손과 음(陰)을 뜻하는 오른손에 나누어 잡고 네 개씩 내려놓습니다. 먼저 양인 왼손에 쥔 산가지는 초효(初爻)를 상징하는데, 그 숫자가 홀수

인 양이면 초효는 양효(⚊)를, 짝수인 음이면 음효(⚋)를 그려냅니다. 음을 상징하는 오른손의 산가지 역시 네 개씩 내려놓아 짝수와 홀수인가에 따라 제2효를 결정하는데, 짝수이면 음효로 하고 홀수이면 양효로 그려냅니다.

③ 이렇게 왼손과 오른손으로 양분하여 짝홀수에 따라 3, 4효, 그리고 5효와 상효를 그려내면 하나의 괘체를 얻을 수 있답니다.

④ 동전점 역시 간단히 칩니다. 동전의 그림이 나오면 양효, 숫자가 나오면 음효인데, 여섯 번을 던져 하나의 괘체를 완성할 수 있답니다.

『역학계몽(易學啟蒙)』의 주역점 해석법

주자학을 집대성한 주희는 『역학계몽(易學啟蒙)』이란 저서에서 주역점에 대해 다음과 같이 그 해석방법을 제시하였답니다. 간단하게 도표로 정리해 보았습니다.

변효(變爻)의 수	점사를 해석하는 법
① 6효 모두 불변효일 경우	본괘의 괘사가 점사가 된답니다.
② 1개의 효가 변효일 경우	본괘 변효의 효사가 점사가 된답니다.
③ 2개의 효가 변효일 경우	본괘 변효 중 제일 위에 있는 상효(上爻)의 효사가 점사가 됩니다.
④ 3개의 효가 변효일 경우	본괘와 지괘의 괘사가 점사가 된답니다. 체용(體用) 관계로 본다면 본괘(本卦)가 체가 되고 지괘(之卦)는 용이 됩니다. 다만 지괘가 천지 비(否), 풍산 점(漸), 화산 려(旅), 택산 함(咸), 화수 미제(未濟), 택수 곤(困), 산풍 고(蠱), 수풍 정(井), 뇌풍 항(恒)일 경우에는 본괘의 괘사(卦辭)가 점사가 된답니다. 또 지괘가 풍뢰 익(益), 회뢰 서합(噬嗑), 산화 비(賁), 수화 기제(旣濟), 뇌화 풍(豊), 중풍 손(損), 수택 절(節), 뇌택 귀매(歸妹), 지천 태(泰)일 경우에는 지괘의 괘사가 점사가 된답니다.
⑤ 4개의 효가 변효일 경우	지괘의 불변효 중에서 아래의 하효(下爻)의 효사가 점사가 된답니다.
⑥ 5개의 효가 변효일 경우	지괘의 불변효의 효사가 점사가 된답니다.
⑦ 6개의 효가 변효일 경우	중천 건(乾)괘는 용구(用九), 중지 곤(坤)괘는 용육(用六)이 점사가 되고 그 외의 괘들은 지괘의 괘사가 점사가 된답니다.

한자어원풀이

近取諸身(근취저신) 遠取諸物(원취저물) 이란 가깝게는 소우주인 자기 몸에서 대자연의 구성 원리와 진리를 찾고 멀게는 각각의 모든 사물에서 대자연의 변화원리를 찾아야 한다는 뜻으로, 易經(역경)의 繫辭上傳(계사상전)에 등장하는 우주변화원리를 함축하고 있는 주역의 대표적인 사자성어랍니다.

가까울 近(근) 은 쉬엄쉬엄 갈 착(辶)과 도끼 근(斤)으로 이루어졌습니다. 辶(착)의 본래자형은 辵(착)으로 가다(彳) 서다(止)를 반복하며 쉬엄쉬엄 가다는 뜻을 지닙니다. 辵(착)의 자형 그대로 쓰이는 경우는 드물고 다른 글자와 합하여 새로운 글자로 불어날 때는 辶(착)으로 간략화되어 쓰입니다. 斤(근)은 도끼 모양을 본뜬 것으로, 자형에서 가로획(一)은 도끼의 머리와 날을, 세로획(丨)은 자루를 본뜬 것이며, 좌변(厂)은 도끼날을 받는 나무와 같은 대상물을 본뜬 상형글자랍니다. 따라서 近(근)의 전체적인 의미는 도끼(斤)를 사용하여 땔나무를 하러 갈(辶) 수 있는 거리는 비교적 집 부근이기에 '가깝다'는 뜻이 생겨났습니다.

취할 取(취) 는 귀 이(耳)와 오른손을 뜻하는 또 우(又)로 구성되었는데, 자형에 담긴 뜻은 전쟁의 참혹함이 그대로 반영되어 있습니다. 고대의 부족이나 나라 간의 전쟁에서 승자는 패자의 한쪽 귀(耳)를 잘라 전리품으로 삼는 풍속이 있었답니다. 즉 상대의 귀(耳)를 잘라 꾸러미에 꿰어 손(又)에 들고 온 숫자로써 전공(戰功)을 따졌는데, 이에 따라 '취하다', '손아귀에 넣다'라는 뜻이 발생했죠.

어조사 諸(저, 모두 제)는 입(口)에 나팔 모양의 악기(辛)를 대고서 소리를 낸다는 뜻을 담은 말씀 언(言)과 놈 자(者)로 이루어졌습니다. 者(자)는 본래는 솥에 음식물을 넣고 삶는 모양을 상형한 글자죠. 그런데 현재 자전에서 者(자)를 찾으려면 耂(로) 부수에서 찾아야 되는 '회의글자'로 분류되어 있습니다. 그래서 그 해석 또한 대부분 나이 많은 노인(耂)이 나이 어린 사람에게 말할 때(白) '이놈저놈' 한다는 데서 '놈'이란 의미가 부여되었죠. 그러나 갑골문과 금문에 나타난 자형을 살펴보면, 자형하부의 '白'은 솥단지가 변화된 것이며 상부의 '耂'는 나물이나 고깃덩어리가 부글부글 끓으면서 솟아오르는 김의 모양을 나타낸 것으로 '삶다'가 본뜻이었습니다. 그런데 솥에 삶은 국을 '이놈저놈'이 나누어 먹는다는 뜻을 담아 평범한 사람을 의미하는 '놈 者(자)'로 쓰이자, 본래의 뜻을 보다 명확히 하고자 불 화(灬)를 더해 '삶을 煮(자)'를 별도로 제작하였답니다. 따라서 諸(제)의 전체적인 의미는 이놈저놈(者)이 말(言)한다는 데서 '모두', '모든'이란 뜻을 지니게 되었습니다. 그런데 여기에서는 어조사로써 '-에, -에서'라는 뜻으로 다른 글자를 보조하는 역할을 하고, 읽을 때는 '저'로 읽는답니다.

몸 身(신) 의 갑골문 자형을 보면 배가 불룩한 사람, 즉 아이를 임신한 여자가 허리를 펴고 서 있는 모습을 표현한 것으로 본래 '아이 배다'는 뜻이었는데, '몸'이란 뜻으로 확장되었답니다.

멀 遠(원) 은 쉬엄쉬엄 갈 착(辶)과 옷 길 원(袁)으로 구성되었습니다. 辶(착)은 또 다른 자형인 辵(착)과 같은 뜻을 지니고 있는데, 다닐 행(行)의 생략형인 彳(척)과 발의 상형인 止(지)로 이루어져 길거리(行)를 걸어간다(止)는 뜻을 지니게 되었습니다. 袁(원)은 윗옷을 뜻하는 衣(의)와 둥근(ㅇ→口) 목걸이를 의미하는 변형된 口로 이루어져 있답니다. 외투와 같이 긴 옷을 뜻하죠. 따라서 전체적인 의미는 평상복이 아닌 외투와 같은 정장(袁) 차림을 하고서 길을 나설(辶) 때는 가까운 곳이 아닌 집에서 멀리 떨어진 곳을 간다는 데서 '멀리', '심오한' 등의 뜻을 지니게 되었답니다.

물건 物(물) 은 소 우(牛)와 말 물(勿)로 구성되었습니다. 牛(우)는 소의 뿔과 몸통을 강조한 상형글자랍니다. 소(牛)는 예나 지금이나 한 가정의 재산목록 중 상위를 차지할 만큼 큰 물건(物件)이었죠. 勿(물)에 대해 허신은 『설문(說文)』에서 "勿은 큰 고을이나 작은 마을에 세운 깃발을 말한다. 깃대의 모양을 본뜬 것으로 세 개의 깃발이 있는데, 여러 색의 천을 사용하며 깃 폭의 상하를 다르게 한다. 이것으로써 사람들을 모이게 하기 때문에 다급히 모이는 것을 '勿勿'이라 한다"고 하였답니다. 갑골문에도 보이지만 학자들의 해석이 각양각색이랍니다. 그러나 현재는 주로 '부정'과 '금지'의 뜻으로 쓰이는 것으로 미루어 신성한 장소의 출입을 금하는 깃발로 생각됩니다. 즉 장대 끝에 세 가지 색깔의 깃발을 매단 모양의 상형 글자로 신성한 의미를 담아 특정지역에 드나드는 것을 금지(禁止)하는 뜻을 내포하고 있지만, 여기서는 얼룩무늬라는 뜻으로 쓰였습니다. 따라서 物(물)의 전체적인 의미는 소(牛) 중에서도 얼룩무늬(勿)가 들어간 우량한 것을 최고의 '물건'으로 여긴다는 뜻이 담겨 있으며, 모든 존재를 뜻하는 '만물', '사물' 등의 뜻으로도 확장되었습니다.

韋編三絕(위편삼절) 이란 종이가 없던 옛날에 대나무를 엮어 만든 책의 가죽 끈이 세 번이나 끊어진 것을 이른 것이랍니다. 즉 공자(孔子)가 노년에 이르러 주역(周易)에 심취하고선 얼마나 읽고 또 읽었던지 대쪽을 엮은 가죽 끈이 세 번이나 끊어진 데서 유래한 것으로, 공자와 같은 성인도 학문연구를 위해서는 죽을 때까지 피나는 노력을 했음을 알 수 있습니다. 배움이란 끝이 없는 것 같습니다. 그러나 배움이란 지혜(智慧)를 증득하기 위한 방편일 뿐 삶의 궁극적 목적은 아니죠. 지혜롭지 못하면 두려움에 떨게 되고, 두려움을 안고 있기에 인간은 생로병사(生老病死)라는 평범한 행로에서 벗어날 수가 없는 것 같습니다.

가죽 韋(위) 는 자형중부의 口(위)는 성곽을 뜻하며 자형상하부는 사람의 발(舛)을 본뜬 모양으로 성을 에워싸고 사람들이 분주히 발걸음을 옮기며 점령하기 위해 포위한 모양, 또는 성곽을 방어하기 위해 보초를 서며 지킨다는 뜻도 아울러 지니고 있습니다. 또한 두 사람이 가죽을 기둥(口)에 대고서 빙빙 돌며 부드럽게 무두질하는 모습이 담겨 있기도 해 '잘 다듬어진 부드러운 가죽'을 뜻하기도 한답니다. 보통 가죽에는 단계별로 짐승으로부터 막 벗겨낸 가죽을 皮(피)라 하며, 털을 제거하고 어느 정도 다듬은 것을 革(혁), 다듬은 가죽을 더욱 부드럽게 무두질한 것을 韋(위)라 한답니다.

엮을 編(편) 은 가는 실 사(糸)와 작을 편(扁)으로 이루어졌습니다. 糸(사)는 가느다란 실을 감아놓은 실타래를 본뜬 상형글자랍니다. 扁(편)은 지게 호(戶)와 책 책(冊)으로 구성되었습니다. 한 가정을 의미하기도 하는 戶(호)는 두 개의 문(門)으로 만들어진 것이 아닌 외짝 문을 뜻합니다. 冊(책)은 상형문자로 종이가 발명되기 전, 대나무를 일정한 크기로 쪼갠 것을 잘 다듬어 엮어 만든 죽간(竹簡)을 본떠 만든 글자랍니다. 그래서 고서(古書)를 보면 세로 줄을 그어 한문을 기록한 것을 볼 수 있는데, 바로 이러한 대나무에 기록한 것을 본떠 제작하였기 때문에 그랬답니다. 이에 따라 扁(편)은 사람이 드나드는 문(戶) 옆에 대나무를 잘게 쪼개 글씨(冊)를 써 넣은 '문패'나 '현판'이라는 데서 '작다', '넓적하다' 등의 뜻을 지니게 되었습니다. 따라서 編(편)의 전체적인 의미는 대나무를 잘게 쪼개 글을 쓴 작은 조각(扁)들을 모아 노끈(糸)으로 엮는다는 데서 '책' 또는 '엮다'의 뜻을 내포하게 되었답니다.

석 三(삼) 은 숫자 '3'을 뜻하는 지사글자입니다. 이 三(삼)에 대해 허신은 『설문(說文)』에서 "三은 하늘·땅·사람의 도(道)를 뜻하며, 자형에서 보듯 一과 二가 짝을 이루어 三이 되었으니 완전수인 성수(成數)이다"라고 말하고 있습니다. 따라서 동양학에서는 3을 완전수로 보고서 사물을 이루는 기본수로 인식합니다. 천지인뿐만 아니라 삼태극(三太極)에서 보여주듯 삼원사상(三元思想)을 확립하게 되었답니다.

끊을 絕(절) 은 실타래를 상형한 糸(사)와 빛 色(색)으로 구성되었지만, 이 자형에서는 色(색)이 아니라 칼 도(刀)와 사람이 무릎을 꿇고 앉은 모양을 본뜬 卩(절)로 이루어져 있었는데 글자를 간략하게 통일한 소전(小篆)에서 와전된 것이랍니다. 따라서 絕(절)의 전체적인 의미는 실(糸)이 얽힌 매듭(卩)을 칼(刀)로 자른다는 데서 '끊다'의 뜻을 지니게 되었으며 '뛰어나다', '죽다' 등의 의미는 확장된 겁니다.

自强不息(자강불식) 이란 대자연의 운행질서를 본받아 스스로 힘써 노력함을 쉬지 않는다는 뜻이랍니다. 『周易(주역)』 「象傳(상전)」의 건괘(乾卦)에 "천체의 운행질서는 건실하다. 군자는 그것을 본받아 스스로 힘쓰며 쉬지 않는다(天行健, 君子以自强不息)"고 한 기록에서 유래했답니다. 자신의 목표를 이루는 데 있어 '끊임없는 노력'만 한 게 없는 것 같습니다. 서두르거나 욕심내지 않고 자신만의 꿈을 그려가며 오늘을 직시하는 것, 모두에게 필요한 덕목인 것 같습니다.

스스로 自(자)는 사람의 얼굴 중앙에 위치한 코를 본뜬 상형글자입니다. 그러나 요즘에는 '코'의 의미로 쓰이는 경우는 드물고 별도로 제작된 코 비(鼻)를 쓰죠. 鼻(비)는 '코밑 진상'이라는 의미를 적나라하게 드러낸 글자랍니다. 鼻(비)는 코를 뜻하는 自(자)와 누구에게 무엇을 준다는 의미의 줄 畀(비)로 이루어져 있는데, 코(自) 아래 입(田=口)으로 먹을 것을 바치게(두 손으로 받들 공: 廾) 되면 안 넘어 갈 사람이 없다는 뜻이 담겨 있답니다. 따라서 '自'는 오늘날 '-로부터'와 '자기 자신' 그리고 '저절로', '스스로'라는 뜻으로 활용되고 있답니다.

굳셀 强(강)은 넓을 홍(弘)과 벌레 충(虫)으로 이루어져 있습니다. 弘(홍)은 활 궁(弓)과 사사로울 사(厶)로 구성되었는데, 弓(궁)에 대한 갑골문의 자형은 활의 모양을 그대로 그린 모양이며, 금문에 와서 활시위를 매지 않은 모양으로 변화하였습니다. 이는 곧 쓰지 않을 때는 활시위를 풀어 둠으로써 활의 탄력성을 높이려는 의도로 보입니다. 厶(사)는 활의 가장 단단한 부위를 표시한 것이라고도 하나, 팔뚝 厷(굉)의 생략형으로 보는 게 의미적으로 설득력을 갖습니다. 또한 화살을 쏠 때의 소리를 표시한 것으로 해석하기도 한답니다. 따라서 弘(홍)의 의미는 활(弓) 시위를 힘껏 당겨(厶) 쏠수록 멀리 날아간다는 이치를 담아 '넓다', '크다'는 뜻을 부여하였죠. 虫(충)은 자신만이 들어갈 수 있는 굴이나 집을 지어 사는 벌레의 총칭이랍니다. 따라서 强(강)의 전체적인 의미는 쌀벌레의 일종인 바구미(虫)를 뜻한 것으로, 몸체는 작지만 단단하여 한 번 기승을 부리면 쌀에 대한 피해가 크다(弘) 하여 사람의 주식인 쌀을 없애는 '강한 놈'으로 인식한 데서 '강하다'의 뜻이 생겼으며, '억지를 부리다'는 뜻은 파생한 것이랍니다.

아닐 不(불) 의 갑골문을 보면 '나무뿌리'와 같은 모양이지만, 허신이 『설문(說文)』에서 "不은 새가 하늘로 날아올라가 땅으로 내려오지 않는다는 뜻이다. 一(일)로 구성되었으며, 一(일)은 하늘을 뜻하며 상형글자다"고 한 이래 '하늘로 날아가 내려오지 않은 새'로 해석하는 게 일반적이랍니다. 그래서 부정을 뜻하는 부사로 가차되어 쓰이고 있답니다.

숨 쉴 息(식) 은 코를 상형한 스스로 자(自)와 마음 심(心)으로 구성되었습니다. 心(심)은 사람의 심장을 본뜬 상형글자죠. 고대 사람들은 '마음' 혹은 몸을 운용하는 주체인 '영혼'이 심장에 머물고 있다고 보아 군주지관(君主之官)으로 분류하기도 하였답니다. 따라서 息(식)의 전체적인 의미는 심장(心)을 에워싸고 있는 폐가 코(自)를 통해 무형의 기운을 들이고 내보내는 작용인 '호흡'을 뜻합니다. 또한 생명의 원천인 호흡과 심장의 박동은 한시도 쉬지 않고 지속되어야 한다는 점에서 대(代)를 이어주는 자식(子息)이라는 의미로도 쓰인답니다.

積善餘慶(적선여경) 이란 '선한 일을 많이 한 집안에는 반드시 남는 경사가 있다'라는 뜻으로, 좋은 일을 많이 하면 후손들에게까지 복이

미친다는 말입니다. 역경(易經)의 문언전(文言傳)에는 "선을 쌓은 집안은 반드시 남는 경사가 있고, 불선을 쌓은 집안에는 반드시 남는 재앙이 있다. 신하가 그 임금을 죽이고, 자식이 그 아비를 죽이는 일이 벌어진 것은 하루아침과 하루 저녁에 그렇게 된 것이 아니다. 그 유래는 점차적으로 이루어진 것이니, 변론하여야 할 일을 변론하지 않은 데서 비롯된 것이다(積善之家, 必有餘慶, 積不善之家, 必有餘殃, 臣弑其君, 子弑其父, 非一朝一夕之故, 其所由來者漸矣, 由辯之不早辯也)"라고 언급하고 있습니다.

쌓을 積(적)은 벼 화(禾)와 꾸짖을 책(責)으로 구성되었습니다. 禾(화)의 자형은 갑골문에도 보이는데, 곡식의 이삭이 익어 수그러진 모습을 본뜬 상형글자입니다. 즉 고개를 숙인 이삭(丿)과 좌우로 뻗은 잎사귀(一) 그리고 줄기(丨)와 뿌리(八)를 그려내고 있죠. 責(책)의 자형상부 '主' 모양은 본디 초목에 돋아난 가시를 뜻하는 朿(자)가 변한 것이랍니다. 貝(패)는 조개의 모양을 본뜬 상형글자죠. 고대에는 조개를 화폐로 활용했는데, 여느 바다나 강에서 쉽게 구할 수 있는 일반적인 조개가 아니라 남중국해나 인도양 등지에서 나는 희귀하고 아름다운 아주 단단한 것이었답니다. 갑골문의 자형은 두 쪽으로 벌려진 조개의 모습이었으나 금문으로 오면서 두 개의 촉수를 내민 현재의 글자 모양을 갖추게 되었답니다. 이 貝(패)가 다른 부수에 더해지면 대부분 재화와 관련한 뜻을 지니게 됩니다. 이에 따라 責(책)의 의미는 꾸어간 돈(貝)을 갚으라고 채찍 같은 것을 동원하여 독촉(朿)한다는 데서 '꾸짖다', '조르다', '책임을 지우다' 등의 뜻이 발생했습니다. 따라서 積(적)의 전체적인 의미는 각자 벤 볏단(禾)을 책임지고(責) 쌓는다는 데서 '쌓다', '포개다' 등의 뜻이 생겨났답니다.

착할 선(善) 은 양 양(羊)과 말다툼할 경(誩)의 생략형으로 이루어져 있습니다. 羊(양)은 예부터 상서로운 동물로 여겼는데, 두 뿔과 몸통 및 네 발 그리고 꼬리 모양을 본뜬 상형글자입니다. 羊(양)은 牛(소)와 함께 신에게 바치는 대표적인 동물로 희생할 犧(희)의 자형을 이루고, 또한 착하고 온순하다는 이미지를 빌어 살펴볼 善(선) 자의 부수로 활용되고 있습니다. 금문에 처음 보인 善(선)의 자형하부는 본래 말씀 언(言) 자 두 개가 겹쳐진 誩(경)이었는데, 단순화하여 입(口)을 강조하고 있습니다. 言(언)은 입(口)에서 나온 소리(辛)를 나타낸 글자로써 다른 부수에 더해지면 대부분 언어적 행위와 관련된 뜻을 지니게 된답니다. 따라서 두 사람이 언성을 높여 말다툼한다는 것을 誩(경)이라는 글자에 담았죠. 그러나 사람이 아닌 양(羊)의 경우에는 두 마리 이상이 어울려도 그 하는 말들이(言+言) 오순도순 정답게 보여 '착하다', '좋다'는 의미를 부여했습니다.

남을 餘(여) 는 밥 식(食)과 나 여(余)로 이루어졌습니다. 食(식)은 밥그릇의 뚜껑을 그려내고 있는 亼(집)과 고소할 皀(급)으로 이루어져 있는데, 고소한 냄새가 나는 먹음직스러운 밥을 그릇에 담아 뚜껑으로 덮어놓은 모양을 본뜬 것이랍니다. 보통 명사로 쓰일 때는 '밥'을 뜻하기도 하지만 동사로 쓰일 때는 '먹다'라는 의미로 쓰인답니다. 余(여)는 나무(木)로 지붕(亼)을 인 작은 집을 의미하는 상형글자인데, 홀로 들어가 있으니 여유롭기도 하였을 겁니다. 그래서 '나'를 의미하기도 하고 '남다'라는 뜻도 지니게 되었답니다. 따라서 餘(여)의 전체적인 의미는 음식(食)을 먹고도 남아(余)돈다는 데서 '남다', '넉넉하다'는 뜻을 지니게 되었습니다.

경사 慶(경) 은 사슴 록(鹿)의 생략형과 한 일(一) 그리고 마음 심(心)과 뒤져서 올 치(夊)로 이루어져 있습니다. 鹿(록)은 수사슴의 아름다운 뿔과 머리 그리고 몸통과 네 발의 모양을 그려낸 상형글자입니다. 心(심)은 우리의 몸 가운데에 마음이 머무는 곳으로 생각했던 심장을 본떠 만든 상형글자인데, 여기서는 생각을 하는 주체로서의 마음을 뜻합니다. 夊(치)는 발의 모양을 상형한 발 止(지)를 뒤집어놓은 것으로 갑골문에서는 천천히 걸을 쇠(夊)와 뒤져서 올 치(夊)가 구분되지는 않으나 대체적으로 '뒤처져 온다'는 내용을 담고 있습니다. 이에 따라 慶(경)에는 옛사람들의 선물풍속이 담겨 있답니다. 요즘처럼 옷감이 흔한 시절에는 큰 선물이 아니겠지만, 옷감이 귀한 옛날에는 사슴가죽이 아주 귀한 물건이었답니다. 그래서 경사스러운 날에 사슴(鹿)가죽을 선물할 때는 한결(一)같고 진실한 마음(心)을 담아 정중한 발걸음으로 다가가(夊) 건네주었다는 데서 '경사', '하례하다'는 뜻을 지니게 되었답니다.

일상과 이상을 이어주는 책

일상이상

인생에 한 번은 읽어야 할

주역 周易

초판 1쇄 찍은날 · 2022년 8월 30일
초판 1쇄 펴낸날 · 2022년 9월 7일
펴낸이 · 김종필 | 펴낸곳 · 일상과 이상 | 출판등록 · 제300-2009-112호
주소 · 경기도 고양시 일산서구 킨텍스로 456 108-904
전화 · 070-7787-7931 | 팩스 · 031-911-7931
이메일 · fkafka98@gmail.com
ISBN 978-89-98453-90-9 (03140)